> Hinweis für Diabetiker <

Alle Rezepte können in einer Diabetikervariante zubereitet werden. Ersetzen Sie dazu jeweils das Lebensmittel VOR dem pinkfarbenen Pfeil durch das pinkfarben gedruckte Lebensmittel nach dem Pfeil. Zum Beispiel 90 g Zucker oder Honig ➤ für Diabetiker 9 g Süßstoff, d. h., anstatt 90 g Zucker verwenden Sie für dieses Rezept 9 g flüssigen Süßstoff.

Hinweis zu den Nährwertangaben: Bei den pinkfarben unterlegten Nährwertangaben handelt es sich um die Nährwerte für die Diabetikervariante.

Gesamtmenge

	kJ	kcal	Eiweiß (g)	Fett (g)	KH (g)	BE
	573.38	136.51	5.31	5.41	15.93	1.33
➤ Diabetikervariante	473.99	112.78	5.38	5.44	9.84	0.83

Zubereitungszeit bis 30 Minuten

Dieses Gericht steht innerhalb von einer halben Stunde inklusive Zubereitungs- und Koch- oder Backdauer auf dem Tisch.

Zubereitungszeit bis 60 Minuten

Dieses Gericht lässt sich zumeist einfach zubereiten, benötigt aber eine längere Koch-, Back- oder Rastdauer.

Zubereitungszeit über 60 Minuten

Dieses Gericht lässt sich zumeist einfach zubereiten, benötigt aber eine besonders lange Gar-, Rast- oder Backzeit.

Näheres zur Zubereitungszeit siehe Seite 236 und zur glutenfreien Ernährung siehe Seite 239

Gluten- und weizenfreie Gerichte

Angelika Kirchmaier

Xunde Jause!

Weit über 300 kunterbunte Ideen und Rezepte
für Schule, Arbeit und Freizeit

Schnell, einfach, lecker und gesund

Auch für Diabetiker geeignet

Tyrolia-Verlag · Innsbruck-Wien

Alle Angaben in diesem Buch wurden sorgfältig recherchiert und erfolgen nach bestem Wissen und Gewissen der Autorin. Sollten Sie trotzdem Unstimmigkeiten entdecken, nehmen Autorin und Verlag gern Verbesserungsvorschläge und Korrekturhinweise entgegen. Die Benutzung dieses Buches geschieht auf eigenes Risiko. Eine Haftung für etwaige Schäden wird aus keinem Rechtsgrund übernommen.

Bibliografische Information Der Deutschen Nationalbibliothek
Die Deutsche Nationalbibliothek verzeichnet diese Publikation in der
Deutschen Nationalbibliografie; detaillierte bibliografische Daten sind im Internet
über http://dnb.d-nb.de abrufbar.

2. Auflage 2015

Umschlaggestaltung: Tyrolia-Verlag, Innsbruck
Layout und digitale Gestaltung: GrafikStudio HM, Hall in Tirol
Bildnachweis: Fotos S. 3 und Karotten am Cover: © Leonid Nyshko/Fotolia.com; S. 6: © privat; S. 7: © Ladstätter; S. 18, 20, 22, 205, 214: Thomas Trinkl, tnt Fotodesign, 6361 Hopfgarten; S. 23: © Minerva Studio/Fotolia.com; S. 35: © Eddie/Fotolia,com; S. 104: © Lukas Gojda/ Fotolia.com; S. 65, 66, 203, 216, 221: Foto Karg, Kufstein; S. 17, 23, 26, 35, 43, 124, 126, 127, 143, 145, 147, 148, 149, 161, 163, 172, 176, 195, 204, 229: iStockphoto
Alle anderen Fotos: Ilvy Rodler (photo@ilvyrodler.com)
Lithografie: AS-Design, Arzl im Pitztal
Druck und Bindung: FINIDR (CZ)
ISBN 978-3-7022-3153-8
E-Mail: buchverlag@tyrolia.at
Internet: www.tyrolia-verlag.at

Liebe Leserinnen, liebe Leser!

In den letzten Jahren mauserte sich die Jause zu einem täglichen „must-have". Allein in einem Jahr greifen wir mindestens 700 x zu einer Zwischenmahlzeit. Nicht nur die Schuljause steht im Blickfeld, sondern auch die Jause im Job. Mit einer entsprechenden kleinen Mahlzeit zwischendurch gelingt es, sich besser zu konzentrieren und seine Leistung den ganzen Tag über aufrecht zu halten. Ein Gewinn also sowohl für einen selbst, weil man mit weniger Mühen besser arbeiten kann, als auch für Lehrer, Arbeitgeber und somit für das gesamte System.

Ich persönlich denke beim Thema Jause gerne an meine Schul- und Studentenzeit zurück. Viele Jahre lang gehörte das Vorbereiten der Jause zum morgendlichen Zeremoniell. Wenn einmal ohne Jause, saß ich spätestens am frühen Nachmittag hundemüde auf meinem Stuhl und konnte kaum noch den Ausführungen meiner Lehrer folgen. Und auch heute noch vergeht kein Tag, an dem ich nicht für mindestens eines meiner Familienmitglieder eine Jause vorbereite. Ob für die Schule oder das Büro, für eine Bergtour oder einfach nur für einen ausgedehnten Sonntagsspaziergang. Eine Jause darf immer mit.

So vielfältig die unterschiedlichen Ansprüche sind, so vielfältig ist auch die Auswahl der Jausenrezepte in diesem Buch. Egal ob Sie die Kindergartenjause gesund aufpeppen möchten, Ihren Teenies Gehirnnahrung für eine Prüfung mitgeben, das Meeting im Job anstatt mit Schokolade z. B. mit Knabbernüssen und Brot-Knusperchips zelebrieren oder einfach nur Abwechslung in den Büro-Jausen-Alltag bringen wollen, für jede Situation finden Sie in diesem Buch die passenden Jausenvorschläge.

Die Jause bringt nicht nur mehr Leistung, sondern sie dient so ganz im Nebenbei auch dazu, Ihren Sprösslingen jene Lebensmittel schmackhaft zu machen, die sie bis dato kategorisch ablehnten. Sei es, dass Sie z. B. das Obst und Gemüse auf lustigen Spießen platzieren oder die gesellige Kinderrunde in der Schule nutzen, um aus Verweigerern Gourmets zu zaubern. Die Jause gilt als eine der Investitionen für eine Zukunft in Gesundheit. Nutzen Sie diese Chance!

Ich wünsche ich Ihnen viele erfolgreiche Tage, veredelt mit einer „xunden" Jause, gutes Gelingen beim Ausprobieren der Rezepte und einen guten Appetit beim Schlemmen Ihrer Köstlichkeiten!

Mit lieben Grüßen

Angelika Kirchmaier

Vielen Dank an die ausgezeichnete Fotografin Ilvy Rodler und an Beatrix Rödlach, die mich von Anfang an mit ihrem Fachwissen und tatkräftiger Hilfe unterstützte.

VORWORT

Tatort: Büro, Zeitpunkt: 10:15 Uhr. Die erste Arbeit ist getan, das Schiff auf Kurs, da meldet sich ein bekanntes Gefühl: Hunger. Doch dafür habe ich jetzt keine Zeit. Zu viel, das noch getan werden muss. Das Gefühl wird immer drängender und verlangt nach rascher Aktion. Zehn Minuten gehen sich aus – rasch rüber in den Supermarkt, an die Brottheke. Dort glänzt eine wunderbare Nussschnecke mit Zuckerguss. Das ist genau das Richtige jetzt. Herrlich! Glukose braucht das Hirn. Dazu noch ein Kaffee vom Automaten – und schon ist sie weg. Ab in die Arbeit, der nächste Kollege wartet bereits. Ich hab ihm was voraus: Eine wunderbare Nussschnecke in meinem Magen gibt mir so ein gewisses rundes Gefühl.
Der Preis dafür ist allerdings hoch. So eine Nussschnecke ist eine richtige „Energiebombe". Die hat mehr Kalorien, als ich gedacht habe. Angelika Kirchmaier hat es mir ausgerechnet. Mehr als 700 Kalorien für: na ja, eine kleine Jause zwischendurch. Ein gutes Drittel dessen, was ich am Tag an Energiezufuhr brauche. Wenn ich da noch die Nachmittagsjause dazurechne, müsste ich eigentlich aufs Mittagessen verzichten. Oder aufs Abendessen. Und wenn ich die zwei Cola am Tag dazurechne, dann sollte ich gleich auf beides verzichten. Will ich das?
Eine gesunde Jause, denken sich vermutlich die meisten, betrifft vor allem unsere Schüler. Unsere Kinder sollen es einmal – nicht besser haben, sondern: besser machen als wir. Die gesunde Jause tut natürlich unseren Kindern gut – aber sie tut auch den „großen Kindern" gut. Nicht nur, weil Vorbild das A und O der Erziehung ist.
Das Buch von Angelika Kirchmaier über die gesunde Jause trifft eine „Lücke im System". Die meisten von uns wissen ja, was die Zutaten einer gesunden Ernährung sind. Aber wir übersehen, dass der „schnelle Snack zwischendurch" all unsere Bemühungen zunichtemachen kann. Und deshalb braucht es dringend die konkreten Tipps für eine „Xunde Jause". Die hat Angelika Kirchmaier in umfassendem Maß: Das große fachliche Wissen ist gepaart mit einem hohen praktischen Know-how. Ich wünsche Ihnen, dass sie diese Anregungen mit ins Büro und in die Schule nehmen können!

XUNDHEIT!

Christoph Rohrbacher
Programmchef ORF Radio Tirol

Richtig essen für mehr Power in der Schule und im Job

Ausgewogenes Essverhalten wird in den Familien nicht mehr selbstverständlich vermittelt. Die Diskrepanz zwischen „richtiger Ernährung" und dem Essalltag wird größer. Dabei ist eine ausgewogene Ernährung für die geistige und körperliche Leistungsfähigkeit und die nachhaltige Gesundheit besonders wichtig. Ein hohes Wissen über die Zusammenhänge von Ernährung und Gesundheit geht allerdings nicht automatisch Hand in Hand mit einem günstigen Ernährungsverhalten. Eine tägliche gesunde Jause, in Schule und Beruf, kann einen wertvollen Beitrag zu Prävention, Geschmacks- und praktischer Gesundheitsbildung leisten!
Angelika Kirchmaier gelingt es mit ihren Beiträgen in diesem Buch, ein breites Spektrum an gesundheitsbezogenen Themen rund um die gesunde Jause aufzuzeigen. Somit stellt das facettenreiche Werk mit seinen Rezepten mehr dar als nur einen Ratgeber für die „xunden" Pausen im Alltag. Insgesamt bleibt zu wünschen, dass die vielfältigen Ideen aufgegriffen und praktisch umgesetzt werden. Denn wer gesund ist, sich in der Schule und im Job wohlfühlt, der wird leistungsbereit und leistungsfähig sein!
Für die wertvolle Zusammenarbeit im Bereich der schulischen Gesundheitsförderung bedanke ich mich bei Angelika Kirchmaier und wünsche ihr weiterhin viel Power!

Ihnen wünsche ich, dass Sie Ihren Essalltag verantwortungsvoll und genussvoll gestalten!

Herzlichst

Dipl.-Päd. Andrea Ladstätter
Fachinspektorin für Ernährung und Haushalt
Landesschulrat für Tirol

Inhaltsverzeichnis

Das xunde Jausen-Einmaleins

Die 4 der perfekten Jause

Ob Ihnen die Jause Energie schenkt oder Energie raubt, hängt vor allem von der Zusammensetzung der Jause ab. Ideal ist ein Mix aus Energiespender, Wirkstoffquelle, Knochenpower und Spülung. Je mehr Fett, Zucker und Weißmehl, desto eher fühlen Sie sich schlapp und desto weniger trägt die Jause zu Ihrer Leistungsfähigkeit bei.

✗ **Schon gewusst?** In einem einzigen Stück einer Linzerschnitte stecken ca. 800 kcal und in einer Nussschnecke rund 700 kcal. Für diese Energiemenge könnten Sie z. B. rund 1½ kg Äpfel, knapp 3 kg Karotten oder rund 6 kg Gurken essen.

1. Energiespender

Enthalten in z. B. Vollkornbrot, Müsli, Früchtebrot, z. B. Tiroler Früchtebrot von Seite 226, Zelten, Vollkornkuchen, Vollkornkeksen, Trockenfrüchten, Vollkorn-Teigwaren, Vollkorngetreide, z. B. Vollkornmehl und Vollkornreis, Kartoffeln, Obst und Hülsenfrüchten, also Erbsen, Bohnen und Linsen.

Energiespender sind nichts anderes als Zuckerketten. Diese Zucker dienen dem Gehirn als einzig effiziente Energiequelle. Je nachdem, wie sich diese Zuckerketten zusammensetzen,

- **schmecken sie süß** oder **nicht süß**, z. B. Vollkornbrot.
- **wirken sie unterschiedlich**, z. B. schießt die Energie aus dem Traubenzucker in das Blut, verschwindet aber innerhalb weniger Minuten wieder. Im Gegensatz zur Energie aus Vollkornbrot, die durch die langsamere Verdauung nur langsam in das Blut flutet und dadurch den Körper länger mit Energie versorgt.

Warum Energiespender?

Sie kennen das, Sie arbeiten intensiv an einer Sache, egal ob im Büro, in der Schule oder beim Lernen. Ihr Süßhunger meldet sich. Am liebsten würden Sie nach allem greifen, was süß schmeckt. Schuld daran ist Ihr Gehirn. Es versucht Ihnen zu vermitteln, dass die Energie knapp wird. Bieten Sie Ihrem Gehirn genau den Sprit an, den es benötigt.

- **Der Energieschub für kurze Leistungen:** Wenn Sie für kurze Zeit eine ausgezeichnete Leistung erbringen wollen, z. B. in den letzten 10 Minuten ei-

ner intensiven Besprechung oder einer Prüfung, und Ihre Leistung danach auf einen Tiefpunkt rutschen darf, dann liegen Sie mit Traubenzucker und Obstsaft, mind. 1:1 mit Wasser verdünnt, genau richtig. Der Zucker wandert innerhalb kürzester Zeit ins Gehirn und Ihre Leistungfähigkeit verbessert sich schlagartig.

- **Der Energieschub für lang anhaltende Leistungen:** Soll Ihre Energie länger anhalten, dann vermeiden Sie Traubenzucker, süße Säfte und Süßigkeiten. Gönnen Sie Ihrem Gehirn „langsame Energie", z. B. in Form von Müsli oder Vollkornbrot. Diese Speisen werden langsam verdaut und geben die Energie wohldosiert und kontinuierlich an Ihr Gehirn weiter. Die beste Basis also für einen langen arbeitsintensiven Tag.

> Schnelle oder langsame Energie? Die Faustregel! <

Prinzipiell gilt, je weicher, feiner und zuckerreicher das Lebensmittel, desto schneller schießt die Energie in Ihr Gehirn, ist aber auch wieder rasch aufgebraucht mit dem Resultat eines Leistungstiefs. Je höher der Vollkornanteil, je grober, knackiger das Lebensmittel und je mehr Schalenbestandteile, z. B. vom Obst, desto langsamer erfolgt die Verdauung und desto länger hält die Energie an. Positiver Nebeneffekt: Langsame Energiespender halten deutlich länger satt, schmeicheln also Ihrer Figur, und wenn Sie Diabetiker sind, Ihrem Blutzuckerspiegel.

Zu den **schnellen Energiespendern** zählen z. B. Traubenzucker, Säfte, Limonaden, Kakao aus löslichem Kakaopulver, gezuckerte Müslis und Kindercerealien – auch bei „Vollkorngarantie" –, gepufftes Getreide, z. B. Puffreis in Müslimischungen, Reiswaffeln, Maiswaffeln, Hirsebällchen, Weißbrot, Semmeln, herkömmliches Toastbrot aus Weißmehl – besonders wenn es getoastet wird –, Zopfbrot, Schulmaus, Kinderhörnchen – gefüllt oder ungefüllt –, herkömmliche Muffins, Kuchen und Kekse, Waffeln, Breze, Salzstangerl, Laugengebäck, Zwieback, Kindermilchschnitte und Süßigkeiten.

Langsam wirken z. B. Vollkornbrot – belegt ab Seite 75 oder unbelegt ab Seite 57, Bäckerpizza ab Seite 111, Salat ab Seite 121, Müsli ab Seite 143, Vollkornbackwaren ab Seite 205.

Leistungsfähigkeit bei Kindern – eine besondere Herausforderung

Wussten Sie, dass Kinder auf Energiemangel sensibler reagieren als Erwachsene? Das wachsende Gehirn benötigt fast doppelt so viel Energie wie das ausge-

wachsene Gehirn. Ein Energiemangel kann sich bei Kindern folglich noch rascher auf die Leistungsfähigkeit auswirken als bei Erwachsenen. Aber nicht nur die Leistungsfähigkeit leidet unter einem Energiemangel, auch die Frustrationsgrenze kann sinken und damit z. B. die Aggressivität steigen. Frei nach dem Motto: „Wer hungrig ist, wird grantig!"

Literatur: Terschlüsen AM, Müller K, Williger K., Kersting M.: Der Einfluss von Mahlzeiten, Nährstoffen und Flüssigkeit auf die kognitive Leistungsfähigkeit bei Kindern, Ernährungsumschau 57 (2010), S. 302 ff.

Der Biorhythmus – ein Freund, wenn Sie ihn verwöhnen

Wann haben Sie Ihr letztes Nachmittagstief erlebt? Es meldet sich meist mitten am Nachmittag. Sie können sich schlechter konzentrieren, das Arbeiten wird mühsamer und eigentlich würden Sie lieber ein kleines Nickerchen einlegen als weiterzuarbeiten. Mitschuld ist unser Biorhythmus, der uns in der Früh bis zum Vormittag ein Hoch beschert, unsere Leistungsfähigkeit aber spätestens am Nachmittag rapide absinken lässt, mit einem Tiefpunkt gegen 15:00 Uhr. Überlisten Sie Ihr Gehirn, planen Sie am Vormittag eine gesunde Jause ein, lassen Sie das Mittagessen weniger üppig ausfallen, damit Ihr Körper nicht die gesamte Energie für die Verdauungsarbeit aufwenden muss, und tanken Sie am frühen Nachmittag wohldosierte Energie in Form einer gesunden Jause. Vergessen Sie nicht, ausreichend zu trinken. Sie werden spüren, wie sich durch diese Maßnahmen Ihre Leistungsfähigkeit kontinuierlich verbessert!

2. Wirkstoffquelle

Enthalten in z. B. Obst, Gemüse, Kräutern und Gewürzen.

Wirkstoffe, d. h. Vitamine, Mineralstoffe, bioaktive Substanzen und Ballaststoffe benötigen Sie für alle Vorgänge im Körper. In Stresssituationen, denen in der heutigen Zeit bereits Schulkinder ausgesetzt sind, verbraucht der Körper besonders viele natürliche Wirkstoffe. Verwöhnen Sie daher Ihren Körper täglich mit Obst und Gemüse. Die Jause bietet die beste Gelegenheit dazu. Achten Sie bei der Auswahl auf eine botanische Vielfalt, d. h., je mehr verschiedene Arten Sie verspeisen, umso mehr verschiedene Wirkstoffe schenken Sie Ihrem Körper. Mit Obst und Gemüse beugen Sie auch zahlreichen Erkrankungen vor, z. B. diversen Krebserkrankungen, Bluthochdruck und koronaren Herzkrankheiten. Aufgrund der geringen Energiedichte schmeicheln Obst und Gemüse Ihrer Figur. Wobei Gemüse um ca. die Hälfte weniger Kalorien enthält als Obst.

✗ **Schon gewusst?** Die Deutsche Gesellschaft für Ernährung empfiehlt aktuell eine Menge von mindestens 650 g Obst und Gemüse pro Tag, also mindestens 5 Stück.

Literatur: Obst und Gemüse, die Menge macht´s, DGEinfo 1 (2010), S. 8 f.

3. Knochenpower Kalzium

Enthalten in z. B. allen Hartkäsesorten von Bergkäse bis hin zum Almkäse, Milch, flüssigen und halbflüssigen Milchprodukten, kalziumreichen Mineralwässern, Mohn, Sesam, Oliven, Grünkohl, Kräutern, z. B. Basilikum, Kresse, Kerbel, Thymian, Salbei, Rucola, Dill, Liebstöckel, Majoran, Petersilie und Schnittlauch.

Wozu Kalzium?

Kalzium dient als Baustein für unsere Knochen. Zu wenig Kalzium kombiniert mit anderen Faktoren kann zu Osteoporose führen, eine der häufigsten Erkrankungen.

Kalzium für Kinder

Achten Sie besonders bei Kindern auf eine gute Kalziumversorgung. Der Knochenaufbau erreicht im jungen Erwachsenenalter seinen Höhepunkt. Danach müssen Sie mit Ihren Knochenreserven ein Leben lang „haushalten".

Kalzium aus Milch oder pflanzlichen Quellen?

Aus tierischen Quellen, d. h. aus Milch und Milchprodukten, z. B. Käse und Joghurt, wird Kalzium besser aufgenommen als aus pflanzlichen. Pflanzliche Milch und die Produkte daraus enthalten kaum gut verfügbares natürliches Kalzium. Das liegt daran, dass Hülsenfrüchte, Getreide und Mandeln, welche die Basis der pflanzlichen Milchprodukte darstellen, von Haus aus meist kaum verfügbares Kalzium enthalten. Oft wird den pflanzlichen Milchprodukten daher Kalzium künstlich zugesetzt, und das mit fraglicher Wirkung.

> Tipps und Tricks rund um die Kalziumaufnahme <

Wussten Sie, dass ein Vollkornweckerl mit 2 Scheiben Bergkäse (50 g) und 1 Becher Naturjoghurt (250 g) bereits 85 % des Tagesbedarfs an Kalzium eines Erwachsenen decken? Mit Gemüse, z. B. einer Karotte zum Käseweckerl, und Obst, z. B. einem Apfel zum Joghurt, kann das Kalzium besonders gut aufgenommen werden.

Nicht jeder Käse liefert gleich viel Kalzium

Prinzipiell gilt, Labkäse enthalten mehr Kalzium als Säurekäse. Der Grund liegt in der Herstellung. Bei Labkäse bleibt das Kalzium bei der Gerinnung zu einem großen Teil im Käseteig, bei Säurekäse „rutscht" das Kalzium in die Molke, im Käseteig verbleiben nur noch Reste.

> **> Tipps <**
>
> Die Molke von Betrieben, die ausschließlich Säurekäse herstellen, z. B. Graukäse, enthält besonders viel Kalzium.
> Bereits 4 Scheiben Bergkäse (90 g) decken den Tages-Kalziumbedarf.

- **Säurekäse** wird meist in Form von fettarmen Käsesorten, wie z. B. Graukäse und Harzer, auch Quargel genannt, angeboten.
- **Labkäse** gibt es z. B. als Bergkäse, Almkäse, Appenzeller, Emmentaler oder Parmesan. Dabei gilt: Je länger ein Käse reift, desto höher der Kalziumgehalt in Bezug auf das Gewicht.
- Tilsiter, Brie, Camembert, Gorgonzola, Ziegen-Schnittkäse und Fetakäse stellen ebenfalls eine gute Kalziumquelle dar, wenn auch nicht so gut wie lang gereifte Hartkäse.
- **Topfen, Frischkäse** und **körniger Frischkäse** zählen aufgrund des hohen Phosphorgehalts zu den weniger guten Kalziumquellen und sollten daher immer in Kombination mit guten Kalziumlieferanten verspeist werden. Peppen Sie z. B. Topfenaufstriche mit Kalzium auf, indem Sie fein geriebenen Bergkäse oder Parmesan und viele Kräuter untermischen.

Knochenräuber Schmelzkäse

Schmelzkäse weist aufgrund des Zusatzes von Schmelzsalzen einen sehr hohen Phosphorgehalt auf. Phosphor übt in großen Mengen einen negativen Effekt auf die Knochen aus. Ein Beispiel macht es deutlich. Laut den aktuellen Richtlinien soll ein Kind im Alter von z. B. 7 Jahren pro Tag 700 mg Kalzium, aber nicht mehr als 600 mg Phosphor aufnehmen.

Literatur: Referenzwerte für die Nährstoffzufuhr: DACH, 1. Auflage, 3. korrigierter Nachdruck (2008)

In zwei Scheiben Toastkäse (à ca. 20 g) aus Schmelzkäse stecken bereits mehr als zwei Drittel der empfohlenen Tageshöchstmenge (440 mg) an Phosphor, aber lediglich gut ein Drittel des Kalziums.

Literatur: GU – Nährwerttabelle, Ausgabe 2010/11, Gräfe und Unzer Verlag

Im Gegensatz zu Kalzium kommt Phosphor fast in allen Lebensmitteln vor. Stehen zusätzlich phosphorreiche Milchprodukte, wie z. B. Schmelzkäse, auf dem Spei-

seplan, wird ein Kalziumausgleich schwierig. Schmelzkäse finden Sie in Form von Scheibletten, meist einzeln verpackt als Toastkäse, Schmelzkäseecken, -würfel, in für Kinder aufgemachten Käseecken und in zahlreichen Fertigprodukten.

Wie gesund ist Käse?

Ob ein Käse gesund oder weniger gesund ist, hängt u. a. von der Haltung und Fütterung der Tiere und vom Verfahren der Produktherstellung ab. Tiere, die Freilauf genießen und Gras, allen voran Almgras, fressen, geben wirkstoffreichere Milch mit einer gesünderen Fettzusammensetzung als Tiere, die mit Kraftfutter gemästet werden und kaum bis keinen Freilauf genießen. Dementsprechend ist Käse aus Milch von „glücklichen" Tieren deutlich gesünder als Käse aus Milch von Masttieren.

> Kaloriensparttipp <

Verwenden Sie würzige Käsesorten. Dadurch benötigen Sie bei gleichem Geschmack weniger Käse!

Künstliche Zusätze im Käse, z. B. Phosphor, Farb- und Konservierungsstoffe, können sich ungünstig auf Ihre Gesundheit auswirken. Ein hochwertiger Käse enthält keine künstlichen Zusätze.

Vielfach wird der Fettgehalt als Richtlinie dafür herangezogen, ob ein Käse gesund oder weniger gesund ist. Der Fettgehalt spielt aber nur eine geringe Rolle. Entscheidend sind die Qualität des Rohprodukts und die Dosis. Das heißt, besser ein Almkäse mit natürlichem Fettgehalt und dafür eine Scheibe weniger als ein fettarmer Hochzuchtkäse mit Chemiezusatz.

4. Spülung

Wasser ist der Hauptbestandteil unseres Körpers, der z. B. dafür sorgt, dass Sauerstoff und Energie in Ihr Gehirn gespült werden. Sorgen Sie für eine gute Spülung. Vgl. Seite 37 ff.

Die optimale Jause, angepasst an Ihre Bedürfnisse

So unterschiedlich die Bedürfnisse sind, so unterschiedlich gestaltet sich auch die Jause. Kleine Kinder lieben z. B. eine Jause, die den Spieltrieb weckt, Prüflinge sollen sich lange konzentrieren können und die Jause im Auto muss möglichst ohne Kleckern vonstattengehen.

Jause für Kinder bis zum Volksschulalter

Krabbelstube, Kindergarten, Volksschule

Kinder lieben Formen

Wecken Sie mit der Jause den Spieltrieb Ihrer Kinder, indem Sie Gemüse oder Obst in witzige Formen bringen, wie etwa:

- **Krone schneiden:** Dazu Gemüse oder Obst mit einem Messer zackenförmig rundherum bis zur Mitte hin einschneiden. Auseinandernehmen. Es entstehen zwei Kronen. Zur Krone können alle kompakten Obst und Gemüsesorten geschnitten werden, z. B. Äpfel, Birnen, festfleischige Erdbeeren, Pfirsiche, Nektarinen, Karotten, Kohlrabi, Radieschen, gegarte festkochende Kartoffeln, Paprika und Fleischtomaten.
- **Aufspießen:** Beliebiges Gemüse oder Obst in kleine Stücke schneiden und auf einen Holzzahnstocher oder auf Spieße mit lustigen Köpfen stecken.
- **Kugeln:** Mit einem Kugelausstecher, auch „Parisienne-Ausstecher" genannt, Kugeln aus Obst oder Gemüse herausschneiden, z. B. aus Melonen, Gurken, Karotten, Radieschen, Rüben, Rettich und festfleischigen Kiwifrüchten.

Kinderlebensmittel – was steckt dahinter?

Wer kennt die Slogans nicht. Von „Das Beste aus ¼ l Milch" über „gesüßt mit Traubenfruchtsüße" bis hin zu „besonders nährstoffreich". Tatsache ist, dass die meisten Kinderlebensmittel sich nicht wesentlich von Naschereien unterscheiden. Hinterfragen Sie also jeden Slogan und jedes Produkt, wie zum Beispiel:

Slogan	Fragestellung/Information
„Das Beste aus ¼ l Milch"	Was ist für die Herstellerfirma das Beste aus der Milch? Der Zucker, das Fett …?
„Traubenfruchtsüße"	Besteht wie der klassische Haushaltszucker aus Traubenzucker und Fruchtzucker.
„weniger süß"	Achten Sie auf den Zuckergehalt. Der liegt trotz „weniger süß" oft noch sehr hoch.
„Extraportion Milch"	Achten Sie auf den Milchanteil in % und rechnen Sie den Prozentwert auf die Gramm um. Z. B. eine Schnitte mit einem Milchanteil von 30 % laut Zutatenliste und einem Gewicht von 30 g pro Schnitte enthält 9 g, also ca. 1 EL Milch.
„mit Calcium"	Wie viel Menge bedeutet „mit"? Kann das Kalzium aus dem Produkt tatsächlich aufgenommen werden? Wie viele „Gegenspieler", z. B. Phosphor oder Oxalsäure, stecken im Produkt?
„besonders nährstoffreich"	Nährstoffe sind die Kalorienlieferanten, d. h., nährstoffreich bedeutet nichts anderes als kalorienreich.
„ohne Zusatz von Kristallzucker"	Es ist nur kein Kristallzucker enthalten, aber es gibt noch viele andere Zucker, die nicht besser sind als dieser, erkennbar an der Silbe -ose, z. B. Glucosesirup, Fruktose.
„mit Traubenzucker"	Traubenzucker ist neben Fruchtzucker zu 50 % Bestandteil des herkömmlichen Haushaltszuckers und daher nicht gesünder als Haushaltszucker.
„mit Fruchtzucker"	Fruchtzucker ist neben Traubenzucker zu 50 % Bestandteil des herkömmlichen Haushaltszuckers und daher nicht gesünder als Haushaltszucker.
Kinderkäse, Schmelzkäse	Hände weg von Produkten mit Phosphorzusatz, d. h. derzeit von den E-Nummern E 338–343 und E 450–452. Zu viel Phosphor schadet dem Knochenaufbau. Bedenken Sie, dass bis zum frühen Erwachsenenalter die meiste Knochenmasse aufgebaut werden soll. Käse ohne künstliche Zusätze kann ein guter Kalziumspender sein, mit reichlich künstlichem Phosphorzusatz ein Kalziumräuber.
„mit Vitaminen angereichert"	Es handelt sich dabei um KÜNSTLICHE Vitamine, die bei gesunden Kindern nicht nötig, vielleicht sogar zu viel und dadurch bedenklich sein können.

Die Favoriten bei unseren Kinder-Verkostungen

Je weniger Zutaten, desto beliebter waren die Gerichte. Als klare Favoriten punkteten folgende Rezepte aus diesem Buch: einfaches Vollkornbrot ohne Nüsse und Samen, Brotchips, Trockenfrüchte, geröstete Nüsse, Spieße, alle Sorten von Pudding, Cremen und Eis, Kuchen ohne Belag und der Schokoaufstrich.

Tipps für die tägliche Schuljause

- Wählen Sie bei der Zusammenstellung der Schuljause nach dem 4er-Prinzip aus, d. h. ein kleines Stück Obst oder Gemüse, ein Milchprodukt und etwas mit Getreide, zum Beispiel ein kleines Käsebrot mit einem Stück Karotte, und ein Getränk.
- **Ihr Kind mag zur Jause nur eine Miniportion?** Wählen Sie eine Komponente aus, die Ihr Kind besonders gern mag. Zum Beispiel ein Stück Obst oder eine kleine Packung Milch. Besser eine kleine Jause als gar keine Jause!

Ein paar Ideen, wenn es schnell gehen soll

- Weintrauben, beliebt sind kernlose Sorten, Birnen, Äpfel, Pflaumen, Kirschen, Erdbeeren, Mandarinen, Marillen, Bananen, Nektarinen, Pfirsiche
- Ungeschwefelte Trockenfrüchte. Achten Sie darauf, dass die Trockenfrüchte keine harten Kernsplitter enthalten, z. B. bei Dörrpflaumen.
- Gurken, Kohlrabi, Karotten, Paprika, Radieschen, Tomaten
- Nüsse ✗ **Achtung!** Für Kinder unter 3 Jahren eignen sich ganze Nüsse nicht. Kleinkinder verschlucken sich sehr leicht und verwenden Nüsse gerne als Stöpsel für Ohren und Nase.
- Mild schmeckende Käsesorten wie z. B. Mozzarella, Tilsiter oder ein milder Bergkäse. Liebt Ihr Kind Würziges, kann es auch ein würziger Käse sein.
- Joghurt, hausgemachter Grießbrei
- Vollkornweckerl, z. B. aus fein vermahlenem Vollkornmehl, Vollkorn-Toastbrot und Vollkornkuchen lt. Rezept auf Seite 205 ff.
- Wasser oder ungesüßte Tees

> Tipp <

Geben Sie flüssige Milchprodukte in ein Schraubverschlussglas oder eine gut verschließbare Plastikdose und diese dann in einen Gefrierbeutel. So kann nichts auslaufen.

Prüfungsjause

Nicht nur die Konzentration soll bei einer Prüfung bis zum Schluss anhalten, auch die Nervosität darf nicht zu sehr in den Vordergrund rücken. Das gelingt am besten mit einem Mix aus

- langsam verdaubaren Energie-Lebensmitteln mit
- „Nerven-Lebensmitteln" und einer
- optimalen Spülung.

Als perfekte Prüfungsjause bieten sich z. B. Obst, Studentenfutter, Müsli lt. Seite 153 an, das Sie am besten als Frühstück genießen, süßes Gebäck lt. Seite 205 f. und Früchtebrot lt. Seite 226. Während der Prüfung soll immer wieder Wasser oder ungesüßter Tee getrunken werden.

Viele Fehler gegen Ende der Prüfung?
Wenn die Fehleranzahl gegen Ende der Prüfung steigt, dann achten Sie während der Prüfung darauf, ausreichend Wasser zu trinken, und essen Sie 10 Minuten vor Prüfungsende einen Traubenzucker oder trinken Sie ein Glas 100 % Fruchtsaft, den Sie mindestens 1:1 mit Wasser verdünnen. Diese Maßnahmen bringen Ihnen noch einmal einen letzten Energieschub.

Jause für Kopfarbeiter, Schüler, Studenten, Berufstätige

Wenn es schnell gehen muss, finden Sie Tipps und Tricks zur Zusammenstellung einer Jause aus dem Supermarkt ab Seite 23. Wenn Sie Zeit zur Vorbereitung zu Hause finden, genießen Sie z. B. Müsli lt. Seite 153, Joghurt lt. Seite 174, belegte Brote lt. Seite 75, süßes Gebäck lt. Seite 205 oder Trockenfrüchte lt. Seite 138. Wenn es im Büro einen Plattengriller oder Backofen gibt, probieren Sie einmal ein überbackenes Brot von Seite 112. Vergessen Sie nicht, ausreichend zu trinken, vgl. Seite 38.

Snacks für Besprechungen

Servieren Sie anstatt Keksen aus der Packung und Schokolade lieber Obst, Gemüse, z. B. Karotten, Cocktailtomaten und essfertige Radieschen, Nüsse, ungeschwefelte Trockenfrüchte oder, wenn etwas Zeit für die Vorbereitung bleibt, Knusper-Brotchips lt. Seite 58, Obstchips lt. Seite 138 und die hausgemachten Blitz-Kuchen lt. Seite 205 ff.

Jause für alle, die viel Zeit im Auto verbringen

Das schnelle Essen im Auto ist zwar nicht besonders gesund, aber Alltag. Der Hunger drückt, die Zeit ist knapp und man kauft sich irgendetwas an der Tankstelle, beim Bäcker oder im Supermarkt. Oft folgen auf das schnelle Essen Verdauungsprobleme, Verstopfung und Blähbauch. Dafür sind verschiedene Faktoren verantwortlich, wie zum Beispiel:

- die vielen Außenreize. Sie können sich nicht auf das Essen konzentrieren, dadurch wird weniger Speichel produziert. Speichel ist aber für eine gute Aufspaltung wichtig.
- Sie essen schneller, das wiederum hemmt die Speichelbildung.
- Die „großen Brocken" sind ein Kraftakt für Ihren Verdauungsapparat. Es fallen mehr Reste an, die vergärt werden, das führt zum Blähbauch.
- Dazu kommt die Autofahrerhaltung, die den Darm zusammendrückt.
- Klimaanlage und Heizung trocknen permanent, d. h., wenn Sie nicht ausreichend trinken, wird aus dem ohnedies schon schwer transportierbaren Speiserest noch ein trockener Knödel.
- Viele meiden wasserreiche Lebensmittel, also Obst und Gemüse, weil sie sich nicht bekleckern möchten oder einfach nur aus Bequemlichkeit.

Also was tun? Versuchen Sie, zumindest ein paar ruhige Minuten zum Essen einzuplanen, d. h. abseits von Autofahren und Telefonieren. Kauen Sie gut, trinken Sie zum Essen dazu und essen Sie, wenn Sie häufig von einem Blähbauch geplagt sind, vor jeder Mahlzeit einen halben Teelöffel voll Kümmel, Anis oder Fenchel. Gut kauen oder gleich in gemahlener Form verwenden. Schmeckt scheußlich, wirkt aber Wunder! Mit mehreren kräftigen Schlucken Wasser nachspülen. Alternativ dazu können Sie den Anti-Blähbauch-Tee von Seite 51 trinken.

Als ideale Autojause bieten sich Gemüse, Obst, Konzentrationslebensmittel, z. B. Vollkornbrot – belegt oder ohne Belag, Studentenfutter, Früchtebrot ohne Zuckerzusatz und süßes Gebäck, vgl. Seite 205 ff., an. Denken Sie an eine gute Flüssigkeitsversorgung und trinken Sie über den Tag verteilt. Durch die Klimaanlage und die Heizung steigt der Wasserbedarf! Nehmen Sie immer Tee oder ein paar Wasserflaschen als Vorrat mit!

Jause
aus dem Supermarkt

Was Sie beim Einkauf beachten können

Wenn der Hunger drückt und es keine Möglichkeit gibt, die Jause selbst zuzubereiten, hilft nur der Weg zum nächsten Bäcker oder in den Supermarkt. In diesem Kapitel finden Sie gesunde Jausenvorschläge aus dem Supermarkt und Kriterien, die Ihnen beim Einkauf helfen, das gesündeste Produkt zu finden.

Belegtes Weckerl

Belegte Brote sind als schneller Zwischensnack nicht mehr wegzudenken. Kaum eine Theke, an der Sie nicht eine Vielzahl von belegten Broten finden. Um möglichst viele Wirkstoffe tanken zu können, achten Sie bei der Auswahl der belegten Brote auf Folgendes:

- Das **Brot** sollte einen möglichst hohen Anteil an Vollkorn aufweisen. Wenn möglich, mindestens 50 %, im Idealfall über 90 %. Oft täuscht eine dunkle Farbe oder ein Anteil an Kleie die Verwendung von Vollkorn vor. Fordern Sie die Zutatenliste an. Nur wenn Vollkorn darauf steht, steckt auch Vollkorn drin.

> So erkennen Sie, ob es sich um Vollkornbrot handelt <

Vollkorn bedeutet, dass das gesamte Getreidekorn, d. h. vom Keimling bis zur Schale, verwendet wird. Es sind also alle Nähr- und Wirkstoffe des gesamten Getreidekorns enthalten, u. a. auch die „Konzentrationsvitamine". Ob es sich um ein Vollkornbrot handelt oder nicht, entnehmen Sie der Zutatenliste.

Vollkorn erkennen Sie an Bezeichnungen wie z. B. Vollkornmehl, Vollkornschrot, Vollkornflocken, Körner, z. B. Roggenkörner, oder Vollkornsauerteig, z. B. Roggenvollkornsauerteig. Im Gegensatz dazu steckt hinter Bezeichnungen wie z. B. Roggenmehl, Weizenmehl, Dinkelmehl, Roggenquellmehl, Bio-Mehl, z. B. Bio-Roggenmehl, Bio-Dinkelmehl, Malz, z. B. Gerstenmalz, Weizenmalzmehl, oder Sauerteig, z. B. Roggensauerteig, ein Auszugsmehlprodukt, d. h. „Weißmehl".

Der Begriff **„Kleie"**, z. B. Soja- oder Weizenkleie, bedeutet nichts anderes als „Randschicht", z. B. Sojakleie oder Weizenkleie.

„Mehrkorn" weist nur auf ein Zusammenspiel von mehreren verschiedenen Getreidesorten hin. Ob das Getreide in Form von Vollkorn oder Weißmehl hinzugefügt wurde, können Sie anhand der Bezeichnung „Mehrkorn" nicht entnehmen.

Samen, wie z. B. Leinsamen, Sesam oder Sonnenblumenkerne, Soja und Nüsse, z. B. Walnüsse, dienen als gesunde, aber fettreiche Geschmackszutat. Mit Vollkorn haben sie nichts gemeinsam.

Fazit: Der Vollkornanteil soll in einem gesunden Brot möglichst hoch, die Zutatenliste möglichst kurz sein. Ein naturreines Vollkornbrot enthält nur Vollkorngetreide, Wasser, Gewürze, evtl. natürliche Geschmackszutaten, z. B. Karotten, und ein Backtriebmittel, z. B. Hefe oder Sauerteig. Erfreulicherweise findet man Brote in dieser Zusammensetzung immer öfter. Werden derartige Brote bei Ihrem Bäcker nicht angeboten, suchen Sie einen anderen Bäcker auf oder gehen Sie einen Kompromiss ein. Wählen Sie das Brot aus, das dem naturreinen Brot am nächsten kommt.

> **> Tipp <**
>
> Wenn kein belegtes Vollkornweckerl angeboten wird, lassen Sie sich ein leeres Vollkornweckerl aufschneiden und belegen Sie es nach Ihrem Gusto. Oft bietet man in der Feinkostabteilung den Service, das Brot mit dem in der Kühltheke gekauften Belag, z. B. Räucherlachs, zu belegen.

- Achten Sie bei **Käse** auf die Zutatenliste, vgl. Seite 29 und auf die Herkunft der Milch. Gebirgsmilch, z. B. Alm-Milch, punktet durch den höchsten Wirkstoffanteil. Da Sie diesbezüglich keine Kennzeichnung auf dem Käse finden, wählen Sie Käse aus Regionen mit klein strukturierter Landwirtschaft, vorzugsweise Almwirtschaft, und ohne Masthaltung. In Bezug auf das Kalzium gelten zwei Prinzipien: besser Labkäse statt Sauerkäse und je länger gereift, desto mehr Kalzium bezogen auf die gleiche Menge.

> **> So erkennen Sie, ob es sich um hochwertigen Käse handelt <**
>
> Ein hochwertiger Käse kommt ohne Zusatzstoffe aus. Farbe, Konservierung etc. haben in einem hochwertigen Käse nichts verloren. Immer mehr setzt sich der Trend des Käsefärbens mit oranger Farbe durch mit der Begründung, dass der Konsument das ganze Jahr über die gleiche Käsefarbe möchte. Käse ist ein Naturprodukt und daher jahreszeitlichen Schwankungen unterlegen. Im Sommer färben sich die Milch und dadurch der Käse durch die hochwertigen frischen Gräser gelber, im Winter blasser. Um dieses optische Manko auszugleichen, greifen manche Käsehersteller in den Farbtopf. Gönnen Sie der Natur die Natur und vermeiden Sie gefärbten Käse. Ob Farbe zugesetzt wurde, erkennen Sie an der Zutatenliste. ß-Carotin zählt z. B. zu den beliebtesten Färbemitteln.
>
> **Fazit:** Ein hochwertiger Käse ist frei von jeglichen Zusatzstoffen.

- Wählen Sie bei **Wurst** und **Fleisch** einen fettarmen Belag, wenn möglich nitratfrei, d. h. ohne Zusatz von Pökelsalz, z. B. Schinken ohne Pökelsalz. Immer mehr Hersteller stellen auf die Produktion ohne Pökelsalz um. Sie erkennen

den Zusatz von Pökelsalz an der Zutatenliste. Wenn Nitrat in irgendeiner Form auf der Zutatenliste zu finden ist, wurde Pökelsalz verwendet. **Tipp:** Kalte oder heiße Braten enthalten üblicherweise kein Pökelsalz.

- **Gemüse und Obst:** Jedes belegte Brot sollte so üppig wie möglich mit Gemüse belegt sein. Wählen Sie Saisonware, wenn möglich Bio, aus Ihrer Region, die steckt im vollen Wirkstoffsaft und ist am wenigsten chemisch belastet. Fehlt das Gemüse im fertig belegten Brot, genießen Sie ein Stück Gemüse, z. B. Karotte, oder ein Stück Obst, z. B. Apfel, dazu.
- Bei **Meeresfisch, z. B. Räucherlachs,** gibt es kaum eine Möglichkeit, den gesundheitlichen Wert zu beurteilen. Sie können die Zutatenliste auf Zusatzstoffe hin kontrollieren. Ein hochwertiger Fisch kommt ohne Zusatzstoffe aus. Auch das Fanggebiet gibt Hinweise auf die Qualität des Fisches. Fische aus sehr warmen Gewässern enthalten häufig mehr Schadstoffe und Medikamentenrückstände als Fische aus sehr kalten Gewässern. Dies gilt auch für heimische Süßwasser-Zuchtfische. Je kälter das Wasser, desto langsamer wächst der Fisch und desto gesünder der Fisch, da er mehr entzündungshemmende Omega-3-Fettsäuren ausbildet. Fische aus kalten Gewässern wachsen bis zu mehreren Jahren, bis sie ein entsprechendes Schlachtgewicht erreichen. Bei Fisch aus der Dose vermeiden Sie Produkte mit Aromazusatz.

Obst und Gemüse

Keine Jause ohne Obst oder Gemüse! Obst und Gemüse bieten den perfekten Gesundheitsausgleich zum Weckerl. Sie liefern reichlich natürliche Wirkstoffe, z. B. Vitamine, die sich in dieser guten Verfügbarkeit und Zusammensetzung durch keine Tablette und keinen Saft ersetzen lassen. Die in Obst und Gemüse vorhandenen Ballaststoffe sorgen nicht nur für eine gute Verdauung, sondern pflegen auch Ihr Immunsystem, das bekanntlich einen großen Teil seiner Wurzeln im Darm versteckt. Zudem können die Wirkstoffe aus dem belegten Weckerl dank Obst und Gemüse besser aufgenommen werden, z. B.

fördert Vitamin C aus Obst und Gemüse die Aufnahme von Kalzium aus dem Käse.

Gut geeignet als schnelle Jause für Zwischendurch sind z. B.

- **Obst:** Apfel, Orange, Marille, Banane, Birne, verschiedene Beeren, Feigen, Grapefruit, Sharonfrucht, Kirschen, Kumquat, Litchi, Mandarinen, Nektarinen, Pfirsiche, Pflaumen, Zwetschgen oder Weintrauben.
- **Gemüse:** Stangensellerie, Fenchel – die äußere Schicht entfernen und Stück für Stück knabbern. Gurke – besonders gut eignen sich die kleinen Knabbergurken. Kohlrabi – entweder an der Theke schälen lassen oder mit einem Taschenmesser schälen. Kohlrübe, Karotte, Paprika, Radieschen – gibt es bereits essfertig. Weißer Rettich – kann mit der Schale verzehrt werden. Tomaten – mit kleinen Tomaten passieren weniger „Klecker-Unfälle". Weißkrautblätter – 1 TL Kümmel davor essen, dann ist das Kraut besser verträglich.
- **Knabbersalate:** Chicorée, Chinakohl, Eisbergsalat, Salatherzen oder Knacksalat. Die äußeren Blätter entfernen und Blatt für Blatt genießen oder vom Stück herunterbeißen, wenn es sich um Minisalate handelt.

Obst- und Gemüseersatz durch Smoothies aus dem Handel?

Smoothies, also Fruchtmusgetränke, dienen lediglich als zweitrangiger Ersatz. Sie können allein schon aufgrund der langen Haltbarkeit nicht mit Frischobst und frischem Gemüse mithalten. Außerdem bedeutet z. B. „aus 400 g Obst und Gemüse hergestellt" nur, dass das Produkt aus 400 g Obst und Gemüse hergestellt wurde, nicht aber wie viel davon tatsächlich in das kleine Trinkbecherchen à z. B. 100 ml durfte. Smoothies weisen einen Kaloriengehalt von meist über 70 kcal/100 g auf und liegen damit über dem von frischem Gemüse und den meisten Obstsorten.

Trockenfrüchte

Kaufen Sie nur ungeschwefelte Früchte und Früchte ohne Zusatzstoffe, insbesondere Schwefeldioxid, und Verbindungen. Sie erkennen einen Schwefelzusatz meist an der Farbe und an den E-Nummern 220–225 und 226–228. Trockenfrüchte mit besonders schöner Farbe, z. B. oran-

Geschwefelte Trockenfrüchte

ge Aprikosen, sind meist geschwefelt. Schwefel kann u.a. zu Kopfschmerzen, Übelkeit und Magenbeschwerden führen.
Literatur: DI Bohacek Helmut: E-Nummernliste, AK Niederösterreich, Auflage Jan. 2011

Ungeschwefelte Trockenfrüchte

Nüsse
Gesund, aber sehr fettreich. Achten Sie auf Schimmel- oder Schädlingsbefall. Derart verdorbene Nüsse enthalten Gifte, die auch durch Hitze, z. B. Rösten, nicht zerstört werden.

Joghurt und gesäuerte Milchgetränke
stellen eine erfrischende Kalziumquelle dar. Der Kaloriengehalt variiert von 25 bis über 100 kcal pro 100 g. Für die Wahl des gesündesten Produkts ist die Herkunft der Milch von Bedeutung. Vgl. *Seite 25*.

Wenn Sie fruchtige Milchprodukte einkaufen, z. B. Fruchtjoghurt oder Fruchtbuttermilch, achten Sie auf folgende drei Merkmale:

- **Hoher Fruchtanteil:** Je höher der Fruchtanteil, desto mehr Wirkstoffe, also z. B. Vitamine und Mineralstoffe, enthält das Produkt.
- **Geringer Anteil an Zucker, Honig und Süßungsmitteln:** Ob und welcher Zucker zugesetzt wurde, erkennen Sie an der Zutatenliste. Bezeichnungen wie Zucker, Honig und Begriffe mit der Silbe -ose weisen auf Zucker hin, z. B. Fruktosesirup.
- **Keine Zusätze:** wie z. B. Verdickungsmittel, Farb- oder Aromastoffe

> Tipp <

Als gesunde Alternative zu gefärbten und aromatisierten Fruchtvarianten bieten sich Produkte „natur", z. B. Naturjoghurt an, in den Sie bei Bedarf z. B. etwas Marmelade mit einem Fruchtanteil von mindestens 70 % mischen.

Marmelade
Hochwertige Marmelade enthält einen Fruchtanteil von mindestens 70 %, keine Aromastoffe und keine Benzoesäure (E 210). Benzoesäure dient als Konservierungsmittel und kann zu allergischen Reaktionen führen.

Vorsicht Imitat!

Imitate drängen auf den Markt. Es handelt sich bei Imitaten um nachgemachte Produkte, die wie das Original aussehen und schmecken, aber aus diversen Zutaten, die üblicherweise nicht im Produkt vorkommen, zusammengemixt werden. Imitate enthalten keine natürlichen Wirkstoffe, z. B. Kunstkäse kein natürliches Kalzium. Ein paar einfache Tricks helfen Ihnen, Imitate von Natur zu unterscheiden.

✗ **Hinweis!** Im Juli 2011 wurde eine neue, vom EU-Parlament beschlossene Lebensmittelkennzeichnungsverordnung verabschiedet, die bis 2014 in den Mitgliedsstaaten umgesetzt werden muss und u. a. die Kennzeichnung von Imitaten und Klebefleisch regelt.

Qelle: EU-Parlament, Juli 2011: http://www.europarl.europa.eu/sides/getDoc.do?type=TA&reference=P7-TA-2011-0324&language=DE

Käseimitate

Bei Käseimitaten handelt es sich um Fett-Eiweiß-Mischungen mit Zusätzen. Das fertige Produkt unterscheidet sich in verarbeiteter Form in Konsistenz und Geschmack kaum vom Naturprodukt, d. h. vom Käse aus Milch.

Bezeichnungen wie „Zubereitung mit Käse“, „Pizza Mix“, „Geriebener Pizzabelag“, „Käse mit Pflanzenfettbasis“, „Lebensmittelzubereitung“, „Gastromix“, „Bäckermischung“, „Bäckermix“, „Halbe-Halbe“ oder „Gastro-Block“ können auf ein Imitat hinweisen.

Im Vergleich zu natürlichem Käse, der sich aus Milch, (z. B. Kuh-, Ziegen- oder Schafmilch), je nach Käsesorte Lab oder einem Säuerungsmittel, Salz und evtl. weiteren Gewürzen zusammensetzt, kann Käseimitat folgende Zutaten enthalten:

- Fettersatz, z. B. Palmöl, Kokosfett …
- Eiweißersatz, Eiweißpulver …
- Modifizierte Stärke
- Geschmacksverstärker
- Konservierungsmittel
- Schmelzsalze
- Farbstoffe
- Aromastoffe
- Wasser

Käseimitate finden Sie vor allem in der Convenience-Küche, z. B. in der „Käsescheibe“ im Geflügel-Cordon-bleu, in abgepackten Burgern oder in Käse-Grillzu-

bereitungen. Um herauszufinden, ob der Käse mit Zusätzen versetzt wurde, müssen Sie die Zutatenliste studieren. Dort finden Sie das Produkt und in Klammer die Zusammensetzung des Produkts. Am Beispiel Käse mit Imitat vermischt, könnte die Kennzeichnung wie folgt lauten: *Käsezubereitung (Käse 60 %, Wasser, Kokosfett, Milcheiweiß, modifizierte Stärke, Schmelzsalze, Käsearoma, Salz, Trennmittel, Farbstoff)*. Das heißt, dieser „Käse" setzt sich aus 60 % Käse und 40 % einer Mixtur zusammen, die nach Verarbeitung dem Käse in Geschmack und Konsistenz sehr nahekommt, mit Käse aber nichts zu tun hat.

Schinkenimitat

Bei Schinkenimitat handelt es sich um Fleisch, das mit mindestens 30 % Wasser und Zusätzen zu einem Schinken verarbeitet wird. Das fertige Produkt unterscheidet sich in Konsistenz und Farbe kaum vom natürlichen Produkt. Der Unterschied ist für einen Laien nicht zu erkennen. Bezeichnungen wie z. B. „Schulterblock", „Pizza-Block", „Mit erhöhtem Wasseranteil", „Mit erhöhter Wassermenge" oder „Mit erhöhtem Wassergehalt" können auf ein Imitat hinweisen.

Im Vergleich zu Schinken aus natürlich gewachsenem Fleisch, der im Wesentlichen aus Fleisch, Gewürzen und meistens Pökelsalz besteht, kann Schinkenimitat folgende Zutaten enthalten: unter 70 % Fleisch, mindestens 30 % Wasser, Phosphate, Bindemittel wie Stärke, Gelier- und Verdickungsmittel, evtl. fleischfremdes Eiweiß, Geschmacksverstärker, Zucker, z. B. in Form von Glucose oder Saccharose, Maltodextrin, Aroma, Antioxidationsmittel, Konservierungsmittel, Stabilisatoren, Salz, Gewürze.

Schinkenimitat finden Sie sowohl als Aufschnittware als auch in verarbeiteter Form, z. B. auf der Pizza, auf dem Toast oder auf belegten Broten. Ein Imitat könnte z. B. wie folgt auf der Zutatenliste angeführt sein: *Schweinetoastblock (Schweinefleisch, 40 % Wasser, Salz, Dextrose (= Zucker), Maltodextrin, Geschmacksverstärker, Gewürze, aufgeschlossenes Pflanzeneiweiß, Raucharoma, Verdickungsmittel)*.

Übersetzt bedeutet das, dass eine verhältnismäßig kleine Menge an Fleisch – in diesem Fall nur etwas mehr als die Hälfte – mit Wasser und Zusätzen zu einem Schinkenersatz zusammengefügt wurde.

Klebefleisch

Bei Klebefleisch handelt es sich um kleine Fleischstücke, die mit diversen Methoden und „Klebern" zu Schinken, Speck & Co zusammengefügt werden. Ob es

sich um Klebefleisch handelt, muss der Hersteller erst ab 2014 kennzeichnen. Ein Hinweis kann sein, wenn z. B. alle Speckscheiben in der Packung genau die gleiche Form aufweisen, der Putenschinken in der Form einer Pute ähnelt oder die Fleischstücke in immer gleich großen Stücken und Formen angeboten werden.

Kaffeeweißer

Als Kaffeeweißer wird ein Milchersatz bezeichnet, der sich zumeist aus Zucker mit Fett, Eiweiß und diversen Zusätzen zusammensetzt. Kaffeeweißer erkennen Sie an der Bezeichnung „Kaffeeweißer".
Im Vergleich zu Milch, die nur Milch enthält, setzt sich Kaffeeweißer aus z. B. folgenden Zutaten zusammen:
Glucosesirup, also Zucker, Fett, Milcheiweiß, Zusatzstoffe wie z. B. Stabilisatoren, Emulgatoren, Trennmittel und Farbstoff.
Kaffeeweißer findet z. B. als Milchersatz in Kaffee- und Kakaoautomaten oder als lange haltbarer Milchersatz in Büros Verwendung. Kakao, Kaffee mit Milch oder Cappuccino aus dem Automaten enthält also oft keine Milch, sondern ein Imitat.

Ist Bio gesünder?

Nein! Wer glaubt, dass hinter Bio automatisch „Gesundheit" steckt, der irrt. Ob ein Lebensmittel gesund ist oder nicht, hängt von vielen Faktoren ab, z. B. von der Fütterung der Tiere oder der Verarbeitung. Zum Beispiel weisen Produkte von Tieren, die mit Bio-Mais gemästet werden, ein weniger gesundes Fettsäuremuster auf als Produkte von Tieren, die auf einer konventionell geführten Alm Gras fressen dürfen. Am Beispiel Semmel wird deutlich, dass eine Bio-Semmel aus ausgemahlenem Weizenmehl nicht gesünder ist als eine herkömmliche Bäckersemmel. Die vielfach angebotenen Bio-Fertiggerichte, -Kekse und -Süßwaren können genauso viel Fett und Zucker enthalten wie ein vergleichbares Produkt und sind daher nicht gesünder.
Bevorzugen Sie bei der Wahl von Bio-Produkten unverarbeitete Lebensmittel aus Ihrer Region, z. B. Bio-Obst, -Gemüse, -Eier, -Käse, -Fleisch oder Getreide. Derartige Bio-Produkte schonen nicht nur die Umwelt, sondern verwöhnen auch Ihren Körper mit wertvollen Wirkstoffen.

Geschmack mit Verstärker?

In der heutigen Zeit finden Sie kaum mehr ein Lebensmittel, das nicht durch Aromastoffe aufgepeppt wurde. Egal ob Tee, Saft, Joghurt, Fisch oder Fleischprodukte, ob biologisch oder konventionell erzeugt. Aromatisiert wird fast in jeder Lebensmittelgruppe. Die Gründe dafür sind vielschichtig, z. B. gehen durch die oft sehr aufwendigen Herstellungsprozesse Aromastoffe verloren. Um es für den Verbraucher wieder annähernd nach Ursprung schmecken zu lassen, wird mit Aroma nachgebessert. Ganz nebenbei erspart sich der Hersteller durch das Aufpeppen mit künstlich hergestellten Aromen jede Menge Kosten, da man mit weniger natürlichen Lebensmitteln auskommt.

> Tipp <

Achten Sie beim Kauf der Lebensmittel auf Aromazusätze und versuchen Sie einmal, sechs Wochen lang auf jegliche Aromastoffe zu verzichten. Sie werden sehen, Ihr Geschmacksempfinden explodiert. Sie werden aus den natürlichen Lebensmitteln Geschmacksnuancen herausschmecken, die Ihnen bis dato verborgen blieben. Ihr Essen entfaltet sich zu einem wahren Gaumenkitzel.

Genau darin aber liegt einer der großen Nachteile der Aromatisierung. Wenn die natürlichen Lebensmittel fehlen, fehlen auch die Wirkstoffe, z. B. Vitamine, Mineralstoffe und die für die Verdauung und damit für die Immunabwehr wichtigen Ballaststoffe. Beispielsweise enthält ein mit Aroma aufgepeppter Bananenjoghurt deutlich weniger Wirkstoffe als ein Bananenjoghurt aus frischen Bananen oder aus Bananenmarmelade von Seite 198.

Nicht nur die Wirkstoffe fehlen in künstlich aromatisierten Lebensmitteln, auch Ihr persönlicher Geschmackssinn verarmt, da künstliche Aromastoffe meist nur einen Teil des Aromen-Spektrums des natürlichen Lebensmittels abdecken. So kann es passieren, dass Menschen, insbesondere Kindern, das natürliche Lebensmittel nicht mehr schmeckt, weil sie den vollen Geschmack nicht mehr kennen, als fremd empfinden und daher ablehnen.

Im Zeitalter von steigendem Übergewicht und Fettleibigkeit scheint auch der appetitanregende Effekt der Aromastoffe eine immer wichtigere Rolle zu spielen. Viele Produkte sind überaromatisiert, d. h. schmecken viel intensiver nach dem Produkt, als das Naturprodukt schmecken würde. Aromen fördern die Speichelbildung. Ein Zuviel an zugesetzten Aromastoffen kann zu einem deutlichen Appetitanstieg, infolge zu einem vermehrten Essen und damit zu Übergewicht führen.

Was steckt hinter den Bezeichnungen im Aroma-Dschungel?

- **Natürliches Aroma aus dem Lebensmittel:** Wird direkt aus dem Lebensmittel extrahiert. Sehr teuer.
- **Natürliches Aroma:** Nachgemacht, z. B. mithilfe von Hefen, Pilzen, Bakterien oder aus Grundstoffen, z. B. Sägespänen.
- **Naturidentisches Aroma:** Chemisch definierte Stoffe mit Aromaeigenschaften, die nicht dem natürlichen Aroma des ursprünglichen Lebensmittels entsprechen und auch nicht die Fülle des Aromenspektrums des natürlichen Lebensmittels enthalten müssen. Seit Januar 2011 ist nur mehr die Bezeichnung „Aroma" gültig.
- **Aroma:** Chemisch definierter Stoff mit Aromaeigenschaften, der nicht dem natürlichen Aroma entspricht.

Falle Werbeslogans

Seien Sie bei allen Produkten, die sehr stark beworben werden, kritisch. Die Werbung kostet Geld, die Sie als Konsument bezahlen. Oft gibt es deutlich günstigere Produkte mit gleicher oder sogar besserer Wirkung aus Ihrer Region.

Slogans wie z. B. „Die lebensnotwendigen Fettsäuren stecken in der Margarine, nicht im Salat!" entpuppen sich bei genauerer Betrachtung als hinkende Vergleiche. Salat galt noch nie als Lieferant von Fettsäuren. Lebensnotwendige Fettsäuren liefern nur Produkte, die viel hochwertiges Fett enthalten, z. B. Öl, aber nicht Salatgemüse. Salatgemüse punktet durch den Wirkstoffgehalt, nicht durch einen hohen Fettgehalt!

Genauso geht es dem „Herbert" beim Aufruf seiner Frau: „Herbert trink das!" Herbert könnte deutlich günstigeren Joghurt aus Milch der heimischen Bauern oder aber auch Sauerkraut genießen. Auch das würde sein Immunsystem und seine Verdauung pflegen.

Und „Ein Fläschchen deckt 50 % des Bedarfs an Obst und Gemüse" bedeutet nichts anderes, als das für ein Fläschchen eine bestimmte Menge an Obst und oder Gemüse verwendet wurde. Besser Sie genießen frisches Obst und Gemüse aus Ihrer Region.

Gesunde Jausenkombinationen

Genießen Sie täglich Obst und Gemüse der Saison. Obst und Gemüse dienen als Wirkstoff-, z. B. Vitamin- und darmstärkende Ballaststoffquelle. Die bei den Vorschlägen angegebenen Obst- und Gemüsesorten stellen nur Anregungen dar. Als Getränk wählen Sie am besten Wasser, egal ob still oder prickelnd.
Die angegebenen Mengen beziehen sich auf eine große Jausenportion für Erwachsene, für Kinder genügt die halbe bis ein Drittel der Menge.

Jause mit Fisch

Fisch punktet durch einen hohen Anteil an entzündungshemmenden und besonders gesunden Omega-3-Fettsäuren. Meeresfisch enthält zudem Jod.

- Vollkornweckerl (ca. 80 g) mit Räucherlachs (ca. 100 g) und Rucola: Ein paar Blätter auf das Brot legen und den Rest tagsüber als Fingerfood-Vitaminschub pur genießen – 376 kcal
- 1 Vollkornweckerl (ca. 80 g), ½ Packung geräucherte Makrele (70 g), 1 Karotte (80 g) – 384 kcal
- 1 Vollkornweckerl (ca. 80 g), ½ Fischdose ohne Aromazusatz (100 g), 1–2 Knabbergurken (150 g) – 418 kcal
- 1 Vollkornweckerl (ca. 80 g), ½ Packung geräucherte Forelle (70 g), 1 Stück Rettich (150 g) – 334 kcal

Jause mit Fleisch

Fleisch enthält wertvolles Eisen. Damit Sie das Eisen besonders gut aufnehmen können, essen Sie Fleisch immer in Verbindung mit Obst oder Gemüse, d. h. mit einer natürlichen Vitamin-C-Quelle.

- Vollkornweckerl (ca. 80 g) mit kaltem magerem Braten vom Rind, Schwein oder Kalb (ca. 70 g) und Essiggurkerl (ca. 20 g), Rettich (150 g). Den Rest vom Rettich tagsüber knabbern oder im Kühlschrank aufbewahren, hält mehrere Tage – 344 kcal.

> Tipp <

Seien Sie sparsam mit Fleischmahlzeiten. Nur max. 3 x 1 Handteller großes Stück Fleisch pro Woche inklusive Wurst, Würstel, Faschiertem etc. benötigt der Mensch.

Jause mit Käse

Hervorragende natürliche Kalziumquellen, bis auf Graukäse und körnigen Frischkäse. Diese enthalten kaum gut verfügbares Kalzium, aber wertvolles Eiweiß.

> **> Tipp <**
>
> Essen Sie Käse immer in Verbindung mit Obst oder Gemüse, dann kann das Kalzium aus dem Käse besonders gut aufgenommen werden. Frische Kräuter unterstützen die Kalziumaufnahme zusätzlich, z. B. Kresse.

- Vollkornweckerl (ca. 80 g) mit 2 Scheiben Bergkäse (ca. 50 g), 1 Handvoll Radieschen (100 g) – 436 kcal. Besonders hochwertige Kalziumquelle!
- Vollkornweckerl (ca. 80 g) mit Camembert (ca. 50 g), Chinakohlblätter, den Rest vom Chinakohl am Abend als Salat oder als warmes Gemüse genießen – 394 kcal
- Vollkornweckerl (ca. 80 g) mit Blauschimmelkäse (ca. 50 g), 1 Feige (70 g). Gute Kalziumquelle! – 450 kcal
- Vollkornweckerl (ca. 80 g) mit Ziegenschnittkäse (ca. 50 g), ½ große Kohlrabi (150 g) – schälen, z. B. mit dem Taschenmesser – 385 kcal
- Vollkornweckerl (ca. 80 g), ½ Pkg. Baby Mozzarella (70 g), ½ Pkg. Cocktailtomaten (125 g) – 429 kcal
- Vollkornweckerl (ca. 80 g) mit Graukäse (ca. 70 g), 1 Apfel (150 g) – 399 kcal
- 1 Vollkornweckerl (ca. 80 g), ½ Pkg. körniger Frischkäse 0,1 % Fett (200 g), 1 Apfel (150 g) – 373 kcal

Jause mit einem flüssigen Milchprodukt, z. B. Joghurt

Gute Kalziumquelle!

- 1 Becher Naturjoghurt (ca. 250 g), 1 kleine Pkg. Erdbeeren (250 g) – 237 kcal
- 1 Becher Naturjoghurt (ca. 250 g), 1 Handvoll Kirschen (150 g) – 252 kcal
- 1 Becher Naturjoghurt (ca. 250 g), 1 Handvoll Weintrauben (150 g) – 264 kcal
- 1 Becher Kefir (180 g), 3 Trockenfrüchte, z. B. Dörrpflaumen (60 g) – 270 kcal

- 1 Pkg. Buttermilch (ca. 500 g), 1 Banane (180 g) – 366 kcal
- 1 Pkg. Buttermilch (ca. 500 g), 1 Handvoll Litchi (150 g) – 309 kcal
- ½ Pkg. Sauermilch (ca. 250 g), 1 Apfel (150 g) – 238 kcal
- ½ Pkg. Acidophilusmilch (ca. 250 g), 1 Feige (80 g) – 210 kcal

Jause mit Obst, Nüssen und Salat

Gute Wirkstoffquelle, d. h., diese Jausen enthalten reichlich Vitamine, Mineralstoffe etc.

- Eine Portion Obstsalat, wenn möglich ohne Marinade (200 g) – ca. 100 kcal
- 1 Stück Obst, z. B. Apfel (150 g) – ca. 80 kcal
- 1 Handvoll gemischte Nüsse, (ca. 50 g) – ca. 300 kcal
- 2 Stück Gemüse, z. B. Karotten (160 g) – ca. 40 kcal
- Eine Portion Salat, ohne Marinade (250 g) – ca. 30 kcal. Nehmen Sie die Marinade von zu Hause mit, Rezept Seite 123 ff., fertig gemischte Industrie-Marinade enthält meist reichlich Zusatzstoffe und Fett.

Sprossen-Fantasy-Mix von Seite 79.

Herkömmliche Jausen zum Vergleich

Diese beliebten Jausen liefern nur „leere" Kalorien und keine herausragenden gesunden Inhaltsstoffe.

- Fleischkäsesemmel: 1 Semmel (75 g), 70 g Fleischkäse – 433 kcal
- Salamisemmel: 1 Semmel (75 g), 70 g Salami – 464 kcal
- Extrawurstsemmel: 1 Semmel (75 g), 70 g Extrawurst – 430 kcal
- 1 Stück Nussschnecke (160 g) – 713 kcal
- 1 Stück Topfengolatsche (150 g) – 592 kcal
- 1 Stück Linzer Schnitte (160 g) – 795 kcal
- 1 Stück Schoko-Muffin (105 g) – 434 kcal
- 1 l Cola, Limonade, Eistee oder Fruchtsaft: ca. 500 kcal

Getränke

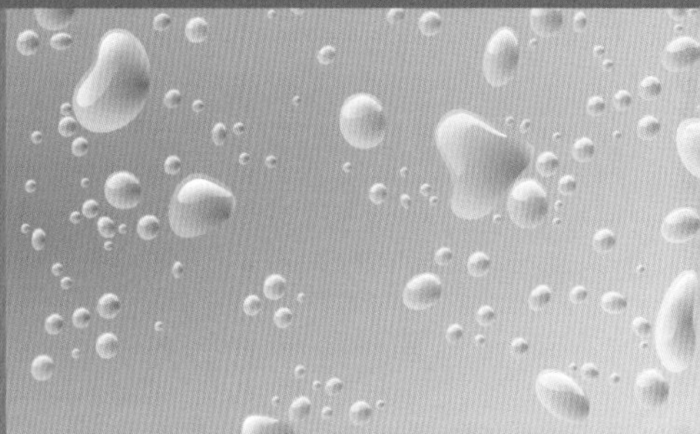

Wie viel Wasser braucht der Mensch pro Tag?

Wasser zählt quantitativ zum wichtigsten Bestandteil unseres Körpers. Bereits ein geringer Wassermangel kann sich gravierend auf Ihre Leistungsfähigkeit auswirken. „Trinken Sie, bevor der Durst entsteht!" Diese bekannte Faustregel besitzt immer noch Gültigkeit. Durst empfinden Sie erst dann, wenn bereits ein Wasserdefizit besteht. Fehlt dem Körper Wasser, dickt das Blut ein, dadurch kann weniger Sauerstoff zum Gehirn und zu den Muskeln transportiert werden. Das heißt, die Konzentrations- und die körperliche Leistungsfähigkeit sinken, z. B. im Beruf, beim Sport oder in der Schule.
Folgende Richtwerte helfen Ihnen, Ihren eigenen Flüssigkeitsbedarf zu ermitteln. Die Werte beziehen sich auf gesunde Menschen bei gesunder Ernährungsweise und bei üblicher, nicht anstrengender Tätigkeit.

Richtwerte für die Zufuhr von Wasser[1]

Alter	Wasserzufuhr durch		Oxidationswasser[4]	Gesamtwasseraufnahme[5]	Wasserzufuhr durch Getränke und feste Nahrung
	Getränke[2]	feste Nahrung[3]			
	ml/Tag	ml/Tag	ml/Tag	ml/Tag	ml/kg u. Tag
Säuglinge					
0 bis unter 4 Monate[6]	620	–	60	680	130
4 bis unter 12 Monate	400	500	100	1000	110
Kinder					
1 bis unter 4 Jahre	820	350	130	1300	95
4 bis unter 7 Jahre	940	480	180	1600	75
7 bis unter 10 Jahre	970	600	230	1800	60
10 bis unter 13 Jahre	1170	710	270	2150	50
13 bis unter 15 Jahre	1330	810	310	2450	40
Jugendliche und Erwachsene					
15 bis unter 19 Jahre	1530	920	350	2800	40
19 bis unter 25 Jahre	1470	890	340	2700	35
25 bis unter 51 Jahre	1410	860	330	2600	35
51 bis unter 65 Jahre	1230	740	280	2250	30
65 Jahre und älter	1310	680	260	2250	30
Schwangere	1470	890	340	2700[7]	35
Stillende	1710	1000	390	3100[7]	45

1 Bei bedarfsgerechter Energiezufuhr und durchschnittlichen Lebensbedingungen. Die Werte wurden absichtlich wenig gerundet, um die Nachvollziehbarkeit ihrer Berechnungen zu gewährleisten. – 2 Wasserzufuhr durch Getränke = Gesamtwasseraufnahme – Oxidationswasser – Wasserzufuhr durch feste Nahrung. – 3 Wasser in fester Nahrung etwa 78,9 ml/MJ (≈ 0,33 ml/kcal) – 4 Etwa 29,9 ml/MJ(≈ 0,125 ml/kcal) – 5 Gestillte Säuglinge etwa 360 ml/MJ (≈ 1,5 ml/kcal), Kleinkinder etwa 290 ml/MJ (≈ 1,2 ml/kcal), Schulkinder, junge Erwachsene etwa 250 ml/MJ (≈ 1,0 ml/kcal), ältere Erwachsene etwa 270 ml/MJ (≈ 1,1 ml/kcal) einschließlich Oxidationswasser (etwa 29,9 ml/MJ bzw. 0,125 ml/kcal) – 6 Hierbei handelt es sich um einen Schätzwert – 7 Gerundete Werte

Quelle: D-A-CH Referenzwerte für die Nährstoffzufuhr der DGE, ÖGE, SGE/SVE: 3. Korrigierter Nachdruck, Umschau-Verlag 2008, download: http://www.dge.de/modules.php?name=Content&pa=showpage&pid=5&page=2

Zum Beispiel benötigt ein achtjähriges Kind lt. Tabelle knapp 1 l Trinkwasser pro Tag, ein Büroangestellter im Alter von 40 Jahren knapp 1,5 l.

Unter bestimmten Bedingungen liegt der Wasserbedarf mitunter deutlich höher. Zum Beispiel bei

- starkem Schwitzen.
- Hitze, im Sommer, in überheizten Räumen, in der Sauna, im Hallenbad …
- trockener kalter Luft, z. B. im Winter, bei Tätigkeit in Kühlhäusern …
- hohem Eiweißverzehr, d. h. je mehr Fleisch, Wurst, Eier, Käse, Soja, Tofu etc. verspeist werden, desto mehr Wasser benötigt Ihr Körper zur Ausscheidung der beim Eiweißabbau anfallenden Substanzen.
- hohem Kochsalzverzehr, z. B. Wurst, Landjäger, Speck, Fertigprodukte.
- bei Vielrednern, z. B. Dozenten, Lehrern, Kundenberatern. Diese verlieren durch das Sprechen viel Flüssigkeit über den Atem.
- Erkrankungen, z. B. Fieber, Erbrechen oder Durchfällen.
- sportlichen Leistungen. Empfohlen wird vor dem Sport, alle 15–20 Minuten während des Sports und nach dem Sport zu trinken. Ein einfacher Test zeigt, ob die Flüssigkeitszufuhr ausreichend war. Stellen Sie sich vor und nach dem Sport auf die Waage. Das Gewicht sollte in etwa gleich bleiben. Ein Gewichtsverlust entspricht dem Wasserverlust.
- ungesunder Ernährungsweise mit wenig Obst und Gemüse. Obst und Gemüse liefern sehr viel Wasser. Fehlen diese Lebensmittel, fehlt auch die Flüssigkeit daraus. Wer sich also vorwiegend von Pizza, Süßigkeiten, Knabbereien und Fast Food ernährt, benötigt deutlich mehr Trinkwasser.
- geringer Kalorienaufnahme. Das heißt, wenn Sie wenig essen, sollten Sie, um den Gesamtflüssigkeitsbedarf decken zu können, mehr trinken.

Wie viel Wasser steckt in Ihnen?

Vergleicht man den Flüssigkeitsanteil eines Säuglings, der bei rund 70 % liegt, mit dem eines Lebensmittels, so entspricht der Säugling einer Kondensmilch. Eine erwachsene normalgewichtige Frau ähnelt mit einem Flüssigkeitsanteil von rund 55 % einem Camembert und ein erwachsener normalgewichtiger Mann mit einem Flüssigkeitsanteil von rund 60 % einem Mozzarella. Der Wasseranteil im

Körper sinkt bis zum 85. Lebensjahr kontinuierlich ab und kann bei Gesunden eine Untergrenze von ca. 45 % erreichen, dies entspricht einem Goudakäse.

Literatur: Köhnke Kerstin: Der Wasserhaushalt und die ernährungsphysiologische Bedeutung von Wasser und Getränken, S. 88 ff., in: Ernährungsumschau, Umschau Zeitschriftenverlag, 2/2011.

Wie trinken?

Trinken Sie über den Tag verteilt. Aus mehreren kleinen Portionen kann Ihr Körper die Flüssigkeit effizienter herausholen als aus wenigen großen Portionen, die meist innerhalb einer halben Stunde nach dem Trinken wieder über die Nieren ausgeschieden werden. Der Grund für diese rasche Ausscheidung nach dem Trinken von großen Flüssigkeitsmengen liegt in der, salopp ausgedrückt, Verdünnung des Körpers. Um das Gleichgewicht wieder herzustellen, wird vermehrt Harn ausgeschieden. Der Effekt dauert bis zu 1 Stunde an.

> Tipp <

Warme Flüssigkeiten sind leichter bekömmlich als eiskalte. Im Sommer löschen warme Getränke den Durst besser als eiskalte. Frei nach dem Motto „Kneipp": Eiskaltes muss der Körper aufwärmen, Warmes kühlen.

Erinnern Sie sich an Ihre Schulzeit? Damals durfte man nur in den Pausen trinken. Wer diesem Aufruf nachkam, dem drückte wohl oder übel nach kurzer Zeit die Blase. Meldungen wie „Hättest du nicht in der Pause gehen können?" standen an der Tagesordnung. Das Problem war aber hausgemacht. Große Trinkmengen in der Pause führen unweigerlich zu Harndrang, keine Getränke zu einem Konzentrationsverlust. Die Lösung des Problems ist einfach. Dürfen Kinder während der Schulstunde immer wieder kleine Mengen trinken, z. B. aus auslaufsicheren Trinkflaschen, drückt die Blase weit seltener als bei einer großen Ration und die Kinder können sich zudem noch besser konzentrieren.

Was trinken?

Das kostengünstigste, kalorienfreie und in unseren Breiten überall verfügbare Getränk, das **Wasser**, stellt das gesündeste Getränk dar.

Wasser

Wasser ist das gesündeste Getränk und dazu noch am billigsten. Ob Sie Wasser aus der Leitung oder aus der Flasche trinken, hängt von der Wasserqualität ab, ob still oder prickelnd von Ihrem Geschmack. Mit Wasser kann der Flüssigkeitsbedarf zu 100 % gedeckt werden. Weitere Getränke sind nicht nötig!

Ihr Kind mag kein Wasser?

Beugen Sie vor und geben Sie Ihrem Kind ab dem Zeitpunkt, ab dem es zusätzlich zur Säuglingsmilch Flüssigkeit benötigt, Wasser. Kein Kind kommt auf die Welt und verlangt nach Saft. Das Safttrinken ist antrainiert. Wenn Ihr Kind bereits zum Saft- und Limo-Fan mutiert ist, legen Sie sich starke Nerven zu und versuchen Sie schrittweise Saft und Limo mit Wasser bzw. Mineralwasser zu verdünnen. Seien Sie Vorbild und leben Sie das Wassertrinken vor!

Warmes Wasser aus der Leitung?

Aus hygienischen Gründen ist es nicht empfehlenswert, lauwarmes Wasser, also Boilerwasser, aus der Leitung zu trinken. Warmes Wasser aus neu installierten Leitungen stellt zwar üblicherweise kein Problem dar, trotzdem wird aus Gründen der Vorsicht vom Trinken des lauwarmen Leitungswassers abgeraten.

✗ **Tipp!** Mischen Sie in kaltes Wasser einen Schuss heißes Wasser aus dem Wasserkocher. Lauwarmes Wasser löscht den Durst besser als kaltes und ist leichter verträglich.

Wasser mit schwerem ökologischem Rucksack?

Der Trend, dass Lebensmittel um den halben Erdball chauffiert werden, bis sie auf unseren Tellern landen, hat auch vor dem Wasser nicht haltgemacht. Ob stilles oder prickelndes Mineralwasser, Sie können heute in den Supermärkten Wasser aus allen möglichen Erdteilen finden. Bevorzugen Sie Wasser aus Ihrer Region und genießen Sie jeden Schluck mit dem guten Gewissen, Ihre Umwelt und die Natur geschont zu haben.

Warum Getränke den Durst löschen oder fördern

Wussten Sie, dass manche Getränke den Durst fördern, anstatt ihn zu stillen? Der Grund dafür liegt in der Osmolarität der Getränke, also vereinfacht ausgedrückt, in der Anzahl der gelösten Teilchen im Getränk im Verhältnis zur Anzahl der gelösten Teilchen in Ihrem Blut. Enthalten Getränke mehr gelöste Teilchen als Ihr Blut, fördern sie den Durst, enthalten sie gleich viel oder weniger gelöste Teilchen, löschen sie den Durst.

Literatur: Osmolarität – Wichtiges Auswahlkriterium für Sportgetränke, DGE Info 7 (2009), S. 102 f.

Hypotone Getränke

Hypotone Getränke enthalten weniger gelöste Teilchen als Ihr Blut. Sie müssen also über die Lebensmittel gelöste Teilchen, sprich z. B. Mineralstoffe, zuführen, um Ihrem Körper einen Ausgleich zu ermöglichen. Dies stellt bei der üblichen Ernährungsweise kein Problem dar und muss nicht gesondert beachtet werden. Destilliertes Wasser enthält keine gelösten Teilchen und ist daher als Getränk nicht geeignet.

- Hypoton wirken alle Arten von Wasser, z. B. Leitungswasser, stilles Mineralwasser oder prickelndes Mineralwasser.
- Ungesüßte Tees, verdünnte Brühen und Suppen sowie Säfte, die mit deutlich mehr als der gleichen Menge an Wasser verdünnt werden, zählen ebenfalls zu den hypotonen Getränken.
- Alkoholfreies Bier nimmt eine Sonderstellung ein. Es wirkt zwar hypoton, enthält aber kleine Mengen an Alkohol und ist daher für die Schule und den Job ungeeignet!

✗ **Achtung!** Manche „Heilwässer“ können einen sehr hohen Anteil an gelösten Teilchen aufweisen, wirken also nicht durstlöschend.

Isotone Getränke

Isotone Getränke entsprechen in der Konzentration der gelösten Teilchen der Konzentration in Ihrem Blut. Im Hochleistungssport stellen Sie die beste Getränkequelle dar, da mit isotonen Getränken viele Kalorien bei guter Verfügbarkeit und gleichzeitig Flüssigkeit aufgenommen werden können. Im Alltag und im Breitensport haben isotone Getränke aufgrund des relativ hohen Energiegehalts wenig Sinn. Zudem zählt Schweiß mit 80–185 mosmol/l zu den hypotonen Flüssigkeiten. Es genügt daher im Breitensport ein Ausgleich mit leicht hypotonen Getränken, z. B. stark verdünnten 100 % Fruchtsäften.

➤ Isoton wirken z. B. Fruchtsäfte, 1:1 mit Wasser verdünnt und mit einer Prise Salz vermischt, spezielle Sportlergetränke, die als isotone Getränke angeboten werden, und Tees, die mit 80 g Zucker, 50 g Traubenzucker oder 150 g Maltodextrin pro Liter und einer Prise Salz vermengt werden.

Hypertone Getränke

Hypertone Getränke weisen im Vergleich zu Ihrem Blut deutlich mehr gelöste Teilchen auf. Der Körper muss daher hypertone Getränke mit Wasser verdünnen. Das kann zu Durst führen.

Hyperton wirken z. B. unverdünnter frisch gepresster Fruchtsaft, 100 % Fruchtsaft aus der Packung, Energy Drinks, Limonaden, Cola, Malzbier und stark gezuckerte Getränke, z. B. sehr süßer Tee, der pro Tasse mehr als einen gut gehäuften EL Zucker enthält, d. h. pro Liter mehr als 80 g Zucker.

✗ **Hinweis:** Bei Meerwasser handelt es sich um eine sehr stark hypertone Flüssigkeit. Das ist der Grund,warum man verdursten würde, wenn man nur Meerwasser trinkt.

> Kalziumquelle Wasser <

Nutzen Sie Mineralwasser als Kalziumquelle. Besonders wenn Sie an einer Laktose-Intoleranz leiden, bietet sich für Sie kalziumreiches Mineralwasser als gut verfügbare Kalziumquelle an. Wählen Sie jenes Mineralwasser aus Ihrer Region aus, das den höchsten Gehalt an Kalzium (Ca^{2+}) aufweist. Wie hoch der Kalziumgehalt ist, entnehmen Sie der Analyse auf der Flasche. Besonders gut wirkt das Kalzium aus dem Mineralwasser, wenn der Gehalt an Hydrogencarbonat (HCO_3^-) hoch und der Gehalt an Sulfat (SO_4^{2-}) niedrig ist.

Literatur: Cvitkovich-Steiner Helga: Mineralwasser: Worauf es ankommt. Ernährungsmedizin 2 (2008), S. 23 f.

Tee

Ob Sie Wasser oder lieber Tee trinken, bleibt Geschmackssache. Ist dem einen die Teezubereitung zu mühsam, gehört für den anderen die Teezubereitung zum täglichen Zeremoniell. Kaufen Sie nur Tees ohne Aromazusatz. Ein hochwertiger Tee schmeckt auch pur hervorragend. Tipps zum Thema Aromen finden Sie auf Seite 33.

Zuckerbombe Tee?

Trinken Sie Tee am besten ungesüßt. Bereits 1 TL voll Zucker (10 g) pro Tasse schlägt sich mit 40 kcal nieder. Das entspricht bei 5 Tassen, also ca. 1 l, einer Kalorienzufuhr von knapp ½ Tafel Schokolade. Selbst ungesüßter Tee kann Zucker enthalten. Es handelt sich dabei um geringe Mengen, die sich beim Ziehenlassen aus den Kräutern und Früchten lösen können. Besonders für Diabetiker ist es wichtig, die Blutzuckerwirksamkeit des Tees zu kennen.

Wenn Sie Tee süßen, mischen Sie das Süßungsmittel erst nach Erreichen der Trinktemperatur dazu, d. h. bei einer Temperatur von ca. 40 °C. Warum? Hitze zerstört einen Teil des Süßgeschmacks, nicht aber die Kalorien. Je heißer der Tee beim Süßen, desto mehr Süßungsmittel benötigen Sie und desto kalorienhaltiger wird der Tee. Zudem bauen sich in einem heißen Getränk die wertvollen Inhaltsstoffe aus dem Süßungsmittel, z. B. aus dem Honig, ab.

> Tipp <

Wechseln Sie die Teesorte alle 14 Tage. Sonst gewöhnt sich Ihre Körper an die Wirkstoffe des Teos und es kann zu Gewöhnungseffekten oder zu Nebenwirkungen kommen.

Entschlackungs- und Entwässerungstees

Wählen Sie „Entschlackungs- und Entwässerungstees" nur dann, wenn diese medizinisch indiziert sind. Die Wirkung der „Entschlackungstees" wird oft missver-

standen. Entschlackungstees lassen nicht das Fett purzeln, sondern das Körperwasser. Viele Menschen trinken zu wenig. Entschlackungstees verschlechtern die Folgen des Flüssigkeitsmangels, da sie wertvolles Wasser ausschwemmen. Das kann zu gravierenden Nebenwirkungen führen, die oft nicht mit dem Entschlackungsgetränk in Verbindung gebracht werden. Zudem können Entschlackungs- und Entwässerungstees in Bezug auf den Muskelaufbau kontraproduktiv wirken. Um Muskulatur aufzubauen, benötigt Ihr Körper ausreichend Flüssigkeit. Ohne Flüssigkeit kein Muskelaufbau. Muskulatur ist wichtig, um z. B. Fettpölsterchen zu verbrennen. Daher gilt: Trinken Sie Entschlackungs- und Entwässerungstees nur auf Anweisung Ihres Arztes!
Entwässernd wirken z. B. Brennnessel-, Birkenblätter- oder Zinnkrauttee.

Säfte und Limonaden

Um sich im Dschungel der Säfte und Limonaden zurechtzufinden, braucht es fast ein Lexikon und das Gesetzbuch. Gut, dass der Mensch eigentlich keine Säfte und Limonaden benötigt. Wassertrinker ersparen sich so das mühsame Suchen von einigermaßen hochwertigen Säften.

Kalorienfalle Getränk?

Getränke können mitunter sehr auf das Kalorienkonto schlagen. Schon 1 l entspricht bei den meisten Getränken dem Energiegehalt einer Tafel Schokolade, liegt also bei rund 500 kcal. ✗ **Hinweis:** Trinken Sie kalorienhaltige Getränke so selten wie möglich, nicht täglich!

Fruchtsäfte

Zur Kategorie der Fruchtsäfte zählen 100 % Fruchtsäfte, frisch gepresst oder aus der Packung. Die Herstellung erfolgt ausschließlich aus Früchten. Obwohl 100 % Fruchtsäften meist kein Zucker zugesetzt wird, enthalten diese Säfte trotzdem reichlich fruchteigenen Zucker. Je nach Obstsorte variiert der Zuckergehalt zwischen ca. 80 und 160 g/l Saft und somit der Energiegehalt zwischen ca.

> Tipp <

Verdünnen Sie 100 % Fruchtsäfte immer mit mindestens der doppelten Menge an Wasser, d. h. 1 Teil Saft mit mindestens 2 Teilen Wasser. Dadurch können Sie den Energiegehalt pro Liter Getränk von umgerechnet einer Tafel Schokolade auf ca. ⅓ Tafel Schokolade reduzieren.

300 und 700 kcal/l Saft. Ungesüßte Säfte aus Beeren liegen an der unteren Grenze, Traubensaft an der Obergrenze, der Großteil der übrigen Säfte in der Mitte.

Bei 100 % Fruchtsäften wird zwischen **Direktsaft** und **Fruchtsaft aus Konzentrat** unterschieden.

- **Direktsaft:** Die Abfüllung findet meist direkt nach dem Pressen statt. Erfolgt eine Eindickung mit Rückverdünnung, so müssen Fruchtaroma, Fruchtfleisch und Zellen, die dem Saft wieder hinzugefügt werden, diejenigen sein, die bei der Verarbeitung von ihm abgetrennt worden sind. ✗ **Tipp:** Heimische Bauern stellen hochwertige Säfte, z. B. naturtrüben Apfelsaft, aus frischem Saisonobst her.
- **Fruchtsaft aus Konzentrat:** Das Wasser und die Aromastoffe werden dem frisch gepressten Saft entzogen. Unmittelbar vor der Abfüllung erfolgen die Aufbereitung mit Wasser und der Zusatz der entzogenen Aromastoffe. „Bei Fruchtsaft aus Fruchtsaftkonzentrat können Fruchtaroma, Fruchtfleisch und Zellen auch von Fruchtsaft derselben Art stammen."

Literatur: Verordnung der Bundesministerin für Gesundheit und Frauen über Fruchtsäfte und einige gleichartige Erzeugnisse (Fruchtsaftverordnung), StF: BGBl. II Nr. 83/2004, Änderung, BGBl. II Nr. 441/2010 [CELEX-Nr.: 32001L0112, 32009L0106], § 4, http://www.ris.bka.gv.at/GeltendeFassung.wxe?Abfrage=Bundesnormen&Gesetzesnummer=20003215

Wie wird aus einem Saft ein Multivitaminsaft?

Wie kann es sein, dass ein Saft mehr Vitamine enthält als die Frucht, aus der er hergestellt wurde? Ganz einfach. Durch den Zusatz von künstlichen Vitaminen, also salopp ausgedrückt einer „Vitamintablette", entsteht aus einem Saft ein Multivitaminsaft. Damit am Ende des Mindesthaltbarkeitsdatums noch die angegebene Menge an Vitaminen enthalten ist, erfolgt oft eine Über-Vitaminisierung, d. h., es werden mehr Vitamine in den Saft gemixt, als auf der Packung steht. Diese hohe Vitamindosis kann zu Nebenwirkungen führen. Besser Sie essen das Obst pur, so genießen Sie reichlich natürliche Vitamine ohne Nebenwirkungen.

Fruchtnektar

Fruchtnektare setzen sich im Wesentlichen aus Wasser, Zuckerarten, wie z. B. herkömmlichem Rübenzucker oder einem Süßungsmittel, z. B. Süßstoff aus Aspartam und mindestens 25–50 % Fruchtsaft oder Fruchtmark zusammen. Wie hoch der Fruchtanteil sein muss, hängt von der Obstsorte ab. Zum Beispiel genügen bei Johannisbeersaft 25 % Fruchtanteil, bei Apfelsaft müssen es 50 % sein. Ein Zuckerzusatz von bis zu 20 % ist möglich.

Literatur: Verordnung der Bundesministerin für Gesundheit und Frauen über Fruchtsäfte und einige gleichartige Erzeugnisse (Fruchtsaftverordnung), StF: BGBl. II Nr. 83/2004, Änderung, BGBl. II Nr. 441/2010 [CELEX-Nr.: 32001L0112, 32009L0106], § 1ff, http://www.ris.bka.gv.at/GeltendeFassung.wxe?Abfrage=Bundesnormen&Gesetzesnummer=20003215

Erfrischungsgetränke mit geschmacksgebenden Zusätzen

Erfrischungsgetränke setzen sich laut Österreichischem Lebensmittelbuch im Wesentlichen aus folgenden Zutaten zusammen: Wasser, Zucker oder ein anderes Süßungsmittel, Aromazutat und evtl. Kohlensäure. Zusätze, wie z. B. Koffein oder Vitamine, sind erlaubt. Unterschieden wird zwischen Fruchtsaftlimonade und Limonade.

- **Fruchtsaftlimonade**, auch als Fruchtgetränk, Fruchtsaft-Erfrischungsgetränk oder Erfrischungsgetränk mit Fruchtsaft bezeichnet. Fruchtsaftlimonaden müssen mindestens 10 %, bei Verwendung von Kernobst, Ananas und Traubensaft mindestens 30 % Fruchtsaft enthalten.
- **Limonade**, auch als Kracherl oder Erfrischungsgetränk bezeichnet, kann, muss aber keinen Fruchtsaft enthalten. Klassische Vertreter sind Orangen-, Zitronenlimonade und Cola.

> **> Tipp <**
>
> **Wenn Ihnen die Gesundheit der Kinder am Herzen liegt, dann lehren Sie die Kinder, Wasser zu trinken.**

Literatur: Österreichisches Lebensmittelbuch, IV. Auflage, Codexkapitel / B 26 / Erfrischungsgetränke mit geschmacksgebenden Zusätzen, BMGFJ-75210/0009-IV/B/7/2008 vom 14. 5. 2008, http://www.bmg.gv.at/cms/home/attachments/4/9/6/CH1252/CMS1167207128242/b_26_erfrischungsgetraenke.pdf

Light-Getränke

Light-Getränke enthalten mindestens 30 % weniger Kalorien als das vergleichbare herkömmliche Getränk. Erreicht wird dies durch den Austausch des Zuckers durch Süßstoff und bei Fruchtsaftgemischen durch eine Verdünnung mit Wasser. Die Sinnhaftigkeit von mit Süßstoff gesüßten Getränken ist zu überdenken, zumal Light-Getränke meistens viel zu viel Süßstoff enthalten. Vor allem bei Kindern kann durch Light-Getränke die täglich max. empfohlene Zufuhrmenge an Süßstoff überschritten werden.

Saft aus Fruchtsirup, sogenannter „Verdünnungssaft"
Bei Sirup handelt es sich um eine dickflüssige Mischung aus Saft oder Aroma, Zucker, Wasser und evtl. Farbe, Säuerungsmittel und weiteren Zutaten. Wird Sirup als „Fruchtsirup" bezeichnet, muss der Fruchtanteil bei mindestens 10 % liegen. Orangeaden und Zitronaden können allenfalls Fruchtsaft enthalten, müssen aber nicht. Verdünnter Saft entspricht bei durchschnittlicher Verdünnung in etwa dem Energiegehalt von herkömmlichem Fruchtsaft.

Literatur: Österreichisches Lebensmittelbuch, IV. Auflage, Codexkapitel / B 6 / Sirupe, Veröffentlicht mit Erlass: BMGFJ-75210/0007-IV/B/7/2007 vom 22.6.2007, Änderungen, Ergänzungen: BMG-75210/0003-II/B/7/2010 vom 5.7.2010 http://www.bmg.gv.at/cms/home/attachments/4/9/6/CH1252/CMS1167207128242/b_6_sirupe.pdf

> Billig-Verdünnungssäfte für Kinder? <

Achten Sie besonders bei der Wahl der Getränke für Kinder auf eine ausgezeichnete Qualität. In einem kleinen Körper wirken sich „gezuckerte Chemiesäfte", wie sie leider häufig in Kinderkrippen, Kindergärten, in Schule und Hort getrunken werden, deutlich gravierender aus als bei Erwachsenen. Wenn schon Verdünnungssäfte, dann sollten sie einen Fruchtsaftanteil von mindestens 80 % aufweisen. Vermeiden Sie Verdünnungssäfte, die Aroma, Farbstoffe und keine bis kaum Früchte enthalten.

Säfte mit Zitronensäure-Zusatz (E 330)
An und für sich handelt es sich bei Zitronensäure um eine unbedenkliche Substanz. Umspült diese Säure aber ständig die Zähne, d. h., wenn Sie häufig Säfte mit Säurezusatz trinken, so kann diese den Zahnschmelz angreifen. Die Säure verursacht an den Zähnen also genau das, was man sich im Haushalt zunutze macht. Sie entkalkt, z. B. Wasserkocher und Kaffeemaschinen.

Smoothies und Milchmixgetränke

Smoothies und Milchmixgetränke enthalten je nach Zutaten meist einen weit höheren Kalorien-, Eiweiß- und Fettanteil als herkömmliche Getränke. Smoothies und Milchmixgetränke eignen sich daher nicht als Getränkeersatz. Bei Smoothies liegt der Kaloriengehalt z. B. pro Glas à 200 ml bei bis zu 180 kcal, also bei 1/3 Tafel Schokolade. Aufgrund der pürierten Konsistenz führen Smoothies zu einem raschen Blutzuckeranstieg. Daher sollten Smoothies nicht auf der Tagesordnung stehen.

➤ Für die Zubereitung von Smoothies pürieren Sie den gesamten essbaren Anteil einer Frucht. Smoothies können Sie pur genießen oder mit diversen Zutaten, z. B. mit Joghurt, Milch oder Mineralwasser verdünnen.

Sommer- und Winter-Smoothie, siehe Rezept Seite 54

➤ Smoothies aus ausgereiftem Obst enthalten einen hohen Anteil an Wirkstoffen, z. B. Vitaminen. Um die Wirkstoffverluste möglichst gering zu halten, bereiten Sie Smoothies frisch zu und genießen Sie die Smoothies unmittelbar nach der Zubereitung.

Koffeinhaltige Getränke

Zu den koffeinhaltigen Getränken zählen z. B. Kaffee, Schwarztee, grüner Tee, Matetee, Energy Drinks, Cola und Eistee auf Basis von koffeinhaltigen Teesorten, z. B. Schwarztee. Bei Eistee handelt es sich zumeist um gezuckerten Schwarztee mit Aroma. Koffeinhaltige Getränke sind für Kinder tabu. Für Erwachsene gibt es keine exakte Höchstgrenze. Vielfach wird die Empfehlung „2–3 Tassen Kaffee pro Tag nicht zu überschreiten" ausgesprochen.

Entzieht Kaffee dem Körper Wasser oder nicht?

Bei Kaffee-Vieltrinkern verhält sich Kaffee zumeist neutral, bei Menschen, die nur selten Kaffee trinken, harntreibend.

Literatur: Adam Olaf: Auswirkungen des Kaffeetrinkens auf die Flüssigkeitsbilanz, Ernährungsumschau 52 (2005), S. 14 ff.

Entzugserscheinungen?

Sie trinken viel Kaffee oder koffeinhaltige Getränke? Dann kann es, wenn Sie einmal weniger davon trinken, zu Entzugserscheinungen kommen. Diese äußern sich z. B. in Form von Kopfschmerzen, Energieverlust oder erhöhter Reizbarkeit.

Alkohol

Dass Alkohol weder in der Schule noch an der Arbeitsstätte einen Platz einnehmen soll, bleibt außer Diskussion. Übermäßiger Alkoholkonsum schadet bekanntlich nicht nur der Figur, sondern auch der Gesundheit. Laut den D-A-CH-Empfehlungen soll eine gesunde Frau pro Tag max. 10 g Alkohol zu sich nehmen, ein gesunder Mann max. 20 g. Diese Grenzen gelten nicht als Empfehlung für täglichen Alkoholkonsum, sondern stellen lediglich Obergrenzen dar. Von einem täglichen Alkoholkonsum wird in den Empfehlungen abgeraten.

Literatur: DACH-Referenzwerte für die Nährstoffzufuhr, 1. Auflage, Umschau/Braus Verlag, 2000, S. 65 ff.

Wie viel Alkohol entspricht der Menge von 10 bzw. 20 g?

Den Alkoholgehalt in g berechnen Sie mit folgender Formel:
Vol-% mal 0,8 = g Alkohol/100 ml Getränk
Rechnen Sie den Alkohol-Wert pro 100 ml auf die tatsächliche Trinkmenge um. Bei Trinkmengen unter 100 ml rechnen Sie g Alkohol mal 0,xxx, bei Trinkmengen über 100 ml g Alkohol mal x,xxx

Beispiele:

1 Flasche Bier, 5 Vol-%	5 x 0,8 = 4 g Alkohol/100 ml Bezogen auf ½ l (= 500) ml ergibt das 4 x 5 = 20 g Alkohol/Flasche Bier
1 kleiner Schnaps, 40 Vol-%	40 x 0,8 = 32 g Alkohol/100 ml Bezogen auf 2 cl (= 20 ml) ergibt das 40 x 0,2 = 8 g Alkohol/kleiner Schnaps
1 kleines Glas Wein, 12 Vol-%	12 x 0,8 = 9,6 g Alkohol Bezogen auf ⅛ l (= 125 ml) ergibt das 9,6 x 1,25 = 12 g Alkohol/Glas Wein
1 Flasche Alkopop, ca. 4–7 Vol-%	4 x 0,8 = 3,2 g Alkohol/100 ml bis 7 x 0,8 = 5,6 g Alkohol/100 ml Bezogen auf 1 Flasche à 275 ml ergibt das 3,2 x 2,75 = 8,8 g Alkohol/Flasche Bis ca. 5,6 x 2,75 = 15,4 g Alkohol/Flasche

Alkohol und Gesundheit

Ob eine kleine Menge Alkohol der Gesundheit tatsächlich gute Dienste erweist, sei dahingestellt. Am Beispiel Rotwein wird deutlich, dass z. B. die viel gerühmten Polyphenole aus dem Rotwein auch u. a. in Weintrauben, Granatäpfeln und der exotischen Frucht Mangostan enthalten sind.

Tee

Apfelschalen-Gewürz-Tee

Menge reicht für 1 l Tee

1 l Wasser
½ Zimtrinde, 2 Nelken, 1 Sternanis
1 Handvoll Apfelschalen
Evtl. ½ in Scheiben geschnittene Bio-Zitrone, Limette oder Orange

Wasser aufkochen, die restlichen Zutaten hinzufügen. Vom Herd nehmen und zugedeckt! mindestens 15 Minuten ziehen lassen.

✗ **Hinweis für Diabetiker:** Tee enthält einen geringen Anteil an Kohlenhydraten, da sich Kohlenhydrate aus den Apfelschalen und Gewürzen lösen. Je länger der Tee zieht, desto höher der Kohlenhydratgehalt.

Anti-Blähbauch-Tee

Menge reicht für 1 l Tee

2 l Wasser
Jeweils 1 gestrichener TL Fenchel und Anis, ½ TL Kümmel

Wasser aufkochen, die Gewürze in einem Tee-Ei hinzufügen. Vom Herd nehmen und zugedeckt mindestens 15 Minuten ziehen lassen.

> Tipp <

Trinken Sie den Tee verteilt über den Tag. Genießen Sie insbesondere vor dem Essen eine Tasse lauwarmen Tee. Damit der Tee besser schmeckt, können Sie 1 TL Früchtetee dazumischen.

Punsch ohne Alkohol

Menge reicht für 2 l Punsch

2 l Wasser
2 Beutel oder 1 Tee-Ei voll Früchtetee ohne Aromazusatz
2 Sternanis, 1 Zimtstange, 3 Nelken
3 Fenchelsamen

Schale und Saft von 1 Bio-Zitrone (ca. 20 g Saft)
Schale und Saft von 2 Bio-Orangen (ca. 120 g Saft)
Max. 80 g von einem Süßungsmittel, z. B. Honig, Vollrohrzucker, Ahornsirup oder Birnendicksaft ➤ für Diabetiker max. 8 g Süßstoff

Wasser aufkochen, Tee und Gewürze hinzufügen. Vom Herd nehmen. Zugedeckt 15 Minuten ziehen lassen. Wenn der Gewürztee auf Trinktemperatur abgekühlt ist, abseihen und die restlichen Zutaten hinzufügen. Der Punsch kann sowohl kalt als auch warm getrunken werden. Wird der Punsch kalt getrunken, mischen Sie den Fruchtsaft erst dann unter, wenn der Tee bereits kalt ist. Damit bleiben die Wirkstoffe aus dem Fruchtsaft am besten erhalten.

✗ **Achtung Diabetiker!** Punsch erhöht den Blutzuckerspiegel sehr schnell!

Gesamtmenge	kJ	kcal	Eiweiß (g)	Fett (g)	KH (g)	BE
mit 80 g Honig	1346.20	322.20	1.16	0.26	76.56	9.13
ungesüßt und Diabetikervariante	252.60	60.60	0.92	0.26	11.76	1.13

Smoothies

Zubereitung mit beliebigem Obst oder Gemüse, solo oder gemischt.
Alle Zutaten pürieren. Würzen Sie Smoothies nach Belieben, z. B. mit Vanilleschotenmark, Zimt oder Ingwer. Ist der Fruchtbrei zu dick, mit Wasser, Mineralwasser oder Tee vermischen. Sofort genießen.

Geeignetes Obst und Gemüse:

- Apfel, Birne: entkernen, nicht schälen, in Stücke schneiden
- Marille, Mango, Nektarine, Pfirsich, Pflaumen, Zwetschgen: entkernen, in Stücke schneiden
- Kirschen, Litchi: entkernen
- Banane: schälen, in Stücke schneiden
- Brom-, Erd-, Heidel-, Him-, Johannis-, Preisel-, Stachelbeeren, kernlose Weintrauben: im Ganzen verwenden
- Melonen, z. B. Honigmelone, Wassermelone, Zuckermelone: schälen, in Stücke schneiden
- Feigen: harten Stielansatz wegschneiden, achteln
- Kaki: Fruchtfleisch herauslöffeln
- Zitrusfrüchte, z. B. Mandarine, Orange, Grapefruit: weiße Haut entfernen, schmeckt sonst nach dem Pürieren bitter
- Gemüse: Karotten, Sellerie, Kohlrabi, Rettich, Rohnen: rohes hartes Gemüse in einer Gemüsepresse entsaften und wieder mit dem Trester vermischen. Pürieren allein genügt nicht, das harte Gemüse bleibt zu grob.
- Gurken, Tomaten

✗ **Hinweis für Diabetiker:** Aufgrund der pürierten Konsistenz erhöhen Smoothies den Blutzuckerspiegel deutlich schneller als das unverarbeitete Obst und Gemüse.

> Prickelnde Smoothies <

Wenn Sie prickelndes Mineralwasser verwenden und das Prickelnde erhalten möchten, rühren Sie nach Zugabe des Mineralwassers so wenig wie möglich um. Am besten, Sie füllen das Fruchtpüree in die Gläser und gießen mit dem Mineralwasser auf. Ein Strohhalm dazu, fertig. Durch das Umrühren geht die Kohlensäure, also das Prickelnde, verloren.

Winter-Smoothie *(siehe Abb. Seite 49)*

1 Portion

½ ungeschälter entkernter Apfel (70 g), ½ sehr aromatische ungeschälte, entkernte weiche Birne (70 g)
¼ geschälte, sehr braune Banane (40 g)
1 Msp. Zimt oder 2 Msp. frisch geriebener Ingwer, Wasser oder ungesüßter Tee zum Verdünnen

Gesamtmenge

kJ	kcal	Eiweiß (g)	Fett (g)	KH (g)	BE
464.40	110.80	1.05	0.56	25.24	2.10

Sommer-Smoothie *(siehe Abb. Seite 49)*

1 Portion

2 große aromatische Erdbeeren (40 g), 1 entkernte aromatische weiche Marille (80 g), 1 kleines Stück entkernte Wassermelone (60 g)
1 Schuss Zitronensaft
Evtl. 1 Msp. gehackte Zitronenmelisse
Mineralwasser nach Bedarf

Gesamtmenge

kJ	kcal	Eiweiß (g)	Fett (g)	KH (g)	BE
291.20	69.20	1.40	0.36	14.00	1.17

Milchshake mit frischen Früchten

1 Portion

½–¾ Glas Milch (100–150 g)
Ca. 70–150 g frisches Obst, z. B. überreife braune Bananen, sehr weiche Birnen, Heidelbeeren, Himbeeren, Honigmelone oder Erdbeeren
Verwenden Sie nur gut ausgereifte, sehr aromatische Früchte

Alle Zutaten in einem Standmixer oder mit dem Pürierstab pürieren.
Bei Verwendung von sehr aromatischen Früchten ist ein Zuckerzusatz meist nicht mehr nötig. Notfalls mit max. 1 TL voll (8 g) von einem Süßungsmittel, z. B. Honig, Ahornsirup, Birnendicksaft oder Vollrohrzucker, süßen ➤ für die Diabetikervariante max. 1 g Süßstoff verwenden.

Variationen

Erdbeer-Vanille-Milch

½ Glas Milch (100 g), 7 große sehr aromatische Erdbeeren (140 g)
Max. 1 TL Zucker (8 g) ➤ für Diabetiker 1 g Süßstoff
Mark von ¼ Vanilleschote

Gesamtmenge	kJ	kcal	Eiweiß (g)	Fett (g)	KH (g)	BE
mit 8 g Zucker	592.36	141.20	4.42	4.06	20.44	1.71
mit Süßstoff	456.60	108.80	4.42	4.06	12.46	1.04

Bananen-Vanille-Zimt-Milch

¾ Glas Milch (150 g), ½ überreife, braune Banane (80 g), max. ½ TL Zucker (4 g) ➤ für Diabetiker ein Spritzer Süßstoff, Mark von ¼ Vanilleschote, 2 Msp. Zimt

Gesamtmenge	kJ	kcal	Eiweiß (g)	Fett (g)	KH (g)	BE
mit 4 g Zucker	789.78	188.20	5.87	5.40	28.24	2.36
mit Süßstoff	721.90	172.00	5.87	5.40	24.25	2.02

Milchshake – Blitzvariante mit Marmelade

1 Portion

1 Glas Milch (ca. 200 g)
Ca. 1 EL Marmelade mit einem Fruchtanteil von mindestens 70 % (ca. 25 g) ➤ für Diabetiker Diabetikermarmelade lt. Rezept auf Seite 198 ff.

Marmelade in ein Schraubverschlussglas oder einen Shaker geben, Milch dazu, kräftig schütteln, sofort trinken, sonst kann die Milch ausflocken.
Wenn Sie eine größere Menge zubereiten möchten, mixen Sie die Mischung in einem Standmixer auf, bis sie schaumig ist. Sofort servieren.

Beeriger Marmeladen-Milchshake

1 Portion

¾ Glas Milch (150 g)
40 g Beerige Marmelade von Seite 199, ➤ für Diabetiker in der Diabetikerversion

Zubereitung vgl. Milchshake von Seite 55.

Gesamtmenge

kJ	kcal	Eiweiß (g)	Fett (g)	KH (g)	BE
573.38	136.51	5.31	5.41	15.93	1.33
473.99	112.78	5.38	5.44	9.84	0.83

Kakao

1 Portion

¼ l Milch (250 g)
Max. 1 TL ungesüßtes Kakaopulver (8 g)
Max. 1 TL Zucker (8 g) ➤ für Diabetiker 1 g Süßstoff

Gesamtmenge

kJ	kcal	Eiweiß (g)	Fett (g)	KH (g)	BE
922.90	219.76	9.83	10.71	20.75	1.74
787.14	187.36	9.83	10.71	12.77	1.07

> Tipp <

Kakao sollte aufgrund des für die Knochen ungünstigen Phosphor- und Oxalsäuregehalts nur selten getrunken werden. Versuchen Sie, Ihren Kindern Milch anstatt Kakao schmackhaft zu machen. So bleiben bei der Zubereitung von Kakao möglichst viele Wirkstoffe aus der Milch erhalten:

- Verwenden Sie nur ungesüßtes Kakaopulver und max. 1 TL pro Tasse.
- Kochen Sie nur max. ein Drittel der Milch mit dem Kakaopulver auf. Mischen Sie die restliche kalte Milch unter. So bleiben fast alle Wirkstoffe aus der kalten Milch erhalten.
- Süßen Sie den Kakao erst, wenn er Trinktemperatur erreicht hat. Das spart Zucker, weil der volle Zuckergeschmack erhalten bleibt. Mischen Sie max. 1 TL Zucker oder Honig pro große Tasse in den Kakao bzw. für Diabetiker einen Tropfen Süßstoff.

Brot und Hefeteiggebäck

Brote ohne Backtriebmittel

Knusper-Brotchips

sehr gut!

Menge reicht für 1 Blech

bei Verwendung von glutenfreien Mehlen und Flocken

50 g beliebige Samen oder Nüsse, z. B. Kürbiskerne, Leinsamen, Sesam, Sonnenblumenkerne, gehackte Haselnüsse, gehackte Mandeln, gehackte Walnüsse, Mandelstifte
50 g beliebige Flocken, z. B. Hafer-, Dinkel, Weizenflocken oder eine Flockenmischung
50 g Weizenvollkornmehl
¼ TL Salz oder Kräutersalz (2 g)
200 g Wasser

Backrohr auf 180 °C Heißluft vorheizen. Ein Backblech mit Backpapier auslegen. Damit das Papier beim Aufstreichen nicht wegrutscht, geben Sie einen Löffel voll kaltes Wasser auf das Blech, bevor Sie das Papier auflegen.
Alle Zutaten, bis auf das Wasser, in eine Schüssel geben. Mit dem Kochlöffel verrühren. Wasser untermischen. Es entsteht eine sehr dünnflüssige Masse, die nicht bindet.
Die Masse auf das Blech gießen und mit einer Teigkarte oder einem Löffel gleichmäßig DÜNN! auf dem GESAMTEN Blech verteilen.

✗ **Hinweis:** Die Masse bindet erst beim Backen.
Gut 30 Minuten backen. Das Brot soll knusprig sein. Ist das Brot schon braun, aber noch weich, schalten Sie auf 90 °C zurück und lassen Sie das Brot im Ofen trocknen.
Aus dem Backrohr nehmen, Stücke abbrechen und sofort vom Backpapier nehmen, sonst klebt das Brot am Papier fest. Auf einem Gitter auskühlen lassen.

> Tipp <

Ideal zum Knabbern fürs Büro, als gesunder Snack bei Besprechungen, als Jausenbrot für die Schule, zu Käse oder Dips vgl. Rezepte auf Seite 108ff.

Gesamtmenge, berechnet mit einem Mix aus verschiedenen Nüssen, Haferflocken und Weizenvollkornmehl

kJ	kcal	Eiweiß (g)	Fett (g)	KH (g)	BE
2595.50	620.00	24.60	28.73	65.56	5.46

Variationen

Anstatt Weizenvollkornmehl können Sie auch Vollkornmehl von anderen Getreidesorten verwenden, z. B. Dinkel, Kamut, Roggen, Hirse, Buchweizen, Amaranth, einzeln oder gemischt. Am knusprigsten schmecken die Brotchips, wenn Sie Weizen-, Dinkel oder Kamut-Vollkornmehl verwenden!

Die Brotchips sind nicht knusprig?
Manche Mehle werden durch das Backen allein nicht ausreichend knusprig, z. B. Reismehl. Ist das Brot nach dem Backen noch weich, schieben Sie es noch einmal bei 90 °C Heißluft in den Ofen. Wenn es schnell gehen muss, genügt ein Toasten im Toaster. Achtung, nicht zu hoch einschalten, sonst verbrennt das Brot. Sie können auch bereits ausgekühlte oder länger gelagerte Brotchips im Ofen bei 90 °C wieder knusprig aufbacken.

Die Brotchips sind schon dunkelbraun, aber noch weich?
Backen Sie immer nur ein Blech, auch bei Verwendung der Heißluftfunktion. Wenn Sie mehrere Bleche auf einmal einschieben, entsteht zu viel Feuchtigkeit und das Brot wird nicht knusprig!
Brotchips immer auf einem Gitter auskühlen lassen, sonst kann die Flüssigkeit beim Abkühlen nicht verdampfen und die Brotchips weichen auf.
Lassen Sie die Chips 1–2 Tage auf einem Gitter trocknen, legen Sie sie in den Dörrapparat oder schieben Sie die Chips zum Trocknen bei 70 °C Heißluft in den Backofen.

Variation: Käse-Chips
Mischen Sie 30 g frisch geriebenen, sehr würzigen Käse in die Masse. Gut geeignet sind Bergkäse und Parmesan.

Knusper-Brotschnitten

sehr gut!

Menge reicht für 1 Blech, 18 Schnitten
Inspiriert durch eine Idee von meiner Studentin Ingrid Weilbuchner.

100 g beliebige Flocken, z. B. Haferflocken oder eine Flockenmischung, z. B. ungesüßtes Flocken-Basis-Müsli
100 g Weizen- oder Dinkel-Vollkornmehl
100 g beliebige Nüsse oder Samen, z. B. Sesam, Sonnenblumenkerne, Kürbiskerne, Mandeln, Walnüsse, Cashewnüsse: Große Nüsse klein hacken, die Stücke sollten max. so groß sein wie ein Kürbiskern
½ TL Salz oder Kräutersalz (4 g)
300 g Wasser

Backrohr auf 180 °C Heißluft vorheizen. Ein Backblech mit Backpapier auslegen. Damit das Papier beim Aufstreichen nicht wegrutscht, geben Sie einen Löffel voll kaltes Wasser auf das Blech, bevor Sie das Papier auflegen.
Alle Zutaten, bis auf das Wasser, in eine Schüssel geben. Mit dem Kochlöffel verrühren. Wasser untermischen. Es entsteht eine dünnflüssige Masse, die nicht bindet.
Die Masse auf das Blech gießen und mit einer Teigkarte oder einem Löffel gleichmäßig auf dem GESAMTEN Blech verteilen.

✗ **Hinweis:** Die Masse bindet erst beim Backen.
7 Minuten backen, herausnehmen, Backofentür schließen, damit der Ofen nicht auskühlt.
Die Masse in gleichmäßige Scheiben schneiden (z. B. auf der langen Seite 5 x, auf der kurzen Seite 2 x einschneiden, ergibt 18 Stück Knusper-Brot) und wieder in das Backrohr schieben.
35 Minuten bei 180 °C backen.
Auf 90 °C zurückschalten und noch einmal ca. 20 Minuten backen. Das Brot soll knusprig sein.

> Tipp <

Dieses Brot sowie die nachfolgenden Backpulverbrote verursachen, auch warm genossen, keine unangenehmen Blähungen!

Pro Stück bei 18 Schnitten, berechnet mit Nussmix, Haferflocken und Weizenvollkornmehl

kJ	kcal	Eiweiß (g)	Fett (g)	KH (g)	BE
288.39	68.89	2.73	3.19	7.28	0.61

Ist das Brot noch nicht knusprig?

➤ Lassen Sie es weiter bei 90 °C im Rohr trocknen, bis es knusprig wird. Die Brotschnitten aus dem Backrohr nehmen und sofort auf ein Gitter legen. Auf dem Gitter auskühlen lassen.

Variation: Bergkäse-Thymian-Knusperbrotschnitten

Mischen Sie 50 g frisch geriebenen, sehr würzigen Bergkäse und 1 TL Thymian in die Masse.

Variation: Provence-Käse-Knusperbrotschnitten

Mischen Sie 50 g frisch geriebenen, sehr würzigen Hartkäse und 1 TL Kräuter der Provence in die Masse.

Von links: Mandelbrot, S. 64, 30-Minuten-Brot – Knusperchen mit Kürbiskernen, S. 62, 64, Walnussweckerl, S. 65, Nuss-Karotten-Brot, S. 68

Backpulverbrote *Schmecken ofenwarm am besten!*

✗ **Achtung!** Der Teig soll ab dem Zeitpunkt des Zusammenrührens innerhalb von 5 Minuten im Backrohr sein, da sonst das Backpulver die Wirkung verliert und die Brötchen nicht mehr so schön aufgehen.

30-Minuten-Brot

8 Brötchen oder 20 Minibrötchen

Grundteig

250 g Naturjoghurt, Sauerrahm, Ricotta, Buttermilch, Sauermilch, Acidophilusmilch, Kefir oder eine Mischung aus mehreren Milchprodukten – 250 g entsprechen einem Becher oder einer großen Kaffeetasse
1½ Becher Weizenvollkornmehl (200 g)
½ TL Salz oder Kräutersalz (4 g)
½ Pkg. Weinsteinbackpulver (9 g)
Evtl. etwas Wasser

> Tipp <

Ideal zu Salat (vgl. Seite 121 ff.), zum Belegen, für Aufstriche (vgl. Seite 91 ff.) oder ohne Belag. Am besten ofenwarm genießen!

Backrohr auf 180 °C Heißluft vorheizen. Ein Backblech mit Backpapier auskleiden.
Alle Zutaten der Reihe nach in eine Schüssel geben. Eventuell Zutaten zum Verfeinern von Seite 63 untermischen. Mit dem Kochlöffel oder einer Teigkarte in wenigen Sekunden zu einer weichen, aber nicht flüssigen Masse vermischen. Je kürzer Sie rühren, desto flaumiger das Brot!

Mit einem Löffel rasch schlampige Häufchen auf das Blech setzen. Je unförmiger die Häufchen, desto knuspriger das Ergebnis. Je schneller Sie die Häufchen auf das Blech setzen, desto flaumiger das Brot.
Die Brote in das vorgeheizte Backrohr schieben und 20 Minuten backen.
Entweder ofenwarm genießen oder auf einem Gitter abkühlen lassen.

Pro Stück bei 8 Brötchen	kJ	kcal	Eiweiß (g)	Fett (g)	KH (g)	BE
mit Buttermilch	381.85	91.26	3.93	0.90	16.57	1.38
mit Joghurt, Sauer-, Acidophilusmilch oder Kefir	413.41	98.76	4.11	1.59	16.63	1.39
mit Sauerrahm oder Ricotta	536.85	129.07	3.80	5.28	16.32	1.36

Zutaten zum Verfeinern

Fügen Sie eine der folgenden Mischungen zum Grundteig

- **Gelbschopf**: 1 TL Currypulver, ½ TL Curcuma, 1 EL Sojasauce
- **Grünschopf**: Verwenden Sie anstatt 250 g Milchprodukt nur 200 g, 50 g passierter Spinat, 2 Zehen Knoblauch, gepresst, 2 Msp. Muskat
- **Italiano**: 1 EL gehackte Oliven, 1 EL gehackte Kapern, 1 getrocknete Tomate, nudelig schneiden, 1 EL Pizzakräuter
- **Käsegruß**: ca. 2 Scheiben oder ca. 50 g von einem beliebigen Käse, z. B. Camembert, Parmesan, Bergkäse, Schafskäse, Gorgonzola, Graukäse, Ziegenkäse, in kleine Stücke schneiden oder zerbröckeln, 1 EL von einem beliebigen Gewürzkraut, frisch gehackt oder Tiefkühlware, oder falls Sie getrocknete Kräuter verwenden, ½ TL anstatt 1 EL. Zu Käse passen gut z. B. Majoran, Oregano, Thymian, Basilikum, Schnittlauch, Petersilie oder Kerbel.
- **Knusperchen**: Bis zu 3 EL Samen, z. B. Kürbiskerne, Leinsamen, Sesam, Sonnenblumenkerne oder beliebige Nüsse, ganz oder gehackt. Der Favorit bei den Verkostungen!
- **Pilzkopf**: ca. 80 g beliebige Pilze, z. B. Pfifferlinge, Steinpilze oder Champignons, klein schneiden, mit 1 Scheibe Speck, fein gehackt, ohne Fett in einer Pfanne anrösten. Vom Herd nehmen und überkühlen lassen. 1 EL Pizzakräuter hinzufügen.
- **Rotschopf**: 1 TL Tomatenmark, 1 TL Paprikapulver, ½ rote Paprikaschote in kleine Würfel schneiden, ½ TL Oregano
- **Rustikal**: 1 Scheibe Karree-Speck, klein würfelig schneiden, 2 Scheiben Käse, klein würfelig schneiden, 1 EL gehackte Petersilie
- **Schinkenpaprika**: 1 Scheibe Schinken in kleine Würfel schneiden, ½ Paprikaschote in kleine Würfel schneiden, 1 TL Kräuter der Provence
- **Würzi – frisch**: 1 EL frisch gehackte Kräuter oder Tiefkühlkräuter, z. B. Basilikum, Kerbel, Petersilie, Schnittlauch, beliebige Kräutermischungen, z. B. Italienische Kräuter
- **Würzi – getrocknet**: 1 TL getrocknete Kräuter, z. B. Thymian, Kräuter der Provence, Pizzakräuter oder eine Gewürzmischung, z. B. Curry oder Hähnchengewürz

> Tipp <

Achten Sie bei der Auswahl von Trocken-Gewürzmischungen auf eine Mischung aus natürlichen Gewürzen. Aromastoffe und Füllsubstanzen wie z. B. Hülsenfruchtmehl haben in hochwertigen Gewürzen nichts verloren.

> Zubereitungstipps <

Ist die Masse zu fest, fügen Sie noch etwas Wasser hinzu. Der Teig soll so fest sein, dass Sie mit einem Löffel Häufchen abstechen können, ist der Teig zu flüssig, laufen die Brote auseinander und werden nicht knusprig.

Damit das Papier beim Aufsetzen der Brote nicht wegrutscht, geben Sie einen Löffel voll kaltes Wasser auf das Blech, bevor Sie das Papier auflegen.

Variationen

Herzhafte Zwiebel-Speck-Käsebrötchen

25 Minibrötchen

1 mittelgroße Zwiebel (80 g), fein hacken. Gemeinsam mit 2 Scheiben würfelig geschnittenem Schinkenspeck (20 g) rösten. 3 Scheiben Bergkäse (60 g), reiben oder würfelig schneiden
1 EL gehackte Petersilie, ½ TL Thymian
½ TL Oregano
1 Becher Naturjoghurt (250 g)
1½ Becher Weizenvollkornmehl (200 g)
½ TL Salz oder Kräutersalz (4 g)
½ Pkg. Weinsteinbackpulver (9 g)
Evtl. Wasser

Mandelbrot à la Provence

Menge reicht für 8 Brötchen

1 Becher Naturjoghurt (250 g)
1½ Becher Weizenvollkornmehl (200 g)
½ Pkg. Weinsteinbackpulver (9 g)
½ TL Salz oder Kräutersalz (4 g)
½ TL Kräuter der Provence
Gut 3 EL geröstete Mandeln (50 g), ganz lassen oder hacken
Evtl. Wasser

Walnussweckerl

20 Minibrote

1 Becher Naturjoghurt (250 g)
1½ Becher Weizenvollkornmehl (200 g)
½ Pkg. Weinsteinbackpulver (9 g)
½ TL Salz oder Kräutersalz (4 g)
Gut 3 EL geröstete, gehackte Walnüsse (45 g)
Evtl. Wasser

Pro Stück	kJ	kcal	Eiweiß (g)	Fett (g)	KH (g)	BE
Zwiebel-Speck-Käsebrötchen	181.32	43.40	2.15	1.32	5.60	0.47
Mandelbrot à la Provence	566.45	135.31	5.38	4.95	17.06	1.42
Walnussweckerl	235.83	56.35	1.97	2.28	6.89	0.57

Süße Topfenbrötchen am Spieß

27 kleine Brötchen aufgespießt auf 9 Spieße

½ Pkg. Magertopfen (125 g)
1 Ei, 5 EL Öl (40 g)
90 g Zucker ➤ für Diabetiker 30 g Zucker und 6 g Süßstoff
Schale von 1 Bio-Zitrone oder Orange
Saft von ½ Bio-Zitrone oder ¼ Orange, 3 Msp. Zimt
1 Msp. Nelkenpulver
Mark von 1 Vanilleschote
250 g Weizenvollkornmehl
1 Pkg. Weinsteinbackpulver (16 g)
Wasser nach Bedarf
1 EL gehackte Kürbiskerne oder beliebige Samen und Nüsse (15 g)

Nach dem Backen mit Obst aufspießen.

Pro Brötchen

kJ	kcal	Eiweiß (g)	Fett (g)	KH (g)	BE
261.03	62.33	1.88	1.91	9.33	0.78
223.32	53.33	1.88	1.91	7.11	0.59

Hefeteigbrote

Vollkornbrot *Der Klassiker*

1 kleines Brot à ca. 300 g – die Menge kann beliebig vervielfacht werden.

Grundteig

Mindestens 170 g lauwarmes Wasser
¼ Würfel frische Hefe (10 g)
250 g Weizenvollkornmehl
Gut ½ TL Salz oder Kräutersalz (4 g)
1–2 EL Brotgewürz, d. h. Kümmel, Fenchel, Anis, Koriander und Brotklee, fein gemahlen oder geschrotet

> Tipp <

Vollkornteig soll sehr feucht sein und leicht kleben, sonst schmeckt das Brot trocken. Anstatt Wasser können Sie Milch, Buttermilch, Joghurt, Kefir, Sauermilch oder Acidophilusmilch, nur eine Sorte oder gemischt, verwenden.

Zubereitung

Wasser und Hefe in eine große Schüssel geben und mit einer Gabel verrühren. Die restlichen Zutaten hinzufügen. Alle Zutaten mit der GABEL zu einem sehr weichen, glatten Teig verrühren. Der Teig soll so weich sein, dass er sich mit einer Gabel gerade noch verrühren lässt, aber nicht zu flüssig, sonst entsteht beim Backen eine Flade. Falls der Teig zu flüssig ausfällt, füllen Sie ihn in eine Kastenform.

Den Teig luftdicht zudecken und so lange an einem warmen Ort gehen lassen, bis sich das Teigvolumen fast verdoppelt hat. Dauert ca. 1 Stunde.

Ein Backblech mit Backpapier auslegen.

Aus dem Teig mithilfe einer Teigkarte einen Brotlaib formen.

Mit einem Geschirrtuch abdecken und noch einmal so lange gehen lassen, bis sich das Brot um mindestens ein Drittel vergrößert hat. Dauert ca. 20 Minuten.

Das Brot mit Wasser, Milch oder Eiklar bestreichen.

Im auf 250 °C Heißluft oder Unter-Oberhitze vorgeheizten Backrohr 12 Minuten anbacken. Sofort zu Backbeginn Wasser einsprühen, dann bildet sich eine besonders schöne Kruste.

Auf 180 °C zurückschalten.

Backzeit 30–60 Minuten, je nach Backrohr.

Gesamtmenge	kJ	kcal	Eiweiß (g)	Fett (g)	KH (g)	BE
Vollkornbrot – der Klassiker	3335.35	797.10	30.60	6.62	151.20	12.60
Nuss-Karotten-Brot	4536.19	1084.10	35.71	33.45	158.22	13.17

Zubereitungstipps:

- **Der Teig ist zu weich?** Kneten Sie etwas Mehl unter.
- **Der Teig ist zu fest?** Fügen Sie etwas lauwarmes Wasser hinzu.
- **Zubereitung für Eilige:** Den Teig nach dem Vermischen, ohne ihn gehen zu lassen, zu einem Brot formen. Auf ein mit Backpapier ausgelegtes Backblech setzen, mit Wasser bestreichen, in das kalte Backrohr stellen und zuerst 20 Minuten bei 40 °C und dann ca. 30–60 Minuten bei 180 °C backen.
- **Kleine Brötchen:** Aus dem aufgegangenen Teig mithilfe eines nassen Löffels Teighäufchen ausstechen und auf ein mit Backpapier ausgelegtes Blech setzen. Eventuell mit nassen Händen nachformen. Vor dem Backen so lange an einem warmen Ort gehen lassen, bis die Brötchen mindestens um ein Drittel größer geworden sind. Eventuell bestreichen und beliebig bestreuen. Bei 200 °C Heißluft 15–35 Minuten backen, je nach Größe der Brötchen.

Kunterbunte Brötchen von Seite 69

- **Vollkornbaguette:** Formen Sie aus dem Teig mithilfe einer nassen Teigkarte einen langen Strang im Durchmesser eines üblichen Baguettes. Backdauer ca. 30 Minuten.
- **Wann ist das Brot fertig gebacken?** Wenn Sie auf die Brotunterseite klopfen und es hohl klingt.
- **So bleibt das Brot knusprig!** Nehmen Sie das Brot unmittelbar nach dem Backen vom Blech und lassen Sie es auf einem Gitter auskühlen. Wenn Sie das Brot auf dem Blech auskühlen lassen, weicht die Kruste auf, da die Feuchtigkeit nicht ausreichend verdunsten kann.
- Manche Backrohre verfügen über ein eigenes **Brotbackprogramm** mit Dampfzufuhr. Dieses Programm eignet sich wunderbar zum Backen von Vollkornbroten.
- **Zutaten zum Veredeln:** Sie können bis zu 80 g verschiedene Zutaten, wie z. B. Kräuter, gegarte Hülsenfrüchte, Nüsse, Samen, Flocken, Käse- oder Speckreste, in den Brotteig kneten. Besonders gut schmeckt das Brot, wenn Sie mehrere Zutaten mischen. Insgesamt aber nie mehr als 80 g hinzufügen, sonst geht das Brot nicht mehr so schön auf.
- **Aufbewahrung von Hefe** siehe Seite 232.

Variationen

Nuss-Karotten-Brot

1 kleines Brot à ca. 400 g (kann beliebig vervielfacht werden) oder 10 Minibrötchen

¼ Würfel frische Hefe (10 g)
Mindestens 150 g lauwarmes Wasser
250 g Weizenvollkornmehl
1 Karotte (ca. 80 g), fein geraspelt
½ TL Salz oder Kräutersalz (4 g)
1 EL Öl (8 g), 1–2 EL Brotgewürz
Wenn vorhanden: 1–2 Messerspitzen Brotklee
2 EL Nüsse (30 g), z. B. Walnüsse oder Haselnüsse, geröstet

Die Nüsse erst zum Schluss unterkneten, sonst zerbröseln sie.

Buchstabensalat und kunterbunte Brötchen

Ca. 170 g lauwarmes Wasser
¼ Würfel frische Hefe (10 g)
250 g Weizenvollkornmehl
Gut ½ TL Salz oder Kräutersalz (5 g)
1–2 EL Brotgewürz, d. h. Kümmel, Fenchel, Anis, Koriander und Brotklee, fein gemahlen oder geschrotet

> Tipp <

Das Bestreichen mit Wasser ist wichtig, damit die Brote nicht trocken schmecken. Je mehr Wasser, desto besser. Überschüssiges Wasser vor dem Backen vom Blech schütten oder mit einem Tuch aufsaugen.

Zubereitung

Teigzubereitung wie Brotgrundrezept von Seite 66, allerdings den Teig etwas fester halten, sonst lässt er sich nicht formen.
Zwei Backbleche mit Backpapier auslegen. Aus dem fertig aufgegangenen Teig Buchstaben, Zahlen und Zeichen oder verschiedene Brötchen lt. Abbildung formen, auf die Bleche legen und mit einem Geschirrtuch zudecken.
So lange an einem warmen Ort gehen lassen, bis sich das Teigvolumen fast verdoppelt hat.
Zuerst mit reichlich Wasser, dann mit Eiklar oder Milch bestreichen.
Backen wie auf Seite 66 beschrieben.

Gesamtmenge

kJ	kcal	Eiweiß (g)	Fett (g)	KH (g)	BE
3335.35	797.10	30.60	6.62	151.20	12.60

Variationen

Baguette/Schlangenbaguette

Den Teig von Seite 66 zu ein oder zwei langen Rollen mit einem Durchmesser von ca. 4 cm formen. Während des Rollens immer wieder kurz rasten lassen, damit sich die Glutenfasern im Getreide zusammenziehen können und das Baguette beim Rollen nicht reißt. Evtl. schräg einschneiden. Vgl. Abbildung Seite 86.
Für das Schlangenbaguette den Teig auf einer Seite zu einem großen Kopf und auf der anderen Seite zu einer kleinen Schwanzspitze rollen.

Brotraupe

Aus dem Teig von Seite 66 kleine Knödel formen. Mit Wasser bestreichen und dicht aneinandergereiht auf ein Backblech setzen. Als Gesicht Mandelstifte und eine Rosine fest in den Teig drücken, sonst fällt die Garnitur beim Backen herunter. Notfalls nach dem Backen mit einem Kleister aus Roggenmehl und ein paar Tropfen Wasser wieder aufkleben.

Links: Hackfleisch-Lolli Seite 120, rechts: Brotraupe

Vollkorn-Bagels

Als Bagel bezeichnet man ein rundes Gebäck aus Germteig mit einem Loch in der Mitte.

Den aufgegangenen Teig zu Kugeln in Größe eines Tennisballs formen. Mit einem Kochlöffelstiel je ein Loch in die Mitte bohren. Das Loch durch kreisende Bewegungen auf mindestens 5 cm erweitern. Ist das Loch zu klein, geht es beim Backen wieder zu.

Die Bagels mit mindestens 4 cm Abstand auf das Blech legen, sonst wachsen sie beim Backen zusammen. Mit einem Geschirrtuch abdecken und an einem warmen Ort so lange gehen lassen, bis sich das Teigvolumen um mindestens die Hälfte vergrößert hat. Dauert 15–30 Minuten.

Das Backrohr auf 200 °C Heißluft vorheizen.

Die Bagels mit Wasser, Milch oder Ei bestreichen, evtl. mit Samen, z. B. Sesam, bestreuen.

Das Gebäck in 15–30 Minuten backen. Die Bagels sind fertig gebacken, wenn sie beim Klopfen auf die Unterseite hohl klingen.

> Tipps zum Formen und Ausfertigen <

- **Der Teig reißt beim Formen nicht**, wenn Sie den Teig immer wieder für ein paar Sekunden ruhen lassen. Dazu das Loch nicht auf einmal erweitern, sondern nacheinander. Wenn der letzte Bagel erweitert wurde, können Sie wieder mit dem ersten beginnen, und zwar so lange, bis bei jedem Bagel ein ausreichend großes Loch entstanden ist.
- **Warum kann Germteig beim Verarbeiten reißen?** Die im Mehl vorhandenen Glutenfasern, die für ein lockeres Gebäck sorgen, lassen sich wie Gummibänder ziehen, aber nur bis zu einem gewissen Punkt. Werden die Fasern überdehnt, so reißen sie.
- **Möchten Sie eine weiche Kruste?** Dann decken Sie die Bagels sofort nach dem Backen mit einem feuchten Geschirrtuch ab und lassen Sie die Bagels auf dem Blech auskühlen. So bleibt die Feuchtigkeit in den Bagels und damit die Kruste weich.
- **Im Original** taucht man Bagels vor dem Backen in lauwarmes Honigwasser. Dazu ½ l Wasser in einem sehr breiten Topf oder einer Pfanne aufkochen und 1 TL Honig hinzufügen. Die Bagels mit einem Siebschöpfer für ca. ½ Minute in das kochende Wasser eintauchen. Herausnehmen, abtropfen und auf das Blech gleiten lassen. Beliebig bestreichen und bestreuen. Wie oben beschrieben backen.

Vollkorn-Fladenbrot

Menge reicht für 6 Fladen

¼ Würfel frische Hefe (10 g)
Ca. 250 g lauwarmes Wasser (ca. ¼ l)
300 g Weizenvollkornmehl
Gut ½ TL Salz (5 g)
1–2 EL Brotgewürz (10 g)

Zwei Backbleche mit Backpapier auslegen.
Für den Teig alle Zutaten zu einem weichen Teig verkneten. Den Teig in 6 Portionen teilen. Kugeln formen und flach drücken.
Die Fladen auf den Blechen verteilen. Mit reichlich Wasser bestreichen. Verwenden Sie zu wenig Wasser, werden die Fladen zu trocken. Überschüssiges Wasser entweder vom Blech schütten oder mit einem Schwammtuch aufsaugen. Für einen besonders schönen Glanz können Sie die Fladen noch mit Eiklar bestreichen. Wasser ergibt eine matte, Eiklar eine glänzende Oberfläche.
Eventuell mit Kümmel, Samen, z. B. Sonnenblumenkernen, oder gehackten beliebigen Nüssen bestreuen.
Mit einem Kochlöffelstiel oder den Fingern Vertiefungen in das Brot drücken.

Backrohr auf 30 °C Heißluft einschalten. Die Bleche einschieben und 30 Minuten gehen lassen.
Dann auf 200 °C Heißluft hinaufschalten und in 20–30 Minuten fertig backen. Die Brote sind fertig gebacken, wenn sie beim Klopfen auf die Unterseite hohl klingen.

> Tipp <

Für Vollkorneinsteiger: Verwenden Sie statt 300 g Weizenvollkornmehl nur 150 g und 150 g glattes Weizenmehl.
Anstatt sechs kleine Fladenbrötchen können Sie auch einen großen Fladen backen. Dazu den gesamten Teig beliebig dick auf das Blech streichen.

Pro Flade	kJ	kcal	Eiweiß (g)	Fett (g)	KH (g)	BE
Vollkornfladenbrot	677.80	161.98	6.29	1.45	30.42	2.53
Fladenbrot für Vollkorneinsteiger	706.80	168.98	5.89	1.11	33.26	2.77

Mischbrot – Blitzrezept ohne Gehen

1 Kastenbrot

½ Würfel frische Hefe (20 g)
Ca. 210 g lauwarmes Wasser
200 g Weizenvollkornmehl
100 g glattes Weizenmehl
1 gestrichener TL Salz (6 g)
1–2 EL Brotgewürz

Alle Zutaten gut vermischen und in eine Kastenform streichen. Mit Wasser bestreichen. Mit einem Spieß tiefe Löcher einstechen.
In das kalte Rohr schieben.
Erst jetzt das Backrohr einschalten.
Backrohre mit langer Vorheizzeit: Rohr auf 170 °C Heißluft einschalten und ca. 40 Minuten backen.
Backrohre mit sehr kurzer Vorheizzeit: Rohr auf 50 °C einschalten und das Brot 15 Minuten vorbacken, auf 170 °C hinaufschalten und in ca. 40 Minuten fertig backen.
Das Brot sofort nach dem Backen aus der Form stürzen und auf einem Gitter auskühlen lassen, dann bleibt die Kruste schön knusprig.
Wenn Sie das Brot in der Form auskühlen lassen, weicht die Kruste am Boden und an den Seiten auf.

> Variation <

Mischen Sie noch 3 EL Samen, z. B. Kürbiskerne, Leinsamen, Sesam, Sonnenblumenkerne, gehackte Nüsse, gehackte Oliven, Kapern, getrocknete Tomaten, 1 EL frisch gehackte Kräuter oder Tiefkühlkräuter, z. B. Basilikum, Kerbel, Petersilie, Schnittlauch, eine Kräutermischung oder ½ ½ TL getrocknete Kräuter, z. B. Kräuter der Provence oder Pizzakräuter in den Teig.

Gesamtmenge

kJ	kcal	Eiweiß (g)	Fett (g)	KH (g)	BE
4136.40	988.06	36.44	6.27	193.26	16.11

Vollkornbrot aus dem Brotbackautomaten

1 Brot

Ca. 300 ml Wasser
350 g Weizenvollkornmehl
½ Pkg. Trockenhefe (3,5 g)
Gut 1 gestrichener TL Salz (7 g)
1–2 EL Brotgewürz

Wasser in den Brotbackautomaten geben. Restliche Zutaten hinzufügen. Auf Stufe 1, 750 g, dunkle Krustenfarbe, Backdauer ca. 3¼ Stunden einstellen (Probe gebacken mit KENWOOD Brotbackautomaten).

Gesamtmenge

kJ	kcal	Eiweiß (g)	Fett (g)	KH (g)	BE
4629.80	1106.44	41.41	8.91	211.58	17.63

> Knethaken-Automatik <

Bei einigen Brotbackautomaten-Modellen klappt der Knethaken nach dem Backen automatisch um. Das mühsame Herauslösen des Knethakens nach dem Backen entfällt damit.

Belegte Brote und Brotspieße

Belegte Brote

Grünzeug-Hugo

Menge reicht für 8 große oder 16 kleine Brote.
Ideal für Schulbuffets

bei Verwendung von glutenfreiem Brot

Creme

½ Pkg. Magertopfen (125 g)
¼ Becher Sauerrahm (60 g)
20 g geriebener Hartkäse, z. B. Bergkäse oder Parmesan
Kräutersalz

Zum Garnieren

Z. B. Vogerlsalat, Kresse, Rucola, Basilikum, Schnittlauch, Petersilie, Kerbel

8 Scheiben Vollkornbrot à ca. 50 g (400 g) oder mindestens 16 Vollkorn-Baguettebrotscheiben
Ca. 8 Salatblätter (ca. 80 g)
Mindestens 400 g Gemüse und Hülsenfrüchte, einzeln oder gemischt, z. B. fein gehobeltes Kraut, Karottenstifte mit Zitronensaft vermischt (bräunen sonst), Tomatenscheiben, Radieschenscheiben, Gurkenscheiben, Kohlrabi-Stäbchen, Paprikaschote, Rohnenwürfel von gegarten Rohnen (mit Handschuhen schneiden, färben sehr stark!)
Zum Aufsetzen von Augen, Ohren etc. eignen sich z. B. gegarte grüne Erbsen, gegarte rote Bohnen, gegarte Maiskörner, gegarte Sojabohnen, Olivenstücke, Johannisbeeren, Karottenstücke, Paprikastücke, mit einem Kugelausstecher ausgestochene Rettichkugeln …

Creme

Alle Zutaten verrühren. Kräftig würzen.

Die Brote beliebig belegen.

Pro Stück, bezogen auf 8 Brote

kJ	kcal	Eiweiß (g)	Fett (g)	KH (g)	BE
573.46	137.48	6.77	2.54	21.33	1.78

> Käsehugo <

Anstatt der Creme eine Scheibe Käse auf das Brot legen oder das Brot dünn mit Creme bestreichen und mit einem Käseblatt belegen. Beliebig garnieren.

> Tipps für belegte Brote <

- **Die optimale Hülle:** Als Hülle für Ihr Power-Weckerl wählen Sie am besten Vollkorn, z. B. in Form von Vollkornweckerln, -fladen, -brot, -toastbrot oder Vollkorn-Knäckebrot. Es liefert Ihnen wohldosierte Energie für Zwischendurch, ohne zu belasten.
- **So weicht das Brot nicht auf:** Topfen, Frischkäse und andere cremige Aufstriche weichen das Brot auf, wenn das vorbereitete Brot länger als ca. 1 Stunde steht. Wenn Sie die Brote vorbereiten möchten, geben Sie die Creme auf oder zwischen zwei trockene Salatblätter. Das Salatblatt verhindert, dass die Creme auf das Brot gelangt und das Brot aufweicht.
- **Vorbereitungstipp:** Die Creme kann am Vortag vorbereitet und luftdicht zugedeckt im Kühlschrank aufbewahrt werden.
- **Vitamintipp:** Wählen Sie das Gemüse nach Saison aus. Gemüse, das außerhalb der Saison gezüchtet wird, enthält meist mehr Pestizide bei deutlich weniger Wirkstoffen.

Brotvariationen

Die Mengen beziehen sich auf je 1 Portion.

bei Verwendung von glutenfreiem Brot

Zubereitung für alle Brotvariationen

Die Brote der Reihe nach mit dem Salatblatt, der cremigen Zutat, z. B. Ricotta, Landfrischkäse oder Frischkäse, und den restlichen Zutaten belegen. Garnieren.
✗ **Achtung!** Wird das Brot nicht sofort gegessen, die cremige Zutat nur auf dem Salatblatt verteilen, nicht direkt auf das Brot streichen, sonst weicht das Brot auf.

Sprossen-Käse-Annalena

1 Scheibe Vollkornbrot (50 g), 1 Salatblatt (10 g)
1 gehäufter TL Ricotta (15 g), Kräutersalz
Pfeffer, 1 Scheibe Schnittkäse (25 g), z. B. Tilsiter
2 Scheiben Fleischtomaten oder Scheiben von Cocktailtomaten (30 g), 1 EL beliebige Sprossen, z. B. Rettichsprossen, evtl. Früchte zum Garnieren, z. B. Heidelbeeren, Weintrauben, Johannisbeeren, Brombeeren

Dekotipp: Ricotta mit zwei Teelöffeln zu einem Nockerl formen. Käse einrollen und mit einem Zahnstocher auf das fertige Brot setzen. Eine Beere, z. B. eine Heidelbeere, auf den Käsespieß setzen.

Braten-Opa

1 Scheibe Vollkornbrot (50 g), 1 Salatblatt (10 g), 1 leicht gehäufter EL Hüttenkäse (20 g), Magerstufe
1 Scheibe fettarmes Bratenfleisch, z. B. Rindsbraten, Kalbsbraten oder Schweine-Karreebraten (25 g)
1 Radieschen (20 g), in Scheiben schneiden oder grob raspeln, Petersilie zum Garnieren

Räucherforellen-Schnaggi

1 Scheibe Vollkornbrot (50 g), 1 Salatblatt (10 g), 1 leicht gehäufter EL Ricotta (20 g)
Evtl. 5 g frisch geriebener Kren (Ricotta und Kren verrühren), 30 g geräuchertes Forellenfilet, Achtung, Gräten!
2 Scheiben Tomaten (30 g), Petersilie zum Garnieren

Sprossen-Walter

1 Scheibe Vollkornbrot (50 g), 1 Salatblatt (10 g)
1 leicht gehäufter EL Ricotta (20 g)
2 EL frische Sprossen, z. B. Zwiebelsprossen
Schnittlauch oder Petersilie zum Garnieren

Sprossen-Fantasy-Mix

Beliebiges Vollkornweckerl von Seite 62 ff., Salatblatt
Ricotta oder ein beliebiger Aufstrich von Seite 92 ff.
Sprossen, Tomatenscheibe, mit einem Keksausstecher ausgestochene Stücke einer Paprikaschote, mit einem Kugelausstecher ausgestochene Stücke einer Avocado oder gegarter Sprossenkohl, beliebige Beeren, z. B. Himbeeren, beliebige Kräuter, z. B. Schnittlauch, Kräutersalz, Pfeffer. Das Brot halbieren und beliebig belegen.

Lachs-Nic

1 Scheibe Vollkornbrot (50 g), 1 Salatblatt (10 g)
1 leicht gehäufter EL Ricotta (20 g), 40 g Räucherlachs
Kresse oder beliebige andere Kräuter, frisch geriebener Pfeffer, evtl. Zwiebelringe
Evtl. beliebiges Obst zum Garnieren

Lachs-Doppeldecker

Kunterbunte Brötchen von Seite 69, Salat, Ricotta
Zwiebelringe, Paprikastreifen, Lachs, Kräuter, Tomate
Das Brot halbieren und beliebig belegen.

Landfrischkäse-Silvi

1 Scheibe Vollkornbrot (50 g), 1 Salatblatt (10 g), 1 leicht gehäufter EL Landfrischkäse (20 g), 1 Scheibe Bergkäse (25 g), 1 Stück von einem Chinakohlblatt, Radieschen-Scheiben und Petersilie zum Garnieren

Räuchermakrelen-Babymaus

1 Scheibe Vollkornbrot (50 g), 1 Salatblatt (10 g), Kräutersalz, Pfeffer, 50 g Räuchermakrele, Rucola

Frühlings-Moritz

1 Scheibe Vollkornbrot (50 g), 1 Salatblatt (10 g), 1 leicht gehäufter EL Ricotta (20 g), Kräutersalz, Pfeffer
½ Ei (30 g), in Scheiben schneiden, 1 Radieschen (ca. 15 g), in Scheiben schneiden, Kresse

Graukäse-Sepp

1 Scheibe Vollkornbrot (50 g), 1 Salatblatt (10 g)
1 leicht gehäufter EL Ricotta (20 g), 1 Scheibe Graukäse (40 g), Kräutersalz, Pfeffer
Zwiebelringe und Schnittlauch zum Garnieren
Evtl. mit beliebigen Früchten garnieren, z. B. Johannisbeeren, Himbeeren oder Weintrauben
Dekotipp: Ricotta in einen Spritzsack füllen und auf das fertige Brot dressieren.

Eier-Oma

1 Scheibe Vollkornbrot (50 g), 1 Salatblatt (10 g), 1 leicht gehäufter EL Ricotta (20 g), Kräutersalz, Pfeffer
½ Ei (30 g), in Scheiben schneiden, 1 EL gegarte Maiskörner (15 g), Kresse, Schnittlauch

Gesamtmenge	kJ	kcal	Eiweiß (g)	Fett (g)	KH (g)	BE
Sprossen-Käse-Annalena	750.50	179.40	12.37	5.09	20.32	1.69
Braten-Opa	597.65	142.96	10.88	1.77	20.26	1.69
Räucherforellen-Schnaggi	709.60	169.83	11.75	4.30	20.47	1.71
Sprossen-Walter	563.90	135.13	5.73	3.31	20.12	1.68
Lachs-Nic	777.45	186.00	12.98	5.93	19.74	1.64
Landfrischkäse-Silvi	891.70	214.05	13.05	8.83	19.99	1.67
Räuchermakrelen-Babymaus	821.90	196.50	13.82	6.81	19.63	1.64
Frühlings-Moritz	745.80	178.55	9.13	6.61	20.23	1.69
Graukäse-Sepp	765.40	182.60	17.01	3.59	20.10	1.68
Eier-Oma	803.55	192.35	9.42	6.79	22.95	1.91

Käselaibchen-Stoffl

10 große oder 20 kleine Laibchen

bei Verwendung von glutenfreiem Brot

Käselaibchen

10 Scheiben Vollkorntoastbrot (250 g), in kleine Würfel schneiden
1 Glas heiße Milch (200 g), 1 Ei
150 g würziger Hartkäse, z. B. Bergkäse, reiben
200 g speckiger Graukäse, in Würfel schneiden, ersatzweise ein anderer Sauermilchkäse, z. B. Harzer
3 EL Petersilie, Kräutersalz, Pfeffer

Zum Ausfertigen pro Stück

1 Scheibe Vollkornbrot (50 g) oder bei kleinen Käselaibchen je 1 Vollkornbaguettescheibe und die Hälfte des Belags
1 Salatblatt (10 g)
1 leicht gehäufter EL Frischkäse-Magerstufe (20 g)
1 Käselaibchen
2 Scheiben Fleischtomaten oder Cocktailtomaten (30 g)
Evtl. fein gehobelte Zwiebel
1 TL Schnittlauch, hacken

Backrohr auf 180 °C vorheizen. Ein Backblech mit Backpapier auslegen.

Alle Zutaten sehr gut verkneten. Aus der Masse 10 Laibchen formen und auf das Backblech legen. Die Laibchen ca. messerrückendick flach drücken. Ca. 20–30 Minuten backen. Die Laibchen sollen im Ofen bräunen. Kerntemperatur 80 °C.

Für das Brot die Zutaten der Reihe nach auflegen. Garnieren.

> Tipp <

Im Kühlschrank mindestens drei Tage oder tiefgekühlt mindestens drei Monate haltbar.

> Verschiedene Formen <

Legen Sie verschiedene ofenfeste Keksausstecher (keine Kunststoffausstecher!) auf das Blech. Drücken Sie die Käsemasse ca. fingerhoch in die Ausstecher, mit den Ausstechern backen. Nach dem Backen mit einem Metallspieß oder einem scharfen Messer von den Formen lösen.

	kJ	kcal	Eiweiß (g)	Fett (g)	KH (g)	BE
Käselaibchen, pro Stück, bezogen auf 10 Stk.	656.90	156.73	13.70	7.29	9.06	0.76
Fertiges Brot, bezogen auf 10 Brote	1148.52	274.24	20.14	8.07	29.57	2.47

Hackfleisch-Jimmy

6 große oder 12 kleine Laibchen

bei Verwendung von glutenfreiem Brot

Fleischlaibchen

200 g Faschiertes
50 g Sellerieknolle, fein geraspelt
100 g Karotte, fein geraspelt
50 g Petersilienwurzel, fein geraspelt
2 EL Petersilie
1–2 Zehen Knoblauch, frisch gepresst
2 Msp. Muskat
Kräutersalz, Pfeffer, Paprikapulver
Je 1 TL frisches oder 2 Msp. getrocknetes Basilikum, Oregano Majoran, Thymian

Zum Ausfertigen pro Stück

1 Scheibe Vollkornbrot (50 g) oder bei Verwendung von kleinen Laibchen je 1 Vollkornbaguettescheibe und die halbe Menge an Belag
1 Salatblatt (10 g)
1 leicht gehäufter EL Ricotta (20 g)
2 Scheiben Fleischtomaten (30 g)
Ca. 4 Gurkenscheiben (10 g)
1 Fleischlaibchen aus dem Rohr
1 Scheibe Bergkäse (20 g) oder Bergkäseherzen, mit einem Keksausstecher ausstechen
Petersilie oder Rucola zum Garnieren

Backrohr auf 180 °C vorheizen. Ein Backblech mit Backpapier auslegen.
Für die Laibchen alle Zutaten sehr gut verkneten. Die Masse soll kleine weiße Fäden ziehen. Aus der Masse 6 große oder 12 kleine Laibchen formen und auf das Backblech legen.
✗ **Achtung!** Die Laibchen ziehen sich beim Backen zusammen. Wenn die Laibchen so groß sein sollen wie das Brot, dann muss der Ausstecher mindestens um eine Fingerbreite größer sein.
Die Laibchen ca. messerrückendick flach drücken und ca. 15 Minuten backen. Nicht zu lange backen, sonst schmecken die Laibchen trocken! Kerntemperatur 75 °C. Das Brot beliebig belegen und garnieren.

	kJ	kcal	Eiweiß (g)	Fett (g)	KH (g)	BE
Fleischlaibchen, pro Stück, bez. auf 6 Stk.	340.14	81.23	7.31	4.76	2.31	0.19
Fertiges Brot, bezogen auf 6 Laibchen	1231.21	295.07	17.95	14.39	22.94	1.91

Didlinde

2 Gurkenscheiben als Füße
Minibrote, halbiert als Körper
1 Tomatenscheibe
Evtl. ein Tupf von einem Aufstrich lt. Seite 92 ff. oder ein beliebiger Belag
1–2 Salatblätter
1 Gurkenscheibe als Halskrause, mit einem Keksausstecher eine Blume ausstechen
1 Cocktailtomate
1 Gurkenstück als Mund
Mayonnaise mit reduziertem Fettgehalt als Augen
Kresse oder frische Sprossen als Haare
Oliven als Hände
Metall- oder Holzspieße, Zahnstocher

Ein Minibrötchen auseinanderschneiden und beliebig belegen.
Mithilfe eines Spießes die Zutaten der Reihe nach zusammensetzen.
Für den Mund mit einem scharfen Messer eine Ritze in die Tomate einschneiden und ein Stück Gurke als Mund einsetzen. Mit je einem Tupf Mayonnaise die Augen gestalten.
Die Tomate an der Oberseite evtl. mit wenig Mayonnaise bestreichen, damit die Kresse oder Sprossen als Haare besser halten.
Als Hände zwei Olivenstücke mithilfe eines Zahnstochers daraufsetzen.
Zwei Gurkenscheiben dienen als Füße, diese werden ebenfalls mit Zahnstochern fixiert.

> Tipp <

Als Minibrötchen eignet sich z. B. das Backpulverbrot lt. Rezept auf Seite 62. Dazu aus der angegebenen Masse 20 Minibrote backen.

Butterbrote – vom Kresse- bis zum Schuppenbrot

Vollkornbrot

Butter

Beliebige Beläge

- Kräuter zum üppig Bestreuen, z. B. Kresse, Schnittlauch, Rucola
- Salat, z. B. Vogerlsalat, nudelig geschnittener Blattsalat
- Frische Sprossen, z. B. Zwiebelsprossen
- Gemüse, z. B. Gurken, Karotten, Radieschen, Tomaten, Rohnen, Rettich, Kohlrabi, Rüben
- Frische Kräuter zum Garnieren, z. B. Petersilie, Basilikum, Zitronenmelisse

Grundzubereitung

Das Vollkornbrot dünn mit Butter bestreichen. Beliebig belegen, z. B. mit Kresse, Salat, frischen Sprossen oder mit Gemüse.

Für die Schuppenbrote das Gemüse in dünne Scheiben hobeln. Die Gemüsescheiben dachziegelartig auf das mit Butter bestrichene Brot legen. Mit beliebigen frischen Kräutern garnieren.

Anstatt das Gemüse in Scheiben zu hobeln, können Sie hartes Gemüse, z. B. Karotten und Kohlrabi, auch in dicke oder dünne Streifen hobeln.

> Welche Butter für das Brot? <

Verwenden Sie am besten **Almbutter**. Diese enthält reichlich gesunde ungesättigte Fettsäuren und natürliche Vitamine. Almbutter hält im Tiefkühlschrank ca. 1 Jahr. Sollte keine Almbutter verfügbar sein, bevorzugen Sie Butter von Tieren aus höheren Regionen, die vorwiegend Gras und kaum Kraftfutter fressen. Eine gesunde Butter erkennen Sie an der **gelb-orangen Farbe**, die die gesamte Butter färbt, und an der Konsistenz, die immer streichweich bleibt, auch frisch aus dem Kühlschrank.

Oft wird die gelbe Almbutter mit **ranziger Butter** verwechselt, dabei ist der Unterschied ganz einfach. Almbutter ist durch und durch gelb, ranzige Butter nur rundherum, in der Mitte bleibt ein weißer Kern. Außer die Butter ist bereits komplett verdorben, aber das würde selbst ein Laie auf Anhieb riechen.

Hart und weiß wird die Butter, wenn die Tiere aus Masthaltung stammen und viel Kraftfutter fressen. Diese Butter sollte aus gesundheitlichen Gründen möglichst vermieden werden.

Butter mit Zusätzen, z. B. Joghurt oder Öl, bringen keinen Vorteil, da es sich bei der Basis zumeist um Butter aus Masthaltung handelt.

Toast mit Lüftung

Stechen Sie aus einer Vollkorn-Toastbrotscheibe oder aus Vollkornbrot mit einem Keksausstecher beliebige Figuren, z. B. Gesichter, Herzen, Tiere oder Sterne aus. Eine Toastbrotscheibe beliebig belegen. Mit der Scheibe, von der sie die Motive ausgestochen haben, abdecken.

Käsefüße

Brot
Käsescheibe
beliebige Kräuter

Stechen Sie mit einem Ausstecher in Form eines Fußes aus Vollkorn-Toastbrot oder Vollkornbrot und Käse Füße aus.
Entweder nur mit Käse belegen oder einen Doppeldecker aus Käse und zwei Scheiben Brot herstellen.
Beliebig garnieren, z. B. mit Stückchen von einer Radieschenschale als Nägel.
Damit das Käseblatt besser haftet, können Sie das Brot dünn mit Ricotta oder Topfenaufstrich von Seite 92 f. bestreichen.

> Tipp <

Die ausgestochenen Brotreste können Sie für Spieße verwenden. Vgl. Seite 87 f. Die Ausstechformen sind im Haushaltswarengeschäft erhältlich.

Schlangenbrot

Das Schlangenbrot von Seite 70 halbieren, in Stücke schneiden und beliebig belegen. Auf einer Platte schlangenförmig anrichten. Als Augen dienen z. B. Scheiben von schwarzen Oliven, ausgestochene Kugeln von weißem Rettich, Stücke von Oliven etc.

Wurstfinger

- Brot
- Schinken
- Topfen
- Paprikaschote

Stechen Sie mit einem Ausstecher in Form einer Hand aus dem Brot und dem Schinken Hände aus. Aufeinanderlegen.
Auf jede Fingerkuppe einen Tupf Topfen geben. Ein Paprikastück daraufsetzen, sodass die Finger an lackierte Nägel erinnern.

> Garniertipps <

Wenn Sie eine besondere Figur zaubern möchten, zeichnen Sie die Figur auf einen Karton auf. Den Karton auf das Brot oder z. B. den Käse legen und mit einem scharfen Messer rundherum ausschneiden.
Oder Sie stechen mit beliebigen Ausstechern aus Brot, Gemüse und Obstscheiben Figuren aus.
Backen Sie aus dem Brotteig von Seite 66 Buchstaben und Zahlen. Diese können Sie beliebig belegen und z. B. als Name, Alphabet oder Rechenübung auf eine Platte geben.

Brotspieße

Minibrötchen am Spieß

Als Spieß dienen Zahnstocher oder halbierte Holzspieße.

bei Verwendung von glutenfreiem Brot

Brot

- Beliebige Vollkornbrote, in Vierecke oder Dreiecke schneiden oder mit Keksausstechern Figuren ausstechen. Verwendung der Brotreste siehe Seite 85.
- Vollkornbaguette, in Scheiben schneiden

> Tipp <

Ein paar Blätter von frischen Kräutern als Zwischenschicht wirken sehr dekorativ, z. B. Petersilie oder Basilikum.

Die Brote auf einer Platte anrichten.
Die Salatblätter auf den Broten verteilen. Wenn angegeben, einen Löffel voll von den cremigen Zutaten, z. B. Ricotta oder Frischkäse, auf das Salatblatt setzen. Das Salatblatt verhindert, dass die cremigen Zutaten das Brot aufweichen. Kresse oder gehackte Kräuter darüber verteilen.

Mit den weichen Zutaten, z. B. Räucherlachs, und Zutaten, die sehr leicht auseinanderfallen, z. B. Makrelenstücke, belegen.
Je einen Spieß in das belegte Brot stecken. Die restlichen Zutaten auf dem Spieß aufspießen.

Variationen

- Salatblätter, Räucherlachs, große Kapern, evtl. Kren, evtl. Dill (Abb. links)
- Salatblätter, Ricotta oder Landfrischkäse, Tomatenscheiben, Oliven, Petersilie (Abb. rechts)
- Salatblätter, Räuchermakrelenstücke, Cocktailtomaten, Petersilienblätter
- Salatblätter, Räucherforellenstücke, Feigen, Kresse
- Salatblätter, fettarmer Frischkäse, Honigmelone, Schinken, Basilikumblätter
- Salatblätter, Ricotta, Currypulver, gebratene Hühner- oder Putenbrust, Apfelstück, das in Zitronensaft gewälzt wurde (färbt sonst braun)

Klassische Spieße

Nicht nur bei Kindern sehr beliebt!

bei Verwendung von glutenfreiem Brot

Brot

- Beliebige Vollkornbrote, in Vierecke oder Dreiecke schneiden oder mit Keksausstechern Figuren ausstechen.
- Vollkornbaguette, in Scheiben schneiden

> Zubereitungstipps <

- Aufgespießt wird, was schmeckt und am Spieß haften bleibt!
- Zum Aufspießen eignen sich Holz- oder Metallspieße.
- Spießen Sie das Brot gleich mit auf, das sorgt für die **perfekte Gesundheits-Kombi**.
- Anstatt Brot können Sie gegarte **Gnocchi** oder vegetarisch gefüllte **Ravioli** und **Tortellini** verwenden.
- Schneiden Sie harte **Gemüsesorten** in Kronenform. Dazu mit einem scharfen Messer rundherum einschneiden, sodass eine Krone entsteht. Siehe Seite 18.
- Mit einem **Kugelausstecher** (Parisienne-Ausstecher) können Sie Kugeln aus Obst und Gemüse ausstechen.
- Die **Brotreste** vom Ausstechen weiterverwenden, siehe Seite 85.

Mini-Spieß-Variationen, Rezept von Seite 87 (von links): Mini-Fleischlaibchen-Spieß, Käse-Gurken-Spieß, Physalis-Käse-Obst-Spieß, Gemüsespieß, Tomaten-Käse-Oliven-Spieß

Variationen

Gnocchispieß

Tortellinispieß

- **Gnocchispieß:** Cocktailtomaten, Salatblatt, Gnocchi
- **Tortellinispieß:** Vegetarisch gefüllte Tortellini, Erdbeere, Paprika
- **Bratenspieß:** Vollkornbrot, kalter fettarmer Braten vom Rind, Kalb oder Schweine-Karreebraten, Karottenstücke oder Karotten in Kronenform geschnitten, Gurke, Petersilienblätter
- **Chinakohl-Käse-Spieße:** Vollkornbrot, Chinakohlsalat, Salatblätter in Scheiben schneiden oder rund ausstechen, Käsewürfel, blaue Weintrauben, Kulturheidelbeeren oder Erdbeeren
- **Mini-Käselaibchen-Spieße:** Käselaibchen lt. Rezept auf Seite 81, 2-Euro-große Minilaibchen formen, backen und mit beliebigem Gemüse, z. B. Radieschen und Salatblättern, aufspießen.
- **Obst-Käse-Spieße:** Beliebige Obst- und Käsesorten aufspießen
- **Tomaten-Mozzarella-Spieße mit Basilikum:** Vollkornbrot, kleine Cocktailtomaten, Mini-Mozzarellakugeln, Basilikumblätter als Zwischenschichten
- **Wurmspieß:** Brot und Gemüse in ½ cm dicke Scheiben schneiden. Das Gemüse hobeln Sie am besten mit einem Hobel. Mit einem runden Keksausstecher aus Brot und Gemüse je mindestens 10 Scheiben ausstechen. Abwechselnd aufspießen. Ein Radieschen als Kopf aufsetzen. Zwei Vertiefungen in das Radieschen schneiden und zwei Pfefferkörner oder Kapern als Augen hineinstecken.

Mini-Spieß-Variationen *(siehe Abb. Seite 88)*

- **Mini-Fleischlaibchen-Spieße:** Vollkornbrot, Fleischlaibchen lt. Rezept auf Seite 82. Kleine Kugeln formen, backen und mit beliebigem Gemüse aufspießen, z. B. mit Radieschen, Vogerlsalat und einem ausgestochenen Paprikaherz.
- **Käse-Gurken-Spieß:** Vollkornbrot, Käsewürfel, Gurkenscheibe, kleine Cocktailtomaten, Petersilie
- **Physalis-Käse-Obst-Spieß:** Vollkornbrot, Physalis, Käsewürfel, verschiedene Früchte, z. B. Himbeeren und Weintrauben, ausgestochenes Käseherz
- **Gemüsespieß:** Vollkornbrot, Radieschenscheibe, Kräuter, Oliven oder Weintrauben, Paprikastück
- **Tomaten-Käse-Oliven-Spieße:** Vollkornbrot, kleine Cocktailtomaten, Salat, Käsewürfel, Oliven

Gemüse-Käse-Spieße

bei Verwendung von glutenfreiem Brot

Vollkornbrot, in Dreiecke, Würfel schneiden oder mit einem Keksausstecher Formen ausstechen.
Beliebiger Schnittkäse, z. B. Bergkäse, Tilsiter, Emmentaler oder Mini-Mozzarellakugeln
Beliebiges Gemüse

Brot, Käse und Gemüse beliebig aufspießen. Hartes Gemüse, z. B. Karotten, spießen Sie am leichtesten mit Metallspießen auf.

> Geeignete Gemüse <

- Roh, z. B. Gurken, Kohlrabi, Rüben, Karotten, Paprika, Radieschen, Rettich, Tomaten
- Gegart, z. B. Blumenkohl, grüne Bohnen, Brokkoli, Sprossenkohl
- Hülsenfrüchte, z. B. gegarte Erbsen, Bohnen, Kichererbsen
- Salate, z. B. Chicorée, Chinakohl
- Kräuter, z. B. Petersilienblatt
- Kapern, z. B. mit einem Tupf Ricotta auf das Brot geklebt

Obstspieße

Obst nach Wahl
Zitronenmelisse- oder Minzeblätter als Deko

> Geeignetes Obst <

- In Stücke geschnittenes Obst, z. B. Ananas, Marillen, frische Feigen, Honigmelone, Wassermelone, Kiwi, Nektarine, Papaya, Pfirsich, Pflaumen, Zwetschgen
- Filets von Orangen, Mandarinen und Grapefruits
- Im Ganzen, z. B. Brombeeren, Erdbeeren, große festfleischige Kulturheidelbeeren, Himbeeren, Johannisbeeren, Kirschen, Stachelbeeren und Weintrauben
- Trockenfrüchte, z. B. Datteln, Feigen, Dörrpflaumen (auf Kerne kontrollieren!) oder Cranberries
- Banane, Birne, Apfel, kurz in Zitronenwasser schwenken, damit sie nicht braun werden. Dazu den Saft von 1 Zitrone in eine Schüssel pressen, mit 1 Tasse Wasser vermischen, Obst hineingeben, durchrühren, abtropfen lassen.

Aufstriche, Dips, Bagels, Tramezzini, Wraps

Aufstriche – kunterbunte Variationen

Die Mengen reichen für 4 Brote.

Alle Aufstriche auf einer Basis der Gruppe A sind glutenfrei

Zubereitung für alle Aufstriche

- Als **Basis** wählen Sie zwischen der kalt gerührten Basis A und der etwas aufwendigeren warm gerührten Basis B. Beide Grundmassen eignen sich sowohl für süße als auch pikante Aufstriche.
- Fügen Sie zur Basis A oder zur ausgekühlten Basis B den entsprechenden **Kalzium- und Wirkstoffausgleich** dazu. D. h. pikant oder süß.
- Als Abrundung folgen die **Geschmackszutaten**, die Sie in die fertige Basismasse mischen. Die Geschmackszutaten können Sie entweder fein raspeln oder hacken oder einen Teil der Zutaten pürieren und jene Zutaten, die ganz bleiben sollen, z. B. gehackte Nüsse, nach dem Pürieren untermengen.
- Mit prickelndem **Mineralwasser** bringen Sie den Aufstrich in die gewünschte streichfähige Konsistenz. Verwenden Sie kalziumreiches Mineralwasser (vgl. Seite 44).
- **Abschmecken:** Pikante Aufstriche mit Kräutersalz und evtl. Pfeffer, süße Aufstriche können ungesüßt bleiben oder mit bis zu 1 TL Zucker, flüssigem Honig oder Ahornsirup ➤ für Diabetiker mit bis zu 2 g flüssigem Süßstoff gesüßt werden.
- Erst unmittelbar vor dem Verzehr **salzen**, sonst wird der Aufstrich wässrig.
- Ein Schuss Zitronen-, Limettensaft oder naturtrüber Apfelessig macht den Aufstrich **„spritzig"**.
- Die Schale von ½ Bio-Zitrone, Bio-Limette oder Bio-Orange verleiht sowohl süßen als auch pikanten Aufstrichen einen exotisch **frischen Touch**.
- Wenn Sie den Aufstrich **pürieren**, kann es passieren, dass er sehr weich bis flüssig wird. Lassen Sie den Aufstrich im Kühlschrank ca. 1 Stunde oder über Nacht stocken. Ist er danach immer noch zu weich, fügen Sie Topfen, Frischkäse oder Schotten hinzu.
- **Getrocknete Kräuter** sehr fein mörsern oder mahlen, sonst ergeben die Kräuter eine unangenehm grobe Konsistenz. Wenn Sie sehr intensiv schmeckende Kräuter verwenden, z. B. Rosmarin oder Estragon, dann dosieren Sie sehr sparsam. Pro Aufstrich max. ½ gestrichenen TL untermischen.
- Bereiten Sie eine **größere Menge** an Basis zu. Die Basis teilen und mit beliebigen Varianten-Zutaten vermischen.

Basis

Basis A – Varianten

- ½ Becher Magertopfen (125 g), 30 g Naturjoghurt (gesamt 104 kcal, 0,5 BE)
- ½ Becher Magertopfen (125 g), 50 g Ricotta (gesamt 168 kcal, 0,6 BE)
- ½ Becher Magertopfen (125 g), 30 g Sauerrahm (gesamt 133 kcal, 0,5 BE)
- ½ Becher Magertopfen (125 g), 30 g Kefir (gesamt 104 kcal, 0,5 BE)
- ½ Becher Magertopfen (125 g), 30 g Buttermilch (gesamt 97 kcal, 0,5 BE)
- ½ Becher Magertopfen (125 g), 30 g Sauermilch (gesamt 104 kcal, 0,5 BE)
- ½ Becher Magertopfen (125 g), 30 g Acidophilusmilch (gesamt 104 kcal, 0,5 BE)
- ½ Becher Magertopfen (125 g), 30 g Kokosmilch (gesamt 140 kcal, 0,5 BE)
- ½ Becher Magertopfen (125 g), 15 g Sauerrahm, 2 EL kalt gepresstes Öl (16 g), z. B. Kern-, Lein-, Walnuss-, Weizenkeim- oder Olivenöl (gesamt 250 kcal, 0,5 BE)
- ½ Becher Magertopfen (125 g), 15 g sehr weiche Butter, am besten Almbutter, 20 g Sauerrahm (gesamt 228 kcal, 0,5 BE)

Zubereitung: Alle Zutaten vermischen und glatt rühren.

Basis B – Varianten

- 125 g Milch, 10 g Weizenvollkornmehl, 5 g Maisstärke, 125 g Magertopfen (gesamt 213 kcal, 1,8 BE)
- 125 g Milch, 10 g Weizenvollkornmehl, 5 g Maisstärke, 125 g Ricotta (gesamt 335 kcal, 1,8 BE)

Zubereitung: Zwei Drittel der Milch aufkochen, die restliche Milch mit dem Mehl und der Stärke verrühren, einkochen, bis es kräftig blubbert. Unter kräftigem Rühren ein paar Sekunden weiterkochen. Vorsicht! Brennt leicht an. Überkühlen lassen. Topfen oder Ricotta untermengen.

✗ **Achtung!** Wenn Sie Speichel in diese Masse bringen, z. B. indem Sie ein zweites Mal mit demselben Löffel kosten, verflüssigt sich die Masse.

Kalzium- und Wirkstoffausgleich

A: für **pikante** Aufstriche

- 10 g geriebener Hartkäse (entspricht knapp ½ Scheibe), z. B. Alm-, Bergkäse oder Parmesan
- Beliebige Kräuter, z. B. Schnittlauch, Petersilie, Kerbel, Basilikum, Dill, Kresse

Gesamt 44 kcal, 0,06 BE, 135 mg Kalzium entspricht 14 % des Tagesbedarfs eines Erwachsenen bzw. 19 % eines Volksschulkindes

B: für **süße** Aufstriche

- Beliebige Kräuter und Gewürze, die sich für Süßes eignen, z. B. Zimt, Nelkenpulver, Kardamom, Rosenblüten, Ringelblumen, Veilchen, Minze, Melisse

Geschmackszutaten

Pikante Variationen

- **Apfel:** 1 Apfel, gewürfelt, Schale von 1 Bio-Zitrone oder Bio-Orange, 2 Msp. Chili, 1 EL Kerbel, 2 EL Zitronen- oder Orangensaft
- **Apfelkren:** 50 g geriebener Apfel, 10 g Kren, Saft und Schale von ½ Bio-Zitrone, Zucker ➤ für Diabetiker Süßstoff
- **Apfelzauber:** 50 g gewürfelter Apfel, ½ gehackte Zwiebel, 1 TL Senf, Saft und Schale von ½ Bio-Orange, Zucker ➤ für Diabetiker Süßstoff
- **Avocado-Lachs:** ½ gut ausgereifte Avocado, mit der Gabel zerdrücken, 100 g Räucherlachs, klein hacken, Saft und Schale von ½ Bio-Zitrone
- **Bärlauch:** 1 Handvoll Bärlauch, 2 Zehen Knoblauch
- **Bohnenhit:** 100 g rote oder weiße Bohnen aus der Dose, pürieren oder zerstampfen, 1 TL Bohnenkraut, 2 Msp. Kümmel
- **Bohnen-Tomatenpüree:** 50 g beliebige Bohnen, 1 EL Tomatenmark, ½ TL Bohnenkraut, Chilipulver
- **Brokkoli-Paprika-Mixtur:** 100 g gegarte, gehackte Brokkoliröschen, 1 Paprika, in Würfel schneiden, ¼ gehackte Zwiebel (20 g), 1 EL frisch gehackter Oregano
- **Bunte Tomate:** 1 EL Tomatenmark, 1 gewürfelte Paprikaschote, 50 g gewürfelte Salatgurke, 2 EL Kerbel
- **Camembert:** 70 g gut gereifter, sehr weicher Camembert, durch Knoblauchpresse drücken, 1 EL Basilikum
- **Chili:** 1 Chilischote, fein hacken, 3 EL Schnittlauch, 1 Zehe Knoblauch
- **Eiaufstrich:** 2 hart gekochte Eier, fein hacken, 1 EL Senf, 1 EL weiche Butter (20 g), 3 EL Schnittlauch
- **Eiercreme:** 2 hart gekochte Eier, fein hacken, 1 EL Senf, 2 EL Petersilie, 1 EL 25%-Mayonnaise, 1 EL Curry, 2 EL Schnittlauch, 1 Essiggurke, fein hacken
- **Eierspaß:** 1 hart gekochtes Ei, fein hacken, 1 EL Senf, 3 EL Petersilie, ¼ Zwiebel, fein hacken
- **Ei-Gurke:** 1 hart gekochtes Ei, fein hacken, 2 Essiggurken, fein hacken, 1 EL Curry
- **Eingelegtes:** 2 Pfefferoni, Wasser gut ausdrücken, fein hacken, 2 Essiggurken, gut abtropfen und fein hacken, ¼ Zwiebel (20 g) oder Mixed Pickles, fein hacken
- **Essiggurken-Kartoffel:** 3 Essiggurken, fein hacken, 1 gekochte, fein geriebene mehlige Kartoffel, ¼ Zwiebel, fein hacken
- **Estragoni:** 1 EL Estragonsenf, 1 TL frischer Estragon oder ½ TL getrockneter Estragon
- **Feurige Ananas mit Fisch:** 3 Msp. Chili, ca. 100 g Ananaswürfel, 50 g Matjes, in kleine Stücke schneiden, 1 Essiggurke, fein hacken
- **Forelle:** ca. 70 g geräucherte Forelle, klein schneiden, 1 TL Dill oder Zitronenmelisse, Schale und Saft von ½ Bio-Zitrone oder Limette
- **Gemüsemixtur:** ca. 100 g geraspelte Karotte, 50 g geraspelte Sellerieknolle, 50 g geraspelte Petersilienwurzel, ½ gehackte Zwiebel (40 g), 1 EL Borretsch oder Petersilie

Von links: Scharfer Schafskäse, Lachs-Kresse, Kokospalme, Thuni

- **Hülsi:** 100 g beliebige gegarte Hülsenfrüchte, z. B. Erbsen, Bohnen, Linsen oder Kichererbsen, zerstampfen oder den gesamten Aufstrich pürieren, 2 Msp. Chili, 1 TL Currypulver, ½ TL Paprikapulver, ½ TL gerösteter und gemahlener Kreuzkümmel
- **Ingwer-Ei-Gurken-Ensemble:** 1 walnussgroßes Stück Ingwer, fein reiben, 1 hart gekochtes, gehacktes Ei, 30 g geriebene Salatgurke, 2 Msp. Chili, 1 Msp. Kümmel, 1 EL Dill
- **Ingwergurke:** 80 g geraspelte Gurke, 20 g Ingwer
- **Karotte:** 1 fein geraspelte Karotte oder 1 Stück Moschuskürbis (ca. 100 g), 1 walnussgroßes Stück Ingwer, fein raspeln, 1 EL frisch gehackter Koriander oder 3 Msp. Korianderpulver
- **Karottenbeet:** 100 g geriebene Karotten, 1 EL Thymian
- **Kartoffelaufstrich:** 1 gegarte mehlige Kartoffel (100 g), fein reiben, ½ Zwiebel, fein hacken (40 g), 2 Msp. Kümmel, 1 Zehe Knoblauch, 1 EL Italienische Kräuter, Tiefkühlmischung oder frisch
- **Kerbel:** 3 EL Kerbel
- **Knoblauch:** mindestens 2 Zehen Knoblauch, pressen, 1 EL beliebige Kräuter
- **Knoblauchhauch:** 3 Zehen Knoblauch, pressen oder fein hacken
- **Knoblauch-Zwiebel:** 1 Spritzer Zitronensaft, ¼ Zwiebel, fein hacken, 1 Knoblauchzehe, pressen oder fein hacken
- **Kokospalme:** 1 EL Kokosflocken, 1 haselnussgroßes Stück Ingwer, raspeln, 1 Zehe Knoblauch, pressen oder fein hacken, Schale von ½ Bio-Zitrone oder Bio-Limette. Als Basis die Variante Topfen mit Kokosmilch wählen.
- **Konfetti:** 50 g Mais, 1 Paprikaschote, würfeln, 2 Essiggurken, fein hacken, 1 EL Senf, 1 EL Petersilie

- **Kraut oder Wirsing:** 100 g Weiß- oder Blaukraut oder 100 g Wirsing, sehr fein hobeln, ½ TL Bohnenkraut, ½ TL Thymian oder andere beliebige Kräuter, 3 Msp. Kümmel, ganz oder gemahlen. 6 EL Wasser in einem Topf erhitzen und das Kraut mit den Gewürzen darin zugedeckt weich dünsten. Eventuell wenig Wasser nachgießen. Das Wasser sollte nach dem Garen vollständig verdunstet sein. Auskühlen lassen. 1 EL Petersilie oder Schnittlauch untermischen. Mit der Basis verrühren.
- **Kräuter – sauer:** 2 EL Petersilie, 2 EL Schnittlauch, 1 gewürfelte Essiggurke, 2 EL Kapern, 1 TL Majoran
- **Kräuter der Provence:** 1 EL Kräuter der Provence
- **Kräuter:** bis 3 EL beliebige frische oder Tiefkühlkräuter oder bis 1 TL getrocknete Kräuter
- **Kräuter-Knoblauchcreme:** 4 EL verschiedene Kräuter, 1 Zehe Knoblauch
- **Kressi:** 1 Pkg. Kresse
- **Kümmel:** 1 TL gerösteter, grob gehackter Kümmel, frisch gemahlener Pfeffer
- **Kürbis:** 2 EL Kürbiskernöl, 2 EL gehackte Kürbiskerne, 50 g geraspelter roher Moschuskürbis, 2 EL gehackte Walnüsse
- **Kürbis-Knoblauchaufstrich:** 3 EL geröstete und gehackte Kürbiskerne, 1 Zehe Knoblauch, 50 g Moschuskürbis, geraspelt
- **Lauchi:** 100 g nudelig geschnittener Lauch, roh oder gedämpft, 1 Zehe Knoblauch, 1 EL Paprikapulver, 1 EL Petersilie
- **Makrele:** ca. 70 g Räuchermakrelenfilet, fein hacken, 3 EL Schnittlauch, evtl. geröstete, gehackte Kürbiskerne
- **Matjes mit Ei:** 1 hart gekochtes Ei, fein hacken, 1 Matjesfilet (ca. 80 g), gut mit Wasser abspülen und klein hacken, ½ Apfel (70 g), ½ fein gehackte Zwiebel (40 g)
- **Mexikaner:** 50 g gehackte Tomaten aus der Dose, Zucker ➤ für Diabetiker Süßstoff, 1 EL eingelegter grüner Pfeffer, ¼ Zwiebel, fein hacken, 1 Zehe Knoblauch, pressen, 1 EL Maiskörner, 2 Msp. Chili, 1 TL gehackte Ringelblumenblätter
- **Mexikanische Tomate:** 1 EL Tomatenmark, ½ gehackte Zwiebel (40 g), 30 g Mais, 2 Msp. Chili, 1 TL Oregano
- **Minzgeschwister:** 2 Msp. Chili, ½ TL gehackte Korianderkörner, 1 Zehe Knoblauch, 5 Blätter Kärntner Minze
- **Olive-Tomate:** 1 EL Tomatenmark, 5 EL gehackte Oliven, 2 EL Basilikum
- **Paprika-Schafskäse:** 50 g Schafskäse, 1 Paprikaschote, in kleine Würfel hacken, 1 Zehe Knoblauch, pressen, 2 EL italienische Tiefkühlkräuter oder frische Kräuter
- **Pecorino:** 50 g Pecorino-Schafskäse, reiben, 1 TL Thymian
- **Pikante Tomate:** 2 EL Tomatenmark, ½ Zwiebel, fein hacken, 2 Essiggurken, fein hacken
- **Polenti:** 3 EL beliebige frische Sprossen, 1 Zehe Knoblauch, 100 g gegarte Polenta, entweder Polentareste verwenden oder 20 g Polenta in 100 g Wasser kochen
- **Provenzalische Tomate:** 1 EL Tomatenmark, 1 EL Kräuter der Provence, 1 Zehe Knoblauch

Von links: Kartoffelaufstrich, Graukäse, Trockentomate

- **Radieschen:** 3 Msp. Kümmel, 4 geraspelte Radieschen, 50 g geraspelte Zucchini, ¼ fein gehackte Zwiebel (20 g), Schnittlauch
- **Rucolasolo:** Rucola
- **Rucola-Tomate:** 1 große Tomate (80 g), 1 Kugel Mozzarella (125 g), fein reiben, 4 EL Rucola, 2 EL frisches oder Tiefkühl-Basilikum
- **Sauce Tartare:** 1 EL Kapern, 1 Essiggurke, ½ kleine Zwiebel, 2 EL Schnittlauch, 1 hart gekochtes Ei, alle Zutaten fein hacken
- **Scharfer Schafskäse:** 50 g Schafskäse, fein hacken, mindestens 1 EL Ajvar (= Paprikapaste), 2 EL Kerbel oder Petersilie, Chilipulver
- **Senf:** 2 EL Senf, 1 TL Worcestersauce
- **Teufels-Rettich:** 50 g schwarzer Rettich, fein raspeln, 2 EL Schnittlauch
- **Thunfisch-Ei:** 100 g Thunfisch natur, aus der Dose, ¼ Zwiebel, 2 Essiggurken, 1 hart gekochtes Ei, alle Zutaten fein hacken
- **Thuni:** ½ Dose Thunfisch natur (ca. 70 g), fein hacken, 1 EL Currypulver, ½ Zwiebel, fein gehackt, 1 TL Tomatenmark
- **Tirggnfeld:** 50 g Maiskörner, 2 Msp. Kümmel, 2 Zehen Knoblauch, 1 EL Petersilie
- **Tomate:** 4 Stück getrocknete Tomaten, fein hacken, 1 Zehe Knoblauch, 1 Pkg. Kresse
- **Tomate-Basilikum:** 2 EL Basilikum, 100 g Tomatenwürfel, 2 EL Balsamicoessig
- **Tomaten-Kren:** 1 EL Tomatenmark, 1 EL frisch geriebener Kren, ½ Zwiebel, fein hacken, 1 EL Worcestersauce
- **Trockentomate:** 2 EL Basilikum, 4 getrocknete Tomaten, fein hacken
- **Würzi:** 1 TL Senf, 1 TL Paprikapulver, 2 Msp. Kümmel, 1 Zehe Knoblauch, 2 EL Schnittlauch
- **Würziger Koriander:** Schale von 1 Bio-Zitrone, 2 Msp. Chili, 1 Msp. Zimt, 1 EL Koriandergrün, 2 Zehen Knoblauch
- **Würziger Kürbis:** 100 g frisch geriebener Kürbis, ½ TL Rosmarin, 1 TL Thymian, 1 TL Majoran, Schale von 1 Bio-Zitrone
- **Zitrone:** Schale von 1 Bio-Zitrone, Saft von ½ Zitrone, ca. 1 EL gehackte Zitronenmelisse
- **Zwiebel:** 3 Frühlingszwiebeln, fein hacken, Schale und Saft von 1 Bio-Zitrone

Süße und süß-pikante Variationen

- **Ananas-Kokos-Chili:** Basis mit Topfen und Kokosmilch verwenden, 100 g Ananas in Würfel schneiden, 1 EL Kokosflocken (9 g), 1 Msp. Chilipulver, Salz
- **Currysüße:** 1 EL Curry, 1 sehr reife braune Banane mit der Gabel zermusen, 1 EL Zitronensaft
- **Marillen-Curry:** 1 Marille fein hacken (ersatzweise 1 EL Marillenmarmelade verwenden), 1 EL Curry, ¼ Zwiebel fein hacken, Zucker ➤ für Diabetiker Süßstoff
- **Obsti:** 1 EL Curry, 2 Msp. Cayennepfeffer, 1 haselnussgroßes Stück Ingwer, 2 Msp. gemahlener Koriander, 2 Msp. Zimt, 100 g gewürfelte frische Ananas, 1 EL Koriandergrün, ¼ gewürfelter Apfel (ca. 40 g), 1 EL Zitronensaft, Zucker ➤ für Diabetiker Süßstoff
- **Preiselbeer:** Preiselbeermarmelade oder frische Preiselbeeren und Zucker ➤ für Diabetiker Süßstoff, evtl. Knoblauch
- **Rosen:** 1 EL gehackte aromatische Rosenblätter, Achtung! Keine Blätter von nicht mit Bio-Dünger gedüngten Rosen verwenden.
- **Schokoaufstrich:** 1 EL ungesüßtes Kakaopulver, evtl. 1 EL sehr fein gemahlene, geschälte Mandeln, Zucker ➤ für Diabetiker Süßstoff, evtl. Zimt
- **Schokofan:** 1 EL ungesüßtes Kakaopulver, 3 Msp. Chili, Zucker ➤ für Diabetiker Süßstoff
- **Schoko-Orange-Nuss:** 1 EL ungesüßtes Kakaopulver, Schale von 1 Bio-Orange, 1–2 EL frisch gepresster Orangensaft, 1 EL geröstete und gehackte beliebige Nüsse, 1 EL gehackte Schokolade, Zucker ➤ für Diabetiker Süßstoff
- **Süßer Ingwer:** ca. 1 haselnussgroßes Stück Ingwer, ¼ gehackte Zwiebel, 1 gestrichener TL Lebkuchengewürz, Zucker ➤ für Diabetiker Süßstoff

Schokoaufstrich

Blitzaufstrich

Die Menge reicht für 4 Brote.

½ Becher Magertopfen (125 g), ¼ Becher Sauerrahm (60 g), 2 EL Tiefkühlkräutermischung, z. B. Italienische Kräuter oder Tiefkühlbasilikum, ca. 1 TL Apfelessig, Kräutersalz, evtl. Senf, evtl. Pfeffer, evtl. Tomatenmark

Graukäseaufstrich *(siehe Abb. Seite 97)*

Die Menge reicht für 4 Brote.

½ Becher Magertopfen (125 g), 50 g Ricotta, 1 EL naturtrüber Apfelessig (8 g), 100 g Graukäse, fein hacken oder zerbröseln, ½ Zwiebel (40 g), fein hacken, 2 EL Kürbiskernöl (16 g), 1 TL geröstete, gehackte Kürbiskerne (8 g), 1 EL Schnittlauch, Kräutersalz, Pfeffer, Mineralwasser nach Bedarf

Lachs-Kresse-Aufstrich *(siehe Abb. Seite 95)*

Die Menge reicht für 4 Brote.

½ Becher Magertopfen (125 g), 50 g Ricotta, 1 Pkg. Räucherlachs (200 g), klein schneiden, 1 Pkg. Kresse
1 Handvoll Rucola, fein hacken, ½ Zwiebel (40 g), fein hacken, Saft und Schale von ½ Bio-Zitrone
1 Msp. Dill, evtl. Kren, Kräutersalz, Pfeffer, Mineralwasser nach Bedarf

> Tipp <

Ungesalzene Aufstriche halten im Kühlschrank ca. 3 Tage. Am längsten bleiben die Aufstriche in der 0-°C-Zone frisch.

Zubereitung für alle Aufstriche

Jeweils alle Zutaten verrühren.
Mit prickelndem Mineralwasser zur gewünschten Konsistenz bringen.
Abschmecken und genießen!

Gesamtmenge	kJ	kcal	Eiweiß (g)	Fett (g)	KH (g)	BE
Blitzaufstrich	766.45	184.25	17.39	9.28	7.36	0.61
Graukäseaufstrich	2082.70	496.09	51.84	27.60	10.15	0.84
Lachs-Kresse-Aufstrich	1970.25	470.40	59.21	20.59	11.37	0.95

Belegte Bagels (siehe Abb. Seite 71)

Als „Bagels" bezeichnet man Germteigbrote mit einem großen Loch in der Mitte, die entweder gefüllt oder ungefüllt angeboten werden und vor allem in den USA sehr beliebt sind.

Bagels lt. Rezept von Seite 71 halbieren, ein Salatblatt darauflegen und mit einem beliebigen Aufstrich von Seite 92 f. bestreichen. Mit frischem Gemüse, z. B. Tomatenscheiben, Gurkenscheiben, Radieschen und frischen Kräutern, z. B. Kresse, garnieren.

Tramezzini

Die Menge reicht für 2 Dreifachdecker oder 4 Doppeldecker.

Unter Tramezzini versteht man im Original belegte Weißbrotscheiben, die mit einer Scheibe Weißbrot abgedeckt und zum Servieren in Dreiecke geschnitten werden. ➤ Hier wird ausschließlich Vollkorn-Toastbrot verwendet.

Tramezzini, gefüllt mit Thunfisch-Ei-Aufstrich von Seite 97, Salat und Tomatenscheibe

6–8 Scheiben Vollkorn-Toastbrot
Beliebiger Aufstrich von Seite 92 f. in der angegebenen Menge
In den Tramezzini-Aufstrich können folgende Zutaten gemischt werden

- Bis zu 30 g Eissalat, Radicchio, Chicorée, Zuckerhut oder Blattsalate, nudelig schneiden
- Bis zu 30 g beliebiges geraspeltes oder in feine Streifen geschnittenes Gemüse, z. B. Karotten, Kraut, Zucchini, Fenchel, Chinakohl, Kohlrabi, Moschuskürbis, Paprikaschote, Radieschen, Rettich, Rohnen, Zwiebel, Frühlingszwiebeln
- Bis zu 30 g Räucherfisch, Käse oder Schinken, fein gehackt, gerieben oder nudelig geschnitten
- Bis zu 2 EL frisch gehackte oder Tiefkühlkräuter, z. B. Rucola, Kresse, Basilikum, Schnittlauch …

Doppeldecker

Die Hälfte der Toastbrotscheiben mit dem Aufstrich bestreichen. Mit einer Scheibe Brot abdecken. Gut zusammendrücken. In große oder kleine Dreiecke schneiden, d. h. einmal oder zweimal diagonal durchschneiden.

Dreifach-Decker

Jeweils zwei Scheiben Brot mit Belag bestreichen, mit einer dritten Scheibe Brot abdecken. Gut zusammendrücken. Zu Dreiecken schneiden.

Tramezzini mit einer Pfanne oder einem großen Plattiereisen gleichmäßig flach drücken. Den austretenden Aufstrich mit einem Messer in den Toast streichen.

> Vollkorn-Tipps <

Nur in Vollkorn-Toastbrot steckt auch das volle Korn und damit eine große Palette an Wirkstoffen. Zwar besteht Vollkorn-Toastbrot nicht zu 100 % aus Vollkornmehl, aber zu einem wesentlichen Teil. Mehrkorn-, Keimkorn-, Farmertoast etc. haben mit Vollkorn wenig bis gar nichts zu tun, auch wenn sie optisch aufgrund von färbenden Zutaten und Kleie einem Vollkorn-Toastbrot ähneln.
So erkennen Sie Vollkorn-Toastbrot: Achten sie auf die Zutatenliste. An erster Stelle der Zutatenliste muss ein Vollkornmehl, meistens Weizenvollkornmehl, angeführt sein. Auszugsmehl, z. B. Weizenmehl, Dinkelmehl, Roggenmehl und Malz, z. B. Dinkelmalz oder Roggenmalz, sollten nur, wenn überhaupt, in geringen Mengen, vorkommen, Zusatzstoffe gar nicht.

Wraps – Grundrezept

Die Menge reicht für 6 große bzw. für mindestens 18 kleine Wraps.

Das Wort „Wrap" kommt aus dem Englischen und bedeutet „wickeln", „einhüllen". Es handelt sich bei Wraps um eine Fülle, die in eine Hülle eingewickelt wird.

Grundzutaten

- Hülle, z. B. Palatschinken oder Fladenbrot
- Creme
- Salat oder Gemüse, z. B. Eissalat, Rucola, Radicchio, Tomaten, Gurken, Zwiebelringe, sehr fein gehobeltes Rot- und Weißkraut
- Evtl. fettarmes, gebratenes Fleisch, Fisch oder gehackte Eier, z. B. Bratenreste, gebratener, gebeizter, geräucherter oder Fisch aus der Dose
- Frische Kräuter, z. B. Rucola, Basilikum Kerbel, Schnittlauch, Petersilie, Portulak, Dill …
- Evtl. Papier zum Einwickeln

Ausfertigen

Einen Streifen Frischhaltefolie auf der Arbeitsfläche auslegen. Die Palatschinken dachziegelartig nebeneinanderlegen. Die Creme als Strang in der Mitte der Palatschinken aufstreichen. Mit den restlichen Zutaten belegen.
Mithilfe der Folie einrollen, dabei fest andrücken, sonst fällt der Wrap beim Aufschneiden auseinander. Beliebig servieren, z. B. im Ganzen (dazu die Wraps zur Hälfte in Butterpapier wickeln), als Fingerfood (dazu die Wraps sehr dicht einrollen und in ca. 2 cm lange Stücke schneiden) oder auf einer Platte anrichten (dazu die Wraps in ca. 4 cm lange Stücke schneiden). Pikante Wraps auf Vogerl- oder Blattsalaten anrichten, süße Wraps z. B. an Obstsalat.

✗ **Achtung!** Werden die Wraps über mehrere Stunden gelagert, setzt das Salz Flüssigkeit frei und die Wraps weichen auf.

> Tipp <

Palatschinken und Creme können am Vortag zubereitet werden. Die Creme erst kurz vor Verwendung salzen, da Salz Wasser zieht und damit Flüssigkeit aus der Creme austritt.

Palatschinken (6 Stk.)

Ca. ¼ l Milch (250 g)
120 g Weizenvollkornmehl
Kräutersalz
1 Ei
Ca. 4 EL prickelndes Mineralwasser

Zubereitung der Palatschinken

Milch, Mehl und Salz verrühren. Den Teig ca. 5 Minuten bei Zimmertemperatur quellen lassen. In der Zwischenzeit die Pfanne vorbereiten. Nach dem Rasten das Ei locker untermengen, nicht zu lange rühren. Je kürzer Sie rühren, desto flaumiger die Palatschinken. Das prickelnde Mineralwasser am besten mit einer Gabel KURZ in den Teig rühren. Wenn Sie länger rühren, geht die Kohlensäure verloren. Die Kohlensäure bewirkt, dass die Palatschinken besonders flaumig werden. D. h. je mehr Kohlensäure, desto flaumiger die Palatschinke.

> Tipp <

Der Teig soll nach dem Quellen leicht sämig sein. Nicht zu dickflüssig, sonst schmecken die Palatschinken teigig; aber auch nicht zu dünnflüssig, sonst klebt die Palatschinke in der Pfanne oder hält nicht zusammen. Ist der Teig zu dickflüssig, mit Milch oder Mineralwasser zur gewünschten Konsistenz bringen, ist er zu dünnflüssig, etwas Mehl unterrühren. Achtung! Der Teig quillt nach, wird also dickflüssiger!

Palatschinken backen

Öl in der Pfanne erhitzen, überschüssiges Öl in eine Tasse zurückleeren. Oder die Pfanne mit einem in Öl getauchten Pinsel immer wieder ausfetten. Mit einem Schöpfer etwas Teig in die Pfannenmitte geben und die Pfanne drehen, bis der gesamte Boden mit Teig bedeckt ist. Nicht zu viel Teig eingießen, der Boden soll nur bedeckt sein. So lange auf der ersten Seite backen, bis der Teig an der Oberseite stockt, wenden und fertig backen.
Wenn Sie nicht die erste Palatschinke als „Opferpalatschinke" in Kauf nehmen möchten, beugen Sie vor und verwenden Sie die Pfanne ausschließlich für Palatschinken, dann klebt der Teig nicht an.

Gesamtmenge

kJ	kcal	Eiweiß (g)	Fett (g)	KH (g)	BE
2547.10	607.80	28.39	17.18	83.69	6.98

Creme

1 Pkg. Magertopfen (250 g), ersatzweise Ricotta
Ca. ½ Becher Sauerrahm (125 g)
Kräutersalz, weißer Pfeffer
1 kleiner Schuss Apfelessig
Evtl. 1 EL Estragonsenf
Frische Kräuter und Knoblauch nach Geschmack

Zubereitung der Creme

Verrühren Sie den Magertopfen bzw. Ricotta mit so viel Sauerrahm, dass eine streichfähige Masse entsteht. Kräftig würzen.

Gesamtmenge

kJ	kcal	Eiweiß (g)	Fett (g)	KH (g)	BE
1546.95	372.00	34.54	19.25	14.31	1.19

Zubereitung der Fülle

Für die Fülle alle Zutaten in Streifen oder Würfel schneiden oder fein raspeln. Die Fülle entweder in die Basiscreme mischen oder auf die Creme geben.

Süße Wraps

Wraps können auch süß zubereitet werden. Dazu in der Creme das Salz weglassen und dafür Vanilleschotenmark und Bio-Zitronenschale hinzufügen. Neben dem bekanntesten Wrap, der mit Marillenmarmelade gefüllten Palatschinke, können die Wraps auch mit Obstsalat, hausgemachtem Fruchteis, Marmeladen lt. Rezept auf Seite 193 ff., Aufstrichen lt. Rezept auf Seite 92 ff. und diversen Cremen gefüllt werden.

Fülle – pikante Variationen

- Banane in Würfel schneiden und in Zitronensaft schwenken, Ananaswürfel, Curry, Blattsalat, in Streifen geschnitten, Schinken, in Streifen geschnitten
- Essiggurken, Zwiebeln, Salat in Streifen schneiden, 1 hart gekochtes Ei würfeln, geriebener Hartkäse
- Fenchel, fein gehobelt, rote Zwiebeln in Ringe hobeln, Kren, Bergkäse, fein gerieben
- Gegarte Nudeln oder gegartes Getreide, z. B. Buchweizen, Hirse, Gerste, Reis (können auch Reste einer Beilage sein), Räucherfisch oder gegartes Fleisch (z. B. Kalb, Huhn, Pute, Rind) – in Streifen oder kleine Würfel schneiden, Tomatenwürfel, Obst, z. B. Orangenfilets, Mandarinenfilets, Mangostücke, Ananasstücke, Apfelwürfel, Currysauce (1 EL Mayonnaise, 25 % Fett, 1 kleine Essiggurke, gehackt, 1 EL Sauerrahm, frische Kräuter, Kräutersalz, Currypulver)
- Gegrilltes Fleisch in Streifen schneiden, Zwiebelringe, rote Bohnen, bunte Paprikastreifen
- Gekochte, passierte mehlige Kartoffeln, Zwiebeln hacken, Petersilie, Essiggurken hacken, geriebener Käse, Kresse, Knoblauch
- Gemüse, z. B. Tomatenscheiben, Paprikawürfel, Karotten-, Sellerie- oder Chinakohlstreifen, geriebener Käse
- Gurken in Stifte hobeln, Dill, Schafskäse zerbröckeln, Vogerlsalat
- Karotten, Selleriestreifen, geröstete Walnüsse, Salat in Streifen schneiden, geriebener Käse
- Mais, Bohnen, Erbsen, Kresse, Vogerlsalat, geriebener Käse
- Maiskörner, gegart, Paprikastreifen, Essiggurken in kleine Würfel schneiden oder in Streifen hobeln, geriebener Käse
- Paprikawürfel, Paprikapulver
- Räucherfisch in Streifen schneiden, Schnittlauch, Kren, Rucola, Vogerlsalat
- Räucherfisch, z. B. Lachs, in Streifen schneiden, Zwiebelringe, Dill, Gurken in Streifen hobeln, Kapern, Schafskäse, zerbröckelt
- Sauerkraut oder Puszta-Gemüse (milchsauer eingelegtes Kraut, Paprika …), Tomatenwürfel, Salat, in Streifen geschnitten, Kräutersauce (1 EL Mayonnaise, 25 % Fett, 1 EL Sauerrahm, frische Kräuter, Kräutersalz), geriebener Hartkäse, z. B. Bergkäse
- Schafskäsewürfel oder Hüttenkäse, Salat, in Streifen geschnitten, Tomatenwürfel, Paprikastreifen, Zwiebelringe, Oliven, gehackt, Basilikum oder Oregano
- Schafskäsewürfel, Oliven hacken, Paprikastreifen, Zwiebeln fein hacken oder in Ringe hobeln
- Sehr fein gehobeltes Weiß- und Rotkraut, Kümmel, Petersilie, geriebener Hartkäse
- Thunfisch natur aus der Dose, abtropfen lassen und zerpflücken, Zwiebelringe, Dill, Vogerlsalat
- Thunfisch natur aus der Dose, Cocktailsauce (1 EL Mayonnaise, 25 % Fett + 1 TL Tomatenmark + 1 Prise Zucker), Zwiebelringe, Tomatenwürfel, Salat, in Streifen geschnitten
- Tomatenwürfel, Basilikum, Balsamicoessig, Mozzarella, grob gehobelt
- Zwiebeln, Champignons und Speck in kleine Würfel hacken, ohne Fett zugedeckt rösten. Vom Herd nehmen, auskühlen lassen, Vogerlsalat

Lachs-Mini-Wraps

Mindestens 18 kleine Wraps

Palatschinken (ca. 6 Stk.)

Ca. ¼ l Milch (250 g)
120 g Weizenvollkornmehl
Kräutersalz
1 Ei
Ca. 4 EL prickelndes Mineralwasser

Creme

1 Pkg. Ricotta (250 g)
Ca. ½ Becher Sauerrahm (125 g)
Kräutersalz, weißer Pfeffer
1 kleiner Schuss Apfelessig
½ Bund Schnittlauch, fein hacken

Fülle

½ kleiner Salatkopf, waschen, in Streifen schneiden
1 Pkg. Räucherlachs (200 g), in Streifen schneiden
1 Pkg. griechischer Schafskäse (200 g), zerbröckeln
1 Pkg. Kresse
½ Pkg. Rucola, waschen, in 1 cm breite Streifen schneiden
Frischhaltefolie zum Auflegen und Einwickeln
Vogerlsalat zum Garnieren

6 dünne Palatschinken backen.
Für die Creme alle Zutaten verrühren. Kräftig würzen.
Die kalten Palatschinken dachziegelartig auf einem Streifen Frischhaltefolie auslegen, mit der Creme und dem Belag belegen, dicht!! einrollen, sonst fallen die Wraps beim Aufschneiden auseinander.
In ca. 4 cm breite Streifen schneiden.
Auf einer Platte mit Vogerlsalat anrichten.

Weitere Tipps zur Zubereitung siehe Seite 102 f.

Pro Stück, bezogen auf 18 Stück

kJ	kcal	Eiweiß (g)	Fett (g)	KH (g)	BE
467.65	111.99	7.13	6.71	5.66	0.47

> Tipp <

Die Mini-Wraps eignen sich ideal für Buffets, kleine Bürofeiern und Besprechungen.

Ostereier-Mini-Wraps

Mindestens 18 kleine Wraps

Palatschinken, siehe Seite 106

Creme

1 Pkg. Ricotta (250 g)
Ca. ½ Becher Sauerrahm (125 g)
Kräutersalz
Saft und Schale von ½ Bio-Zitrone oder
1 kleiner Schuss Apfelessig
1 Zehe Knoblauch, pressen
1 rote Zwiebel, fein hacken (ca. 80 g)
½ Bund Schnittlauch, fein hacken
3 hart gekochte Eier, klein hacken
1 Pkg. Schafskäse oder anderer Käse
(200 g), zerbröckeln oder reiben

Zum Ausfertigen

½ kleiner Salatkopf und ½ Pkg.
Rucola, waschen, in Streifen schneiden
1 Pkg. Kresse

Zubereitung siehe Seite 102 f.

Pro Stück, bezogen auf 18 Stück

kJ	kcal	Eiweiß (g)	Fett (g)	KH (g)	BE
464.00	111.13	6.11	6.91	6.01	0.50

> Tipp <

Diese Mini-Wraps sind die ideale Verwertung der übrig gebliebenen Ostereier.

Dips, Grill- und Fonduesaucen

Rühren Sie einen beliebigen Aufstrich von Seite 92 f. dünnflüssiger an, z. B. indem Sie mehr Naturjoghurt oder Buttermilch hinzufügen. Grobe Zutaten sehr fein hacken oder raspeln.

Dip zum Tunken von Gemüse

Zum Eintunken eignen sich z. B. Stangensellerie, gedämpfte Blumenkohl-, Brokkoli und Romanescoröschen, gegarte Schwarzwurzeln, Spargel und grüne Bohnen, Chicoréeblätter, in Stifte geschnittene Gurken, Kohlrabi, Rüben, Karotten, Rettich, Paprika und Radieschen, von denen Sie nicht das gesamte Grün wegschneiden, sondern noch ein kleines Stück zum Halten auf den Radieschen lassen. Verwenden Sie eine beliebige Basis von Seite 93, in die Sie für den Kalziumausgleich 10 g geriebenen Hartkäse, z. B. Alm-, Bergkäse oder Parmesan, und 2 EL beliebige frische oder Tiefkühlkräuter, z. B. Schnittlauch, Petersilie, Kerbel, Basilikum, Dill oder Kresse, mischen. Mit Joghurt und Mineralwasser zur gewünschten Konsistenz verdünnen und mit Kräutersalz abschmecken.

Gemüse zum Tunken und Schnittlauchdip von Seite 109

Dip zum Tunken von Obst

Zum Eintunken eignen sich z. B. kleine Obstspieße, Erdbeeren, Kirschen, Apfelschnitze und frische Feigen. Verwenden Sie eine beliebige Basis von Seite 93, in die Sie beliebige Kräuter und Gewürze, die sich für Süßes eignen, mischen, z. B. Zimt, Nelkenpulver, Kardamom, Rosenblüten, Ringelblumen, Veilchen, Minze und Melisse. Verfeinern Sie mit der Schale von Bio-Zitrusfrüchten, z. B. Bio-Zitronen, und mit einem Schuss Saft davon. Mit Joghurt und Mineralwasser zur gewünschten Konsistenz verdünnen und evtl. mit bis zu 1 TL flüssigem Honig oder Ahornsirup ➤ für Diabetiker mit bis zu 2 g flüssigem Süßstoff süßen. Zum Tunken von Obst eignen sich auch Joghurt und Cremen von Seite 174 und 178.

Schnittlauchdip

Die Menge reicht für mindestens 6 Portionen.

½ Becher Sauerrahm (125 g)
½ Becher Naturjoghurt (125 g)
½ Becher Magertopfen (125 g)
1 EL fein geriebener Bergkäse (10 g)
2 EL Schnittlauch, frisch gehackt oder Tiefkühlware
Kräutersalz, evtl. weißer Pfeffer
Schale und Saft von ½ Bio-Zitrone
Prickelndes Mineralwasser nach Bedarf

Alle Zutaten verrühren. Mit dem Mineralwasser zur gewünschten Konsistenz bringen. Siehe Abbildung links.

Gesamtmenge

kJ	kcal	Eiweiß (g)	Fett (g)	KH (g)	BE
1725.25	414.85	27.43	26.10	16.52	1.38

Tsatsiki = Tzatziki

2 Portionen

1 Becher stichfestes Naturjoghurt (250 g)
½ Freilandgurke (300 g), ungeschält raspeln
Knoblauchzehen nach Geschmack (ca. 2 Stück), hacken oder pressen
¼ TL Kräutersalz
Weißer Pfeffer nach Geschmack
1 kleiner Schuss Apfelessig oder Zitronensaft (ca. 2 EL)
Ca. 1 TL Dill

Alle Zutaten vermischen. Erst unmittelbar vor dem Verzehr salzen, da Salz das Wasser aus den Gurken zieht. Sofort genießen.

Gesamtmenge

kJ	kcal	Eiweiß (g)	Fett (g)	KH (g)	BE
860.41	204.90	12.24	8.62	17.61	1.46

> Tipps <

Wenn Sie die Freilandgurke sauber waschen und anschließend raspeln, sparen Sie sich das Schälen. Vorteil: Vitamine und Ballaststoffe aus der Schale bleiben erhalten.
Gurken und Joghurt wirken kühlend, Tzatziki ist also eine ideale Sommerspeise.
Essig verleiht einen spritzigen Geschmack.

Schokodip

Die Menge reicht für mindestens 6 Portionen.

½ Becher Sauerrahm (125 g)
½ Becher Naturjoghurt (125 g)
½ Becher Magertopfen (125 g)
1 gestrichener TL ungesüßtes Kakaopulver
1 Msp. Zimt
1 EL Vollrohrzucker (15 g) ➤ für Diabetiker 1 g Süßstoff
Schale und etwas Saft von 1 Bio-Orange, ersatzweise Bio-Zitrone

> Tipp <

Der Schokodip hält im Kühlschrank luftdicht zugedeckt eine Woche.

Alle Zutaten verrühren. Mit dem frisch gepressten Orangensaft zur gewünschten Konsistenz bringen.

Gesamtmenge

kJ	kcal	Eiweiß (g)	Fett (g)	KH (g)	BE
1890.89	454.40	25.23	24.06	32.98	2.75
1636.34	393.65	25.23	24.06	18.01	1.50

Schokodip, Erdbeermus von Seite 204, Vanille-Honig-Dip

Vanille-Honig-Dip

Die Menge reicht für mindestens 4 Portionen.

½ Becher Sauerrahm (125 g)
½ Becher Naturjoghurt (125 g)
Mark von 1 Vanilleschote
1 EL flüssiger Honig (15 g) ➤ für Diabetiker ½ EL Honig (7 g) und 1 g Süßstoff

Alle Zutaten verrühren. Durch das Verrühren wird der Sauerrahm flüssig. Lassen Sie daher den Dip im Kühlschrank stocken. Wenn es schnell gehen muss, mischen Sie zum Verdicken Magertopfen unter.

Gesamtmenge

kJ	kcal	Eiweiß (g)	Fett (g)	KH (g)	BE
1357.57	327.37	8.85	22.78	21.07	1.76
1254.93	302.89	8.82	22.78	15.06	1.26

Bäckerpizza aus dem Toaster

Bäckerpizzen

Die Mengen reichen jeweils für 1 Portion.

Sie benötigen zum Backen dieser Bäckerpizzen lediglich einen Plattentoaster. Die Beläge lassen sich bereits am Vortag vorbereiten. Erst kurz vor dem Überbacken salzen! Den fertigen Belag bis zur Verwendung im Kühlschrank aufbewahren. Ungesalzen halten die Beläge bis zu 3 Tage im Kühlschrank. Zum Überbacken eignen sich Vollkorn-Toastbrot, alle Arten von Vollkornbrot und halbierte Vollkornbrötchen.

1 Scheibe Vollkorn-Toastbrot (25 g), ersatzweise ein halbes Vollkornweckerl
Beliebiger Belag

Zubereitung

Für den Belag alle Zutaten vermischen. Kräftig würzen. Ist der Belag zu dickflüssig, mit Milch zur gewünschten Konsistenz bringen, ist er zu dünnflüssig, mit Bröseln oder Topfen eindicken. Den Belag auf das Brot streichen. Im Plattentoaster oder Backrohr überbacken.

Variationen

Mexikaner-Bäckerpizza

Belag: 1 TL Magertopfen (15 g), 2 TL Sauerrahm oder Ricotta (30 g), 1 TL geriebener Hartkäse (10 g), z. B. Bergkäse, 1 EL Maiskörner, gegart (15 g), 1 EL rote Bohnen oder Käferbohnen, gegart (15 g)
1 EL Ajvar oder ½ TL Paprikapulver, 1 Msp. Chilipulver, ½ TL Majoran, Petersilie, Kräutersalz, Pfeffer

Hasen-Bäckerpizza *(siehe Abb. rechts)*

Belag: 1 TL Magertopfen (15 g), 2 TL Sauerrahm oder Ricotta (30 g), 1 TL geriebener Hartkäse (10 g), z. B. Bergkäse, ⅓ Karotte (30 g), raspeln, Kräutersalz, Pfeffer, Petersilie oder frischer Majoran
Evtl. Bio-Zitronenschale

Speck-Käse-Bäckerpizza *(siehe Abb. rechts)*

Belag: 1 TL Magertopfen (15 g), 2 TL Sauerrahm oder Ricotta (30 g), 1 TL geriebener Hartkäse (10 g), z. B. Bergkäse, 1 Scheibe Karreespeck (20 g), in Würfel schneiden, 3 EL Schnittlauch, 1 kleines Eck Sellerie oder Petersilienwurzel (30 g), raspeln, ½ TL Oregano, Petersilie, Kräutersalz, Pfeffer

Von links: Hasen-Bäckerpizza, Griechische Bäckerpizza, Speck-Käse-Bäckerpizza, Variation Cremiges Gemüse

Paprika-Bäckerpizza

Belag: 1 TL Magertopfen (15 g), 2 TL Sauerrahm oder Ricotta (30 g), 1 TL geriebener Hartkäse (10 g), z. B. Bergkäse, ½ kleine frische rote Pfefferoni (30 g), in kleine Würfel hacken, ¼ gelbe Paprikaschote (40 g), in kleine Würfel hacken, ½ EL Basilikum, frisch oder Tiefkühlware, Schale von ¼ Bio-Zitrone
Kräutersalz, Pfeffer, Paprikapulver

Herzhafte Bäckerpizza

Belag: 1 TL Magertopfen (15 g), 2 TL Sauerrahm oder Ricotta (30 g), 1 TL geriebener Hartkäse (10 g), z. B. Bergkäse, 2 Champignons (40 g), in kleine Würfel schneiden, 1 dünne Scheibe Karreespeck (15 g), in kleine Würfel schneiden, 1 Cocktailtomate (20 g), klein hacken, 1 EL Petersilie oder Kerbel
¼ TL Thymian oder Bergbohnenkraut, Kräutersalz, Pfeffer

Griechische Bäckerpizza *(siehe Abb. oben)*

Belag: 1 TL Magertopfen (15 g), 2 TL Ricotta (30 g), ½ TL geriebener Hartkäse (5 g), z. B. Bergkäse
1 EL Schafskäse (20 g), zerbröckeln, ¼ rote Paprikaschote (40 g), in kleine Würfel hacken, 1 kleines Stück Zwiebel (20 g), fein hacken, 2 Oliven (20 g), fein hacken, ½ TL Pizzakräuter, Kräutersalz, Pfeffer

Gesamtmenge inkl. Brot	kJ	kcal	Eiweiß (g)	Fett (g)	KH (g)	BE
Mexikaner-Bäckerpizza	752.35	180.55	9.40	9.11	15.01	1.26
Hasen-Bäckerpizza	659.50	158.35	8.23	8.85	11.30	0.95
Speck-Käse-Bäckerpizza	753.00	180.45	12.35	9.73	10.75	0.91
Paprika-Bäckerpizza	686.60	164.55	8.76	9.00	11.89	1.00
Herzhafte Bäckerpizza	740.35	177.35	11.97	9.58	10.74	0.89
Griechische Bäckerpizza	920.35	220.15	10.98	13.90	12.36	1.04

Kunterbunte Bäckerpizzen

Die angegebenen Mengen reichen für ca. 4 Toastbrotscheiben, 2 große Brotscheiben, ca. 8 Kinder-Snackportionen oder 1 Portion als Hauptspeise, z. B. mit Salat als Beilage.

Grundzubereitung

- Wählen Sie 4 Vollkorn-Toastbrotscheiben (100 g) oder 2 Brotscheiben oder mindestens 8 kleine Mini-Vollkorn-Baguettescheiben und einen der nachfolgenden Beläge aus.
- Für den Belag die groben Zutaten klein schneiden oder raspeln.
- Alle Zutaten vermengen. Kräftig würzen. Frisch gemahlenen Pfeffer oder Chili nach Geschmack hinzufügen.
- Salzen Sie den Belag erst kurz vor dem Aufstreichen auf das Brot. Wenn Sie den Belag zu früh salzen, wird er zu feucht, da Salz Wasser zieht und das Wasser aus Gemüse und wasserreichen Lebensmitteln löst. Das heißt, das Brot weicht beim Überbacken auf und wird nicht knusprig.
- Die Masse soll sich gut auf dem Brot verteilen lassen. Wenn die Masse zu feucht ist, also vom Brot fließen würde, mischen Sie Magertopfen, Schotten, Ricotta oder Frischkäse unter. Ist die Masse zu fest, Milch, Sauerrahm oder Naturjoghurt.
- Die Masse aufstreichen und die Brote im Plattentoaster überbacken.
- Für eine besonders knusprige Bäckerpizza toasten Sie die Seite vor, die Sie belegen möchten. Nicht beidseitig toasten, sonst verbrennt der Toast beim Überbacken.
- Anstatt auf dem Toaster können Sie die Brote im Ofen überbacken, werden so aber nicht so knusprig. Dazu das Backrohr auf 180 °C Heißluft oder 200 °C Unter-Oberhitze vorheizen. Ein Backblech mit Backpapier auslegen. Die Brote daraufsetzen. Mit dem Belag bestreichen. So lange backen, bis der Belag leicht bräunt und das Brot knusprig ist. Dauert ca. 20 Minuten.
- Um unangenehme Zwiebel- und Knoblauchgerüche im Büro zu vermeiden, können Sie Zwiebeln und Knoblauch durch frische Sprossen, Gewürze und Kräuter ersetzen.
- Variation Auflauf: Mit gegarten Nudeln, Reis, Getreide oder Couscous und etwas Milch vermischt, zaubern Sie aus den Belägen einen Auflauf. Diesen backen Sie zugedeckt im vorgeheizten Backrohr bei 180 °C Unter-/Oberhitze oder 170 °C Heißluft.

Belagvariationen

*Bis auf die mit * gekennzeichneten Beläge sind alle glutenfrei.*

- **Asia:** 100 g Asia-Gemüsemischung, gegart, 60 g Ricotta, 30 g Käse, 2 EL Kerbel oder Koriandergrün, 1 TL Currypulver. Zubereitung wie bei der Kraut-Variante S. 116 beschrieben.
- **Avocado-Grapefruit:** 50 g Avocado, Saft und Schale von ¼ Bio-Zitrone, 50 g Grapefruit-Filets, 20 g Bergkäse, 40 g Sauerrahm
- **Avocado-Lachs:** 70 g Avocado, Saft und Schale von ¼ Bio-Zitrone, 50 g Räucherlachs, 1 TL Kren, 1 TL Dill, 50 g Ricotta
- **Avocado-Lachs-Camembert:** 70 g Avocado, Saft und Schale von ¼ Bio-Zitrone, 50 g Räucherlachs, 30 g Camembert, ½ TL Kerbel, 60 g Ricotta
- **Avocado-Schafskäse:** 70 g Avocado, Saft und Schale von ¼ Bio-Zitrone, 50 g Schafskäse, 30 g Sauerrahm, ½ TL Thymian
- **Avocado-Tomate:** 50 g Avocado, Saft und Schale von ¼ Bio-Zitrone, 50 g Tomate, 30 g Camembert, 50 g Ricotta
- **Birne-Blauschimmelkäse:** ½ Birne (70 g), 30 g sehr weicher Blauschimmelkäse, 30 g Sauerrahm, 1 TL Petersilie, 10 g gehackte Walnüsse zum Bestreuen
- **Birne-Camembert:** ½ Birne (70 g), 30 g Camembert, 30 g Ricotta, 10 g Preiselbeermarmelade, ½ TL Kerbel
- **Blaukraut:** 100 g Blaukraut, fein hacken und dünsten, 20 g Sauerrahm, 30 g Topfen, 20 g Gorgonzola, 2 Msp. Kümmel, 1 EL Petersilie. Zubereitung wie bei der Kraut-Variante S. 116 beschrieben.
- **Blauschimmel-Erdbeer-Nuss:** 30 g Magertopfen, 40 g Ricotta, 20 g Nüsse, 40 g Blauschimmelkäse, 30 g aromatische Erdbeeren, Pfeffer, 1 Schuss Balsamicoessig
- **Champignon:** ½ rote Paprikaschote (ca. 90 g), in kleine Würfel schneiden, ca. 4 Champignons (ca. 60 g), in Würfel schneiden, 1 Zehe Knoblauch, fein hacken, 20 g sehr würziger Käse, z. B. Tilsiter, reiben oder in sehr kleine Würfel schneiden, ¼ Becher Sauerrahm (60 g), 3 EL frisch gehackte oder Tiefkühlkräuter, z. B. Oregano, Majoran, Basilikum, Petersilie, Kerbel, Bergbohnenkraut
- **Cremige Avocado:** 70 g Avocado, 20 g Käse, 30 g Ricotta, 30 g Naturjoghurt, Saft und Schale von ¼ Bio-Zitrone, ½ TL Thymian
- **Cremiger Speck:** 1 Scheibe Karreespeck oder Schinken (20 g), 50 g fein gehackte Zwiebel, 60 g Ricotta, 20 g Käse, 2 EL beliebige Kräuter
- ***Cremiger Spinat:** nicht glutenfrei! Sauce aus 5 g Weizenvollkornmehl und 70 g Milch. Dazu Milch und Mehl verrühren und unter Rühren aufkochen. Vom Herd nehmen, 80 g Blattspinat, frisch oder Tiefkühlware, 30 g Käse, z. B. Schafskäse, Knoblauch, Muskat untermischen.
- **Cremiges Gemüse:** 80 g fein gehobeltes Gemüse, z. B. Zucchini, Karotten, Sellerie …, 60 g Sauerrahm, 20 g Käse, 1 TL Pizzakräuter, 10 g Nüsse zum Bestreuen

- **Diavolo:** Tomatensauce, Käse, eine Scheibe Salami pro Pizza, Pfefferoni, Paprikaschote, Chili
- **Fenchel:** 80 g sehr fein gehobelter Fenchel, 1 TL Schnittlauch, 20 g Käse, 60 g Ricotta
- **Feurige Erdbeere:** 50 g Frischkäse, 50 g Erdbeeren, 50 g Camembert, Pfeffer
- **Gemüsepizza:** Tomatensauce, Käse, verschiedene Gemüsesorten. Hartes Gemüse vorgaren (z. B. Erbsenschoten, Blumenkohl, Brokkoli, Sellerie …, weiches Gemüse roh verwenden (z. B. Stangensellerie, Tomaten, Paprika …).
- **Griechisch:** Tomatensauce, Schafskäse, milder Bergkäse, geröstete Zwiebeln, Oliven, Paprikawürfel
- **Hühnercurry:** 50 g gegarte Hühnerbrust, 1 EL Curry, 50 g Apfel, 60 g Ricotta, 20 g Käse, 1 EL Basilikum
- **Hühner-Frischkäse:** 50 g Frischkäse, 20 g gegarte Hühnerbrust, 20 g Eissalat, 30 g Tomate, 20 g Zwiebeln, 20 g Käse
- **Italienische Tomate:** 80 g gehackte Tomaten, 50 g Ricotta, 10 g Kapern, 15 g Oliven, 10 g Sardellen, 20 g Käse, 1 EL Pizzakräuter
- **Italienischer Thunfisch:** 40 g Thunfisch natur, aus der Dose oder aus dem Glas, 30 g Ricotta, 50 g Tomate, 15 g Oliven, 20 g Käse, 10 g Kapern, 1 TL Kräuter
- **Kichererbsen:** 50 g Kichererbsen zerdrücken, 1 haselnussgroßes Stück Ingwer, 50 g Ricotta, 3 EL Ajvar oder 1 TL Paprikapulver, 50 g Zucchini, raspeln, 20 g Käse, 1 EL Kerbel
- **Kohlrabi:** 80 g fein geraspelter Kohlrabi, ½ TL Thymian, 20 g Käse, 60 g Sauerrahm, Pfeffer, Kräutersalz
- **Kraut:** 80 g sehr fein gehobeltes Weiß- oder Blaukraut, das Sie zugedeckt in ca. 6 EL Wasser weich dünsten. Das Wasser soll nach dem Garen verdunstet sein. Alternativ dazu können Sie das Kraut im Dampfgarer dämpfen. Abkühlen lassen. Mit 60 g Sauerrahm, 20 g Käse, 20 g Naturjoghurt, 3 Msp. Kümmel, Muskat, Pfeffer und Kräutersalz vermischen.
- **Kürbis:** 50 g Sauerrahm, 80 g Kürbis, 20 g Käse, 10 g gehackte Kürbiskerne, 1 EL Kürbiskernöl (8 g)
- **Kürbis-Olive:** 80 g fein geraspelter Kürbis, 1 Zehe Knoblauch, 20 g Käse, 10 g gehackte Oliven, 10 g gehackte Kapern, 3 Msp. Salbei, ½ TL Thymian, 60 g Ricotta
- **Lauch-Lachs:** 80 g Lauch, in Ringe schneiden und dünsten, 50 g Räucherlachs, 30 g Ricotta, 20 g Naturjoghurt, 1 TL Dill, Schale von ½ Bio-Zitrone. Zubereitung wie bei der Kraut-Variante S. 116 beschrieben.
- **Lauch-Schinken:** 80 g Lauch, in Ringe schneiden, dünsten, 1 Scheibe Schinken (20 g), 1 Scheibe Käse (20 g), 60 g Ricotta, 1 EL Oregano, Muskat. Zubereitung wie bei der Kraut-Variante S. 116 beschrieben.
- **Mango-Frischkäse:** 50 g Frischkäse, 50 g Mango, 30 g Schinken, 20 g Käse, 2 EL Basilikum
- **Mango-Lachs:** 50 g Frischkäse, 50 g Mango, 50 g Räucherlachs, 1 Pkg. Kresse
- **Margerita:** 80 g Tomaten, 50 g Mozzarella, 60 g Ricotta, 1 TL Pizzakräuter
- **Mediterran:** Tomatensauce, Schafskäse, Rucola, Schinken, Ricotta
- **Mit Creme:** Tomatensauce, Sauerrahm, geröstete Speck- und Zwiebelwürfel, Schinken, Käse, Knoblauch
- **Mozzarella-Speck:** 20 g hauchdünn geschnittener Karreespeck, in Streifen oder Würfel schneiden, 50 g Mozzarella, 1 EL Oregano, 1 EL Basilikum, 100 g gehackte Tomaten, 30 g Magertopfen
- **Napoli:** Tomatensauce, Käse, Basilikum, Tomaten

- **Paprika:** 3 Msp. Chili, 20 g Zwiebel, 20 g Käse, 50 g Paprikaschote, 50 g Reste von Sugo, 30 g Ricotta
- **Paprika-Käse:** 2 EL Ajvar oder 1 EL Paprikapulver, 100 g Paprikawürfel, 50 g Sauerrahm, 20 g Käse, 1 EL Basilikum
- **Paprika-Thunfisch:** 100 g Thunfisch natur, aus dem Glas oder aus der Dose, 1 Zehe Knoblauch, 15 g Kapern, 20 g Zwiebel, 20 g Paprikaschote, 60 g Sauerrahm
- **Pesto:** 1 EL Pesto (30 g), 30 g geröstete, gehackte Nüsse, 80 g Lauch, vorgegart, 50 g Ricotta, 20 g Käse, 1 EL Basilikum
- **Pilzkopf:** 20 g hauchdünn geschnittener Karreespeck, in Streifen oder Würfel schneiden, 100 g gehackte Pilze, 20 g Käse, 50 g Ricotta, 1 EL Oregano, 1 EL Petersilie
- **Prosciutto:** Tomatensauce, Schinken, Mozzarella, Basilikum, evtl. Artischocken, evtl. Champignons
- **Quattro formaggi:** Tomatensauce, 4 verschiedene Käsesorten, gut geeignet sind z. B. Bergkäse, Mozzarella, Parmesan, Tilsiter, Schafskäse, Gorgonzola …
- **Rahmige Zucchini:** 80 g geraspelte Zucchini, ¼ TL Rosmarin, 20 g Käse, 60 g Sauerrahm
- **Rahmzwiebel:** 80 g Zwiebel, fein hacken und dünsten, 60 g Sauerrahm, 20 g Käse, je ¼ TL Oregano, Basilikum, Thymian, 2 Msp. Kümmel. Zubereitung wie bei der Kraut-Variante S. 116 beschrieben.
- **Rohnen-Ricotta:** 80 g Rohnen, roh oder gekocht, 60 g Ricotta, 2 Msp. Kümmel, 2 Msp. Zimt, 1 EL gehackte Nüsse (15 g), 20 g Camembert
- **Rustikal:** Tomatensauce, Pilze, Zwiebeln und fettarmen Speck rösten, Bergkäse, Kerbel
- **Saftige Karotte:** 80 g geraspelte Karotten, ¼ TL Liebstöckl, 20 g Käse, 60 g Sauerrahm, Muskat
- **Sardellenzwiebel:** 80 g Zwiebel, 1 Knoblauchzehe, 20 g Oliven, 10 g Sardellen, 1 EL Thymian, 60 g Ricotta
- **Sauerkraut:** 80 g Sauerkraut, 30 g Käse, 60 g Ricotta, 1 EL Petersilie, 2 Msp. Kümmel, ganz od. gemahlen
- **Scharfer Sprossen-Otto:** 30 g Magertopfen, 50 g Sauerrahm, 100 g beliebige Sprossen, 1 EL Sambal Olek oder ca. 2 Msp. Chilipulver, 2 EL Sojasauce, 20 g Käse
- **Schinken-Käse:** 20 g Schinken, 50 g Sauerrahm, 1 EL Petersilie, 70 g Zwiebel, 20 g Käse
- **Sellerie-Karotte:** 40 g fein geraspelter Knollensellerie, 40 g fein geraspelte Karotte, 1 TL Petersilie, 20 g Käse, 60 g fettarmer Frischkäse
- **Speck:** 50 g Sauerrahm, 20 g Karreespeck, 20 g Graukäse, 80 g sehr fein gehackte Zwiebel, 3 Msp. Kümmel, 1 EL Petersilie, 1 EL Schnittlauch
- **Speck-Tomate:** 1 Scheibe Karreespeck oder Schinken (20 g), 80 g fein gehackte Zwiebel, 60 g Ricotta, 20 g Käse, 2 EL beliebige Kräuter, 1 TL Tomatenmark (10 g), 1 Zehe Knoblauch
- **Spinat-Mozzarella mit Speck:** 50 g Blattspinat, frisch oder aufgetaute Tiefkühlware, hacken, 50 g gehackte Tomate, 50 g Mozzarella, 50 g Ricotta, 10 g hauchdünn geschnittener Karreespeck, in Streifen oder Würfel schneiden
- **Stangensellerie:** 80 g fein geschnittener Stangensellerie, 1 TL Kerbel, 20 g Käse, 60 g Ricotta
- **Süßsaurer Sellerie:** 50 g Staudensellerie, 50 g Mandarinenfilets, 60 g Ricotta, 3 Msp. Chilipulver, 2 Msp. fein gemahlener Rosmarin, 20 g Camembert

Bäckerpizza aus dem Toaster

- **Thunfisch-Mais:** 50 g Thunfisch natur, aus dem Glas oder aus der Dose, 60 g Ricotta, 1 TL Paprikapulver, 30 g Mais, 70 g beliebiges geraspeltes Gemüse
- **Tomaten-Camembert:** 80 g gehackte Tomaten, 10 g gehackte Sardellen, 1 Zehe Knoblauch, 1 EL Oregano, 20 g Camembert, 60 g Sauerrahm
- **Tomaten-Rucola:** 2 EL Kräuter, 60 g Ricotta, 80 g Cocktailtomaten, 30 g Rucola, 20 g Käse
- ***Tomatensugo:** 50 g Sugosauce (z. B. Reste einer Spaghettisauce), 50 g Tomate, 20 g Käse, 50 g Ricotta, 1 TL Majoran
- **Tomaten-Zwiebel:** 2 TL Tomatenmark (20 g), 4 Cocktailtomaten (80 g), ½ Zwiebel (40 g), fein hacken, 60 g Sauerrahm, 1 EL Petersilie
- **Tomaten-Ricotta:** 80 g gehackte Tomaten, 20 g Käse, 50 g Frühlingszwiebeln, 1 EL Oregano, 1 Zehe Knoblauch, 1 TL Thymian, 40 g Topfen, 30 g RIcotta
- **Tomatige Hülsenfrüchte:** 50 g pürierte Hülsenfrüchte, z. B. Erbsen, rote Bohnen, Linsen, Sojabohnen oder Kichererbsen, 2 EL Ajvar oder 1 TL Paprikapulver, 1 TL Tomatenmark, 20 g Zwiebel, 50 g Ricotta, 20 g Käse
- **Tomatiger Thunfisch:** 50 g Thunfisch natur, aus der Dose oder aus dem Glas, Saft und Schale von ¼ Bio-Zitrone, 1 Zehe Knoblauch, 1 TL Tomatenmark, 40 g Zwiebel, 50 g Sauerrahm, ½ TL Dill
- **Tonno:** Tomatensauce, Thunfisch, Mozzarella, Zwiebeln (kurz vordünsten), Petersilie
- **Zucchini-Paprika:** 50 g Zucchini, 30 g Schafskäse, 60 g Naturjoghurt, 1 EL Kräuter der Provence, 50 g Paprikaschote

> Tipps zum Schneiden und Raspeln der Zutaten <

- Harten Käse reiben, weichen Käse sehr fein würfeln oder sehr weiche Käse, z. B. Camembert, durch die Knoblauchpresse drücken.
- Speck, Schinken, Hühnerbrust und Fisch in kleine Würfel oder in feine Streifen (julienne) schneiden.
- Gemüse und Obst raspeln, Weiches in kleine Würfel schneiden.
- Avocado mit der Gabel zu Mus zerdrücken, nur sehr weiche Avocados verwenden!
- Kapern fein hacken, Oliven entkernen und fein hacken.
- Zwiebeln fein hacken oder mit einem Gemüsehobel in kleine Würfel hobeln.
- Knoblauch pressen oder sehr fein hacken.
- Tomaten fein hacken oder gehackte Tomaten aus der Dose verwenden. Dosenware enthält oft mehr Wirkstoffe als Hochzucht-Tomaten aus dem Supermarkt, da für hochwertige Dosenware ausgereifte Tomaten verwendet werden. Tipp: Ein gutes Dosenprodukt enthält nur Tomaten und Tomatensaft, keine weiteren Zutaten.
- Getrocknete Kräuter und Gewürze fein mahlen oder mörsern, niemals ganze Körner in den Belag streuen, diese ergeben ein unangenehmes Mundgefühl! Frische Kräuter fein hacken.

Mini-Bäckerpizzen, Pizza-Lollis

Ca. 16 Minipizzen oder Lollis

Glutenfrei bei Verwendung von glutenfreiem Brot

Tomatensauce

Ca. 150 g gewürfelte Tomaten (= knapp ½ kleine Dose à 400 g)
1 EL getrocknete Pizzakräuter oder
3 EL gemischte frische Kräuter, z. B. Oregano, Basilikum, Majoran, Thymian …
½ TL Kräutersalz
Evtl. Knoblauch

Belag

Ca. 150 g Käse, fein reiben, z. B. Bergkäse, Tilsiter, Mozzarella, Schafskäse, Camembert …
Ca. 100 g Schinken oder Karreespeck, fein nudelig schneiden oder hacken

Für die **Mini-Bäckerpizzen** ein großes Vollkornbaguette (ca. 400 g), in ca. 2 cm dicke Scheiben schneiden, schräg schneiden oder Vollkorn-Toastbrot verwenden, dieses evtl. mit einem runden Ausstecher ausstechen. Verwendung der Brotreste siehe Seite 85.
Für die **Pizza-Lollis** Scheiben von Kornspitz oder kleine hausgemachte Vollkornbrötchen von Seite 69 halbieren, mindestens 16 Holzspieße.

Backpapier auf einem Backblech auslegen und die Brote drauf setzen.
Die Tomaten kräftig! würzen. Wird die Sauce zu wenig gewürzt, schmeckt die Pizza fad.
Einen kleinen Löffel voll Sauce auf jedes Brot setzen.
Mit Schinken belegen und mit Käse bestreuen.
Im auf 180 °C Heißluft vorgeheizten Backrohr auf der untersten Schiene so lange backen, bis der Käse leicht bräunt, dauert 15–30 Minuten.

Alternativ zum Backrohr können Sie die Pizzen im Plattentoaster überbacken. Wenn Sie die Brote auf der Seite vortoasten, die Sie belegen, werden die Pizzen noch knuspriger.

Für die Lollis die Pizzen sofort nach dem Backen auf die Holzspieße stecken.

> Tipp <

Die Sauce und der Belag der Pizzen kann am Vortag vorbereitet werden. Die Sauce erst unmittelbar vor Verwendung salzen.

✗ **Wichtig!** Alle Zutaten fein schneiden oder hacken, da sie sonst beim Essen von den Pizzen fallen. Für die Lollis nicht zu viel Belag auf die Pizzen geben, sonst rutscht der Belag beim Essen herunter.

Pro Stück, berechnet mit 16 Stück

kJ	kcal	Eiweiß (g)	Fett (g)	KH (g)	BE
357.86	85.15	5.62	3.67	7.40	0.62

Hackfleisch-Lollis

Ca. 25 Lollis

Glutenfrei bei Verwendung von glutenfreiem Brot

Holzspieße
Ca. 1½ große Vollkornbaguette (600 g), in ca. 2 cm dicke Scheiben schneiden, schräg schneiden

Zutaten

100 g Faschiertes
½ Karotte (ca. 50 g), fein raspeln
1 Stück Sellerieknolle (50 g), fein raspeln
1 Zwiebel (70 g), fein hacken
Kräutersalz, Pfeffer
½ TL Paprikapulver
Je ½ TL Oregano, Majoran, Thymian
1 EL Petersilie
1 Ei
100 g Käse, z. B. Bergkäse, fein reiben

> Kunterbunte Lollis <

Streichen Sie den Belag nach einem Rezept von Seite 119 auf Vollkorn-Baguettebrot-Scheiben auf. Weitere Zubereitung wie bei Pizza-Lollis auf Seite 119 beschrieben.

Das Hackfleisch mit dem Gemüse und der Zwiebel ohne Fett rösten. Kräftig würzen. Überkühlen lassen.
Mit den restlichen Zutaten vermischen.
Auf den Baguettescheiben verteilen.
Weitere Zubereitung wie bei Pizza-Lollis auf Seite 119 beschrieben.

Gesamtmenge

kJ	kcal	Eiweiß (g)	Fett (g)	KH (g)	BE
322.34	76.68	4.50	2.97	7.99	0.67

Variante

Pizza-Lolli à la Pizza Margherita – der Lieblingslolli der Kids! Dazu die Brote mit der hausgemachten Tomatensauce bestreichen und mit Mozzarella belegen. Überbacken.

Salate

Salat zubereiten

Wer kennt das nicht. Tagsüber fehlt die Zeit, um einen frischen Salat für die Jause oder das Mittagessen im Büro vorzubereiten. Wenn Sie trotzdem einen hausgemachten Salat genießen möchten, der so viele Wirkstoffe wie möglich enthalten soll, dann helfen Ihnen folgende Tipps.

- Je nach Rezept können Sie das Dressing für eine Woche im Voraus oder am Vorabend vorbereiten.
- Bereiten Sie den Salat ohne Dressing am Vorabend oder in der Früh vor.
- Füllen Sie die Zutaten für den Salat der Reihe nach in eine luftdicht schließende Salatschüssel oder in ein großes Schraubverschlussglas.
- Achten Sie darauf, dass gesalzene Zutaten ganz unten liegen, z. B. Oliven, Kapern, Schafskäse, Matjes oder Räucherfisch. Auch gehackten Knoblauch können Sie ganz unten einfüllen. Falls sich der Knoblauch grün oder blau verfärbt, so hat dies mit dem Jod im Salz zu tun. Jod färbt manche Lebensmittel grün oder blau. Die Färbung ist nur optisch störend, schadet aber nicht.
- Als Zwischenschicht eignen sich Nudeln, Reis & Co.
- Auf der Zwischenschicht verteilen Sie den frischen Salat, Gemüse, z. B. Karotten oder Gurken, und die frischen oder Tiefkühlkräuter.
- Trockenen Käse, wie z. B. Parmesan, und frisch gemahlenen Pfeffer können Sie ganz oben darüberstreuen.
- Vermischen Sie den Salat nicht! Salz zieht Wasser aus Salat, Gemüse und Kräutern. Das heißt übrig bleibt ein matschiger Salat.
- Stellen Sie den Salat sofort nach der Vorbereitung in den Kühlschrank, am besten in die 0-°C-Zone.
- Marinieren Sie den Salat erst unmittelbar vor dem Essen. Am schnellsten geht es, wenn Sie das Dressing über den Salat in die Schüssel oder das Glas leeren. Zugedeckt gut durchschütteln. So verteilt sich das Dressing über dem gesamten Salat, vorausgesetzt, die Schüssel und das Glas waren groß genug.
- Verwenden Sie nur so viel Marinade wie der Salat aufnehmen kann. Es sollte keine bis max. ein Löffel voll Marinade in der Schüssel zurückbleiben. Marinade laugt die Wirkstoffe aus dem Salat. Je mehr überschüssige Marinade, desto mehr Wirkstoffe gehen verloren. Schuld daran sind der Luftsauerstoff, Bakterien und Wärme, die den ausgelaugten Wirkstoffen innerhalb kürzester Zeit den Garaus bescheren. Lieber noch etwas Marinade nachgießen, als den Salat in Marinade zu ertränken!

Einfache Dressings

Mindestens 5 Portionen

Zubereitung

Alle Zutaten verrühren, mit einem Pürierstab pürieren (verleiht eine besonders cremige Konsistenz!) oder im Shaker schütteln. Mit Kräutersalz abschmecken. Eventuell mit Wasser verdünnen. In einer Flasche oder einem Schraubverschlussglas im Kühlschrank aufbewahren.

Essig-Öl-Marinade

150 g naturtrüber Apfelessig, 4 EL kalt gepresstes beliebiges Öl (32 g), 1 EL Senf (20 g), evtl. Pfeffer
getrocknete Kräuter und Trockengewürze, z. B. getrockneter Ingwer

Joghurtdressing

½ Becher Naturjoghurt (125 g), 10 EL naturtrüber Apfelessig (80 g) oder frisch gepresster Zitronensaft
2 EL kalt gepresstes beliebiges Öl (16 g), 1 EL Senf (20 g) oder Saft und Schale von 1 Bio-Zitrone
Evtl. Pfeffer, getrocknete Kräuter und Trockengewürze, z. B. getrockneter Ingwer

Cremiges Dressing

½ Becher Sauerrahm (125 g), ¼ Becher Naturjoghurt (60 g), 5 EL naturtrüber Apfelessig (40 g) oder frisch gepresster Zitronensaft, 1 EL kalt gepresstes beliebiges Öl (8 g), 1 EL Senf (20 g), evtl. Pfeffer
Getrocknete Kräuter und Trockengewürze, z. B. getrockneter Ingwer

Haselnussdressing

½ Becher Naturjoghurt (125 g), ½ Becher Sauerrahm (125 g), 2 EL g geröstete, gemahlene Haselnüsse (30 g)
2 EL kalt gepresstes Haselnussöl oder ein anderes kalt gepresstes Öl (16 g), 2 Zehen Knoblauch, fein hacken oder pressen, evtl. 1 TL frisch geriebener Ingwer, Saft und Schale von 1 Bio-Zitrone, Chilipulver nach Geschmack

Gesamtmenge	kJ	kcal	Eiweiß (g)	Fett (g)	KH (g)	BE
Essig-Öl-Marinade	1375.68	329.12	1.80	32.67	2.16	0.18
Joghurtdressing	1058.04	252.91	6.52	20.74	6.96	0.58
Cremiges Dressing	1382.27	333.48	7.51	29.44	7.98	0.67
Haselnussdressing	2791.67	669.93	12.50	60.45	19.13	1.60

Dressings mit exotischer Note

Wählen Sie eines der einfachen Dressings von Seite 123 als Basis, lassen Sie aber den Senf weg. Die Basis mit einer der folgenden Mischungen verrühren.

- **Cashew:** 2 Kardamomsamen (nicht zwei Hülsen!), 1 EL Cashewnüsse (15 g), je ¼ TL Koriander und Kreuzkümmel in einer unbeschichteten Pfanne rösten. Aus der Pfannen nehmen, auskühlen lassen, mörsern oder mahlen. Mit 1 Msp. Chilipulver, 1 Prise Zimtpulver, 1 Prise Nelkenpulver und 1 Msp. Ingwerpulver verrühren.
- **Curry:** ¼ TL Korianderkörner, 5 Bockshornkleesamen, ¼ TL Kümmel, ¼ TL Senfkörner, 2 Pfefferkörner: Alle Körner und Samen in einer unbeschichteten Pfanne ohne Fett rösten, bis sie duften. Aus der Pfanne nehmen, die Gewürze rösten sonst nach und verbrennen! Auskühlen lassen. In einer Gewürzmühle mahlen oder mörsern. Mit 1 Msp. Chilipulver und 1 Msp. Currypulver vermischen.
- **Dill:** 1 Msp. Chilipulver, 1 Msp. getrocknete Dille, Schale von 1 Bio-Zitrone, 100 g Kokosmilch
- **Paprika:** ¼ TL Korianderkörner mit ¼ TL Kümmel in einer unbeschichteten Pfanne rösten. Aus der Pfanne nehmen, auskühlen lassen, mörsern oder mahlen. Mit 1 Msp. Chilipulver, 1 Msp. Zimt, 1 Msp. Kurkuma und 1 EL Ajvar (Paprikagewürzpaste) oder 2 Msp. Paprikapulver vermischen.
- **Tomate:** 1 TL Tomatenmark, 1 Msp. Kurkuma, 1 Msp. Chilipulver, 1 Msp. Ingwerpulver, 1 Msp. Korianderpulver, Schale von 1 Bio-Zitrone

> Tipps rund ums Dressing <

- Die Dressings halten im Kühlschrank mindestens eine Woche. Bei Zugabe von frischen Kräutern, Zwiebeln und Knoblauch nur 1 Tag. Mischen Sie daher frische Kräuter, Knoblauch und Zwiebeln direkt in den Salat und nicht in das Dressing. Eine Ration an Marinade reicht für eine Woche Salat im Büro.
- Marinade weist eine eher flüssige, Dressing eine eher cremige Konsistenz auf. In diesem Buch wird der Einfachheit halber im Text von Dressing gesprochen.
- Da im hausgemachten Dressing keine Stabilisatoren enthalten sind, setzt sich der Essig nach kurzer Zeit unten, Öl etc. oben ab. Schütteln Sie daher das Dressing vor Verwendung immer kräftig durch.

Das Öl-Einmaleins

Kalt gepresste Öle bilden in der Salatzubereitung eine entscheidende Geschmacksrolle. Damit die Öle auch Ihrer Gesundheit und Figur schmeicheln, wählen Sie pro Salatportion max. einen Esslöffel voll Öl.

✗ **Hinweis:** Alle Öle sind frei von tierischem Cholesterin! Cholesterin kommt nur im Tier und im Menschen vor. Stress? Verwenden Sie als Gesundheitsausgleich für Ihren Salat je 1 TL Lein- und Weizenkeimöl.

Sorte	Besondere Bedeutung für die Gesundheit
Arganöl	Keine herausragende Bedeutung
Distelöl	Hoher Anteil an gesunden mehrfach ungesättigten Fettsäuren, nicht mehr als 1 EL pro Tag verwenden, sonst kann die gesunde Wirkung in das Gegenteil überschwappen
Erdnussöl	Keine herausragende Bedeutung
Haselnussöl	Eines der gesündesten Öle, reich an den besonders gesunden einfach ungesättigten Fettsäuren, besonders für Salat geeignet
Kürbiskernöl	Sehr hoher Chlorophyllgehalt => dunkle Farbe, gut für die Prostata
Leinöl	Reich an entzündungshemmenden Omega-3-Fettsäuren, „Fischersatz", ideal bei chronisch entzündlichen Erkrankungen, Diabetes mellitus, Rheuma, MS und bei Stress, täglich 1 TL bzw. bei Krankheit 1 EL auf den Salat. Niemals solo einnehmen, sondern immer in Verbindung mit Obst, Gemüse oder frischen Kräutern!
Macadamianussöl	Keine herausragende Bedeutung
Maiskeimöl	Kostengünstiges Universalöl ohne herausragende Bedeutung
Mandelöl	Keine herausragende Bedeutung, Bestandteil von Massageölen, da besonders hautpflegend
Mohnöl	Keine herausragende Bedeutung
Olivenöl	Eines der gesündesten Öle, reich an gesunden einfach ungesättigten Fettsäuren, ideal als Universalöl zum Kochen und Backen, Nachteil: nicht geschmacksneutral
Rapsöl	Eines der gesündesten Öle, reich an einfach ungesättigten Fettsäuren, ideal als Universalöl zum Kochen und Backen, geschmacksneutral
Sesamöl	Sehr lange haltbar, enthält die natürlichen Konservierungsstoffe Sesamol und Sesamolin
Sojaöl	Reich an Lecithin
Sonnenblumenöl	Enthält geringe Mengen an cholesterinsenkenden pflanzlichen Sterinen
Traubenkernöl	Keine herausragende Bedeutung
Walnussöl	Keine herausragende Bedeutung
Weizenkeimöl	Äußerst hochwertiges Öl mit dem meisten Vitamin E, muss aber immer in Verbindung mit natürlichem Vitamin C, z. B. aus Salat, Gemüse, Kartoffeln, Obst oder frischen Kräutern, gegessen werden, sonst wirkt es hochreaktiv. Täglich 1 TL, bzw. bei Erkrankung 1 EL reicht aus. Gut bei Entzündungen, chronischen Erkrankungen, z. B. Rheuma, Multiple Sklerose, Diabetes mellitus, zur Vorbeugung von Krebs, zur Wundheilung

Pesto

Pesto eignet sich als Gewürzpaste für Salatsaucen (das Pesto kurz vor dem Marinieren in das Dressing mischen), mit Nudeln vermischt als Hauptspeise, als Brotaufstrich und zum Überbacken. Dazu das Pesto auf Brot oder Fisch streichen und im Rohr oder auf dem Plattentoaster backen.

> Tipps rund ums Pesto <

- **Zubereitung:** Alle Zutaten in einer Moulinette oder mit dem Pürierstab zu einer feinen Paste pürieren.
- **Pesto abfüllen und aufbewahren:** Schwenken Sie ein sehr sauberes und trockenes Schraubverschlussglas gut mit Öl aus. Drücken Sie das Pesto mit einem Löffel fest in das Glas. Es sollten keine Luftlöcher entstehen, sonst wird das Pesto rund um das Luftloch braun oder schimmelig. Streichen Sie die Pesto-Oberfläche glatt. Gießen Sie Öl auf das Pesto, und zwar so viel, dass das gesamte Pesto mit Öl bedeckt ist. Bewahren Sie das Pesto im Kühlschrank, am besten in der 0-°C-Zone auf. Wenn Sie das Pesto nicht innerhalb einer Woche aufbrauchen, frieren Sie das Pesto ein, da es sonst verderben kann.

  Falls beim Abfüllen Luftlöcher entstanden sind, stechen Sie mit einem Zahnstocher oder Spieß in das Luftloch. Das Öl fließt in das Luftloch und füllt es aus.
- **Kalorienspartipp:** Wenn Sie Pesto aus dem Glas entnehmen, schütten Sie vorher das „Abdecköl" heraus. Entnehmen Sie das Pesto, streichen Sie die Oberfläche glatt und gießen Sie das Öl wieder in das Glas zurück. Die Oberfläche muss vollständig mit Öl bedeckt sein, sonst verdirbt das Pesto.
- **Schlankes Pesto:** Anstatt ausschließlich Öl können Sie zur Hälfte Sauerrahm oder Ricotta und zur anderen Hälfte Öl verwenden. Allerdings hält dann das Pesto nur wenige Tage und darf nicht über 60 °C erhitzt werden, da es sonst ausflockt.

  Kalorienarm „strecken" können Sie das Pesto auch mit ein paar Löffeln kalter Suppe. Mit Suppe vermengtes Pesto noch am selben Tag aufessen, da es sehr leicht verdirbt.
- **Kräutervariationen:** Anstatt der angegebenen Kräuter können Sie alle beliebigen Kräuter mit feiner Struktur, solo oder gemischt, verwenden, z. B. Petersilie, Schnittlauch, Basilikum, Zitronenmelisse, Kerbel, Rucola, Löwenzahn oder alle Arten von Blattsalaten, mit Ausnahme der Bittersalate.

Salat-Petersilien-Pesto mit Kürbiskernöl

¼ aromatischer Salatkopf oder geschmacksintensiver Pflücksalat (ca. 100 g), in grobe Streifen schneiden
40 g sehr würziger Hartkäse, z. B. lang gereifter Bergkäse oder Parmesan, grob reiben, 30 g frische Petersilie (auch die Stängel können mitverwendet werden), grob hacken, 20 g Walnüsse, geröstet, ca. 3 EL Kürbiskernöl (ca. 25 g), 2 Zehen Knoblauch, schälen, grob schneiden, Kräutersalz nach Geschmack, evtl. Pfeffer, frisch mahlen, evtl. Bio-Zitronenschale

Löwenzahnpesto

1 Handvoll SEHR! junge Löwenzahnblätter (ca. 100 g), grob hacken, oder ½ Handvoll sehr junge Löwenzahnblätter und ½ Handvoll Bärlauch, 2 Zehen Knoblauch, schälen, grob schneiden, 1 gut gehäufter EL Parmesan oder sehr würziger Bergkäse (20 g), grob reiben, 1 gut gehäufter EL geröstete gemahlene Haselnüsse (20 g)
Ca. 3 EL kalt gepresstes Olivenöl (ca. 25 g), Kräutersalz nach Geschmack
✗ **Achtung!** Alte Blätter verleihen dem Pesto einen sehr bitteren Geschmack.

> Tipp <

Löwenzahn regt aufgrund der Bitterstoffe die Gallenblase an. Eignet sich also zur Unterstützung der Fettverdauung und zur Vorbeugung vor Gallensteinen. Genießen Sie Löwenzahn zum Gegrillten. Das schwächt die weniger guten Stoffe aus dem Gegrillten ab und unterstützt die Verdauung.

Rucolapesto

100 g Rucola, grob schneiden, ½ Packung geröstete Haselnüsse, (100 g) gemahlen
Ca. ¾ gefüllte kleine Kaffeetasse mit kalt gepresstem Oliven- oder Haselnussöl (100 g)
4 gehäufte EL Parmesan oder würziger Bergkäse (60 g), gerieben, 2 Zehen Knoblauch (10 g), schälen, grob schneiden, Kräutersalz nach Geschmack

Gesamtmenge	kJ	kcal	Eiweiß (g)	Fett (g)	KH (g)	BE
Salat-Petersilien-Pesto	2344.40	560.25	16.94	51.65	8.24	0.69
Löwenzahnpesto	2111.55	503.85	10.82	45.50	13.94	1.16
Rucolapesto	7784.30	1858.60	30.41	186.18	21.76	1.82

Salate mit Nudeln, Couscous & Co

„Kühlschrank-Aufräum-Salat"

1 große Portion oder 2 Jausenportionen

Bei Verwendung von glutenfreien Basiszutaten

Mixen Sie eine oder mehrere Zutaten aus der Kategorie Basis mit Gemüse und/oder Salat und einer oder mehreren geschmacksgebenden Zutaten mit einem beliebigen Dressing von Seite 123.

Basis

- **Alle Arten von Vollkorn-Teigwaren:** 50 g roh gewogen oder 120 g gegart gewogen: Fusilli, Spaghetti, Bandnudeln, Suppennudeln, Sternchen, Reisnudeln …
- **Tortellini, Ravioli – am besten vegetarisch gefüllt:** 70 g roh gewogen oder 210 g gegart gewogen
- **Gnocchi:** 80 g roh gewogen
- **Couscous:** 50 g roh gewogen. Zum „Garen" rohen Couscous mit 100 g kochend heißem Wasser übergießen und zugedeckt 10 Minuten quellen lassen.
- **Gegarte Körner:** 50 g roh gewogen oder 120 g gegart gewogen, z. B. Weizen, Dinkel, Roggen, Grünkern, Hirse, Quinoa, Amaranth, Gerste, Buchweizen, Hafer, Vollkorn-Basmatireis, Wildreis, Mais, Zartweizen. Ohne Salz garen, Salz verlängert die Garzeit um ein Vielfaches!
- **Gegarte Hülsenfrüchte:** 50 g roh gewogen oder 150 g gegart gewogen, z. B. Erbsen, Kichererbsen, Bohnen (rote, weiße, dicke Bohnen, Käferbohnen, Puffbohnen …), Linsen (rote, schwarze …)
- **Kartoffeln:** 210 g roh oder gegart gewogen. Nur festkochende, also speckige Kartoffeln verwenden. Mehlige zerfallen.

Gemüse und Salate

Bei Blattsalaten und Salatgemüse ca. 150 g, bei allen übrigen Gemüsesorten mindestens 150 g

- **Vorgegart:** Artischocken, Blumenkohl, Brokkoli, Erbsen, grüne Sojabohnen, Rosenkohl, Schwarzwurzeln, Spargel, grüne Bohnen
- **Frisch:** Staudensellerie, Frühlingszwiebel, Gurke, Paprikaschote, Lauch, Radieschen, Tomaten, Zwiebel, Zucchini, Sauerkraut, Rettich, Paprika
- **Rohnen:** roh oder gegart
- **In feine Streifen oder Scheiben gehobelt:** Knollensellerie, Kohlrabi, Rüben, Kürbis, Karotten, Blaukraut, Zucchini, Weißkraut, Fenchel
- **Blattsalate und Blattgemüse:** z. B. Chicorée, Chinakohl, Eisbergsalat, Endivien, Vogerlsalat (Feldsalat), Kopfsalat, Löwenzahnblätter, Radicchio, Spinat, Zuckerhut, Friséesalat

Geschmacksgebende Zutat (je 50–100 g)

- Frische Sprossen
- Gebratene Pilze
- Gegarter, gebeizter, geräucherter Fisch, z. B. Räucherlachs, Stremellachs, Räuchermakrele, oder Fisch natur aus der Konserve, z. B. Thunfisch natur, Matjes, gut gespült, Sardellen
- Gegartes Fleisch, z. B. Kalbsbraten, Rindsbraten, fettarmer Schweinebraten, Putenbrust, gekochtes Rindfleisch, z. B. Tafelspitz, oder entfettetes Beinfleisch, Hühnerfleisch, Schinken, fettarmer Speck, z. B. Karreespeck oder Schinkenspeck
- Hart gekochte Eier
- Käse, z. B. Schafskäse, Mozzarella, Bergkäse, Emmentaler, Graukäse, Tilsiter …
- Kräuter und Gewürze, z. B. Kren, Ingwer, Kresse (Garten-, Brunnen-, Kapuziner- …), Portulak, Rucola, Bärlauch, Basilikum, Dill, Kerbel, Petersilie, Schnittlauch …
- Obst, z. B. Ananas, Äpfel, Orangen, Marillen, Avocado, Birnen, Brombeeren, Erdbeeren, frische Feigen, Granatapfel, Heidelbeeren, Himbeeren, Honigmelone, Johannisbeeren, Litchi, Mandarinen, Mango, Wassermelone, Pfirsich, Nektarinen, Papaya, Pflaumen, Preiselbeeren, Stachelbeeren, Weintrauben
- Oliven, Kapern, getrocknete Tomaten, eingelegte Artischocken, eingelegte Bambussprossen
- Samen, Nüsse, z. B. Walnüsse, Cashew, Pinienkerne, Kürbiskerne oder Sonnenblumenkerne. Besonders gut schmecken die Nüsse und Samen, wenn Sie diese vor Verwendung rösten (vgl. Seite 134).
- Tofu

Sprossen-Salat, siehe Seite 134

Salatvariationen

Jeweils 1 große Portion oder 2 Jausenportionen

Zubereitung

Salatvariation nach Wahl und beliebiges Dressing von Seite 123 entweder wie auf Seite 122 beschrieben vorbereiten oder alle Zutaten vermischen und sofort servieren. Beliebig garnieren.

Tiefkühlgemüse-Salat

1 Essiggurke (30 g), in Scheiben schneiden, 50 g Vollkornnudeln, Reis, Couscous oder Getreide, z. B Gerste, garen, 200 g beliebige Tiefkühlgemüsemischung, z. B. Wok-Gemüse, in 4 EL Wasser zugedeckt dünsten
3 aromatische Mini-Tomaten (ca. 60 g), achteln, ¼ rote Zwiebel (20 g), klein hacken, 2 EL Basilikum, hacken
1 EL gehobelter Hartkäse (15 g), z. B. Bergkäse

Mozzarella-Salat

60 g Mini-Mozzarellakugeln, 50 g Vollkornnudeln, Tortellini, Reis, Couscous oder Getreide, z. B Gerste, garen
1 rote oder gelbe Paprikaschote (150 g), in Würfel schneiden, 100 g beliebige Blattsalate, evtl. in Streifen schneiden, 2 Stück Frühlingszwiebeln, in feine Streifen schneiden, 1 EL Basilikum, hacken, 1 Zehe Knoblauch, hacken oder pressen, evtl. mit Cocktailtomaten und Pinienkernen garnieren.

Salat Italien

4 Stück Oliven (20 g), klein schneiden, 2 große Kapern (20 g), in Scheiben schneiden, 3 Mini-Mozzarellakugeln (ca. 30 g), halbieren, 50 g rohe Vollkornnudeln, al dente garen, 1 Stück Gurke (100 g), grob stifteln
1 gelbe Paprikaschote (150 g), in Streifen schneiden, 3 aromatische Mini-Tomaten (ca. 60 g), achteln
¼ rote Zwiebel (20 g), klein hacken, 2 EL Italienische Kräuter, frisch hacken oder Tiefkühlmischung verwenden

Blaukrautsalat

Schale und Filets von ½ Bio-Orange (60 g), 50 g Vollkornnudeln, Reis, Couscous oder Getreide, z. B Gerste, garen, 200 g Blaukraut, sehr fein hobeln, evtl. kurz dämpfen, 1 EL Rosinen (15 g) ➤ für Diabetiker ohne Rosinen, 3 Msp. Kümmel, geröstet, 1 EL geröstete Walnüsse (15 g)

Fruchtiger Kichererbsensalat

Saft und Schale von 1 Bio-Zitrone, 30 g Schafskäse, in Würfel schneiden, 40 g rohe Vollkornnudeln, al dente garen, 100 g gegarte Kichererbsen, z. B aus der Dose, 100 g Mango oder Honigmelone, in kleine Würfel schneiden oder Kugeln ausstechen, 50 g Avocado, in kleine Würfel schneiden oder Kugeln ausstechen
100 g beliebige Blattsalate, evtl. in Streifen schneiden, 1 EL Zitronenmelisse, hacken
1 EL geröstete Pinienkerne (15 g), ersatzweise andere Nüsse, beliebige Kräuter zum Garnieren

Avocado-Schafskäse-Salat

50 g Schafskäse, in Würfel schneiden, Filets einer Mandarine oder ½ Orange (ca. 40 g), Saft und Schale von 1 Bio-Zitrone (20 g), 50 g Vollkornnudeln, Reis, Couscous oder Getreide, z. B Gerste, garen ¼ rote Zwiebel (20 g), fein hacken, 1 EL frisches oder Tiefkühl-Basilikum, 50 g Avocado, in Würfel schneiden 50 g Weintrauben, 100 g beliebige Blattsalate, evtl. in Streifen schneiden, 1 EL geröstete Walnüsse (15 g)

Räucherforellensalat

100 g Räucherforelle, in Stücke schneiden, 50 g Vollkornnudeln, Reis, Couscous oder Getreide, z. B Gerste, garen, 2 Stück Frühlingszwiebeln, in feine Ringe schneiden, 100 g beliebige Blattsalate, evtl. in Streifen schneiden, 1 aromatische Tomate (80 g), in Spalten schneiden, 1 TL Dill, Saft und Schale von ½ Bio-Zitrone

Feigen-Blauschimmelkäse-Salat

50 g Vollkornnudeln, al dente garen, 150 g beliebige Blattsalate, evtl. in Streifen schneiden, 1 Feige (ca. 80 g), in Spalten schneiden, 30 g Blauschimmelkäse, in Stücke schneiden, 1 EL geröstete Walnüsse (15 g)

Gesamtmenge ohne Dressing*	kJ	kcal	Eiweiß (g)	Fett (g)	KH (g)	BE
Tiefkühlgemüse-Salat	1336.67	318.16	17.35	7.32	44.51	3.70
Mozzarella-Salat	1550.26	370.54	21.73	13.90	38.26	3.19
Salat Italien	1392.05	331.65	16.57	10.95	39.81	3.32
Blaukrautsalat	1594.35	381.65	12.63	11.69	54.27	4.53
Blaukrautsalat	1407.30	336.95	12.27	11.61	44.34	3.71
Fruchtiger Kichererbsensalat	2559.90	611.75	24.27	29.38	60.81	5.07
Avocado-Schafskäse-Salat	2443.80	583.95	20.60	32.89	49.93	4.16
Räucherforellensalat	1373.60	328.30	31.03	5.34	37.39	3.12
Feigen-Blauschimmelkäse-Salat	1831.40	437.95	17.40	21.22	43.66	3.64
Blauschimmelkäse-Salat	2030.10	485.55	25.36	24.32	40.61	3.39
Glasnudelsalat	931.80	222.70	6.20	0.88	46.35	3.86
Ziegenkäsesalat	1832.40	437.90	33.20	17.47	35.78	2.98
Fruchtiger Nudelsalat	1491.10	356.40	19.50	8.87	48.06	4.01
Thunfischsalat	1815.16	434.14	31.06	16.61	39.11	3.26
Schafskäse-Rohnen-Salat	1607.90	384.80	21.38	11.36	47.80	3.99
Sprossensalat	992.60	238.40	14.35	2.30	38.21	3.18
Fleischsalat	1914.60	456.29	36.28	15.10	41.97	3.49
Lachssalat	1522.40	364.20	31.02	8.70	38.91	3.25

* Bei Angabe mehrerer Variationsmöglichkeiten wurde mit Vollkornnudeln berechnet.

Blauschimmelkäse-Salat

50 g rote Bohnen aus der Dose, 50 g Blauschimmelkäse, in Würfel schneiden oder in Stücke brechen
50 g Vollkornnudeln, Reis, Couscous oder Getreide, z. B Gerste, garen, 2 Stück Frühlingszwiebeln, in feine Streifen schneiden, 150 g beliebige Blattsalate, evtl. in Streifen schneiden, 1 EL geröstete Kürbiskerne oder Walnüsse (15 g), 1 EL Schnittlauch, hacken

Glasnudelsalat

1 haselnussgroßes Stück Ingwer, raspeln, 50 g Glasnudeln, garen, 2 Stück Frühlingszwiebeln (ca. 40 g), in feine Ringe schneiden, 50 g Honigmelone, in Würfel schneiden, 100 g Gurke, in Würfel oder grobe Streifen schneiden, 1 EL frisch gehackter Blatt-Koriander, 100 g beliebige Blattsalate, evtl. in Streifen schneiden. Beliebiges Dressing von Seite 123, das Dressing ohne Senf zubereiten, dafür ca. 1 EL Sojasauce untermischen.

Ziegenkäsesalat

50 g Ziegenkäse, in Würfel schneiden, 50 g gekochtes Rindfleisch, z. B. Tafelspitz, in Streifen schneiden
50 g rohe Vollkornnudeln, al dente garen, oder 120 g gegarte Nudeln, 50 g Lauch, in feine Scheiben schneiden
100 g beliebige Blattsalate, evtl. in Streifen schneiden, 1 aromatische Tomate (80 g), in Spalten schneiden
2 EL gehackte Petersilie, ½ TL frisch gehackter Majoran oder 2 Msp. getrockneter Majoran, 1 EL Schnittlauch

Fruchtiger Nudelsalat

50 g Faschiertes, ohne Fett rösten, 1 haselnussgroßes Stück frisch geriebener Ingwer , 50 g rohe Vollkornnudeln, al dente garen, oder 120 g gegarte Nudeln, 50 g Ananas, in Würfel schneiden, 50 g Mango oder Honigmelone, in Würfel schneiden, ½ rote Paprikaschote (70 g), in Würfel schneiden, 1 Stück Frühlingszwiebel, fein hacken 100 g beliebige Blattsalate, evtl. in Streifen schneiden, 1 EL gehackte Zitronenmelisse, 1 Msp. Chilipulver 1 Msp. Currypulver

Thunfischsalat

100 g Thunfisch natur aus der Dose, 50 g Vollkornnudeln, Reis, Couscous oder Getreide, z. B Gerste, garen 3 Frühlingszwiebeln, in feine Ringe schneiden, 100 g beliebige Blattsalate, evtl. in Streifen schneiden 1 aromatische Tomate (80 g), in Spalten schneiden, 1 Zehe Knoblauch, fein hacken oder pressen 1 EL frisch gehackte Petersilie, je 1 TL frischer Oregano, Majoran, Thymian oder je 1 Msp. getrocknet

Schafskäse-Rohnen-Salat

50 g Schafskäse, in Würfel schneiden, 50 g Vollkornnudeln, Reis, Couscous oder Getreide, z. B Gerste, garen 50 g Rucola, grob schneiden, 100 g beliebige rote und grüne Blattsalate, evtl. in Streifen schneiden ½ Pkg. Kresse, 150 g Rohnen, gegart, in Würfel schneiden (Handschuhe anziehen, färben sehr stark!) Entweder wie auf Seite 122 beschrieben vorbereiten oder alle Zutaten bis auf die Rohnen vermischen Rohnen über dem Salat verteilen, sofort servieren. Wenn Sie die Rohnen direkt untermischen, färben die Rohnen den gesamten Salat.

Sprossensalat

50 g Vollkornnudeln, Reis, Couscous oder Getreide, z. B Gerste, garen, 200 g Mischung aus gegartem Blumenkohl, gegarten grünen Bohnen und aromatischen Tomaten, 100 g beliebige Blattsalate, evtl. in Streifen schneiden, 30 g gemischte Sprossen, z. B. Rettich-, Zwiebel- und Alfalfa-Sprossen, 1 EL Petersilie, hacken Saft und Schale von ½ Bio-Zitrone (10 g)

Fleischsalat

50 g Vollkornnudeln, al dente garen, 2 Essiggurken (60 g), in Scheiben schneiden, 50 g gekochtes Rindfleisch, ersatzweise z. B. Kalb, Schwein, Huhn, Pute, Wild, 2 aromatische Cocktailtomaten (40 g), in Spalten schneiden 1 gelbe Paprikaschote (150 g), ½ rote Zwiebel (40 g), in feine Scheiben hobeln 100 g grüne Bohnen, gegart, 2 EL Petersilie, hacken, 50 g Schnittkäse, z. B. Tilsiter, in Streifen schneiden

Lachssalat

100 g Räucherlachs, in Streifen schneiden, 50 g Vollkornnudeln, Gnocchi, Reis oder Couscous, al dente garen, 50 g Rucola, ½ Pkg. Kresse
1 EL Dill, 1 Msp. Kren, Saft und Schale von ½ Bio-Zitrone (10 g)
150 g beliebige Blattsalat, evtl. in Streifen schneiden
Evtl. Sprossen zum Garnieren

Matjes-Nudel-Salat

Mindestens 2 Portionen

Glutenfrei bei Verwendung von glutenfreien Nudeln

2 Essiggurken (60 g), in Scheiben schneiden
50 g Vollkornnudeln, al dente garen
½ Pkg. Matjesfilets, gut abwaschen und abtrocknen (200 g), in Streifen schneiden
200 g beliebiges Obst, z. B. Ananas, Mandarinenfilets, Mango, Orange, Apfel, Birne …, in Würfel schneiden
½ Zwiebel (40 g), fein hacken
1 TL Dill

Dressing

1 Becher Naturjoghurt (250 g)
Saft und Schale von ½ Bio-Zitrone
Kräutersalz

Alle Zutaten vermischen. Luftdicht zugedeckt einen Tag im Kühlschrank ziehen lassen.

✗ **Hinweis!** Hält im Kühlschrank ca. 3 Tage, am besten in die 0-°C-Zone stellen.

Gesamtmenge

kJ	kcal	Eiweiß (g)	Fett (g)	KH (g)	BE
4206.20	1005.40	54.34	54.34	71.87	5.98

Tabbouleh

Ein arabisches Gericht
1 große Portion oder 2 Jausenportionen

½ Kaffeetasse Couscous (= Hartweizen, 80 g), wenn möglich Vollkorn
¾ Tasse kochend heißes Wasser (100 g), am besten direkt vom Wasserkocher
½ Bund Petersilie, fein hacken
mindestens 3 Tomaten (ca. 200 g), in Würfel schneiden
1 große Zwiebel (90 g), fein hacken

Marinade

Saft und Schale von mindestens ½ Bio-Zitrone (mind. 10 g Saft)
2 EL Olivenöl (16 g), kalt gepresst
Kräutersalz, Pfeffer

Den Couscous in eine gut verschließbare Schüssel geben, z. B. in eine Germteigschüssel. Mit kochend heißem Wasser aufgießen. Zudecken und an einem warmen Ort 10 Minuten quellen lassen, bis der Couscous weich ist. Der Couscous kann auch über Nacht quellen. Mit den restlichen Zutaten vermischen und abschmecken.
Für intensiveren Geschmack den weichen Couscous marinieren und luftdicht zugedeckt mindestens 5 Stunden oder über Nacht ziehen lassen. Die restlichen Zutaten kurz vor dem Servieren untermengen.

✗ **Hinweis!** Hält im Kühlschrank ca. 3 Tage, am besten in die 0-°C-Zone stellen.

Gesamtmenge

kJ	kcal	Eiweiß (g)	Fett (g)	KH (g)	BE
2008.24	479.16	14.69	18.70	61.59	5.14

> Was ist Couscous? <

Couscous, wie man ihn bei uns im Handel bekommt, entspricht in der Zusammensetzung einer klassischen Nudel, d. h. eifrei und aus Hartweizengrieß. Das Korn wird gemahlen und vorgegart, dadurch ergibt sich die sehr kurze Zubereitungszeit.

Knabberspaß

Obstchips

Beliebiges Obst, gut geeignet sind

- Äpfel, Birnen, entkernen, in 2–4 mm dünne Scheiben schneiden, am besten mit einem Hobel, wenige Sekunden in Zitronenwasser schwenken, dann bleibt die Farbe besser erhalten.
- Kernhaltiges Obst entkernen, z. B. Zwetschgen, Marillen, Kirschen, ganz lassen oder halbieren.
- Ca. 3 mm dicke Scheiben von Ananas, Bananen, Mango, Kiwi, Orangen
- Kleine Früchte im Ganzen dörren, z. B. kernlose Weintrauben, verschiedene Beeren wie Himbeeren, Brombeeren, Johannisbeeren oder Heidelbeeren

Zubereitung im Dörrapparat

Die Obstscheiben nebeneinander auf das Dörrgitter legen und dörren.

Zubereitung im Backrohr

Ein Backofengitter oder Backblech mit Backpapier auslegen. Das Obst nebeneinander auflegen. Bei 35–40 °C trocknen.

✗ **Tipp!** Lassen Sie die Backofentür einen Spalt offen oder öffnen Sie das Backrohr alle 15 Minuten, damit die Feuchtigkeit entweichen kann. Alternativ können Sie die Obstchips auch auf Backpapier auf die warme Heizung oder den warmen Kachelofen legen.

Garprobe

Das Obst ist fertig gedörrt, wenn beim Brechen kein Saft mehr austritt.

✗ **Hinweis!** Gedörrtes Obst ist für Diabetiker aufgrund des konzentrierten Zuckergehalts nicht empfehlenswert.

Aufbewahrung
In Papiersäcken, Baumwoll- oder Leinenbeuteln in einem trockenen Raum. Falls das Obst weich wird, noch einmal nachtrocknen. Nicht luftdicht verpacken, d. h. nicht in Vorratsdosen oder Gläser füllen, da sonst das Trockenobst aufweicht.

Apfelchips

200 g aromatische Äpfel, ungeschält, entkernen, in 2–4 mm dicke Scheiben hobeln
1 TL Zitronensaft zum Schwenken der Äpfel

Zubereitung wie oben beschrieben.

Gesamtmenge

kJ	kcal	Eiweiß (g)	Fett (g)	KH (g)	BE
434.00	104.00	0.68	0.80	22.86	1.90

Geröstete Knabbernüsse

Beliebige Nüsse, z. B. Wal-, Hasel-, Cashew-, Macadamia-, Para-, Pecannüsse, Mandeln oder Pinienkerne
Kürbiskerne
Sonnenblumenkerne

> Tipp <

Geröstete Nüsse trocken aufbewahren: z. B. in Aufbewahrungsbehältern mit Verschlussdeckel, kann auch luftdicht sein, Baumwoll- oder Leinenbeuteln.

Die Nüsse oder Samen nebeneinander auf einem Backblech verteilen. Nicht übereinander, sonst röstet nur die obere Schicht und die untere Schicht bleibt hell und weich.

Bei 180 °C Heißluft so lange rösten, bis die Nüsse und Sonnenblumenkerne leicht bräunen bzw. die Kürbiskerne knacken. Das Rösten kann 5–20 Minuten dauern. Die Röstdauer variiert je nach Sorte, z. B. rösten Walnüsse und Cashewnüsse schneller als Haselnüsse und Mandeln. Auch die Backrohrfunktion und die Anzahl der eingeschobenen Bleche beeinflussen die Röstdauer. Je mehr Bleche, desto länger die Röstdauer, da sich im Backrohr mehr Feuchtigkeit ansammelt. Bei Verwendung von Unter-/Oberhitze die Temperatur auf 200 °C einstellen und nur ein Blech einschieben.

✗ **Achtung!** Zu Beginn geht das Rösten sehr langsam. Wenn aber die entsprechende Temperatur erreicht ist, bräunen die Nüsse und Samen innerhalb von wenigen Sekunden. Am besten, Sie bleiben in der Nähe des Backrohrs und beobachten den Röstvorgang, damit die Nüsse und Samen nicht verbrennen.

Falls das Röstgut schon sehr braun ist, nehmen Sie es sofort vom Blech, sonst verbrennt das Röstgut auf dem heißen Blech. Hell gebräuntes Röstgut können Sie auf dem Blech auskühlen lassen. Die Nüsse vor dem Verzehr vollständig auskühlen lassen, am besten über Nacht.

> Tipps rund um die Nuss <

- **Haselnüsse schälen:** Füllen Sie die Haselnüsse in einen großen Tiefkühlbeutel. Die Nüsse kräftig aneinanderreiben. Jeweils zwei Hände voll herausnehmen und schütteln, damit die Schalen zwischen den Fingern hindurchfallen.
- **Nüsse und Mandeln hacken:** Die zu hackenden Nüsse und Samen in einen großen stabilen Gefrierbeutel füllen. Die offene Seite 2 x ca. 5 cm umschlagen, sodass die Nüsse nicht herausfallen können. Ein Geschirrtuch auf den Gefrierbeutel legen. Mit einer schweren Pfanne, einem Plattiereisen oder mit der stumpfen Seite des Fleischklopfers auf den Beutel klopfen oder mit einem Nudelholz darüberrollen. **Achtung!** Der Gefrierbeutel darf nicht verschlossen werden, sonst platzt er.
- **Fettbombe Nuss?** Nüsse enthalten bekanntlich sehr viel Fett, aber gesunde Fette! Das heißt, eine kleine Handvoll täglich schmeichelt Ihrer Gesundheit, eine große Handvoll „dagegen wird eher Ihre Hüften „verwöhnen".

  100 g Nüsse entsprechen dem Kaloriengehalt von gut 1 Tafel Schokolade. Pekannuss (703 kcal/100 g), Macadamianüsse (703 kcal/100 g), Pinienkerne (674 kcal/100 g) und Paranüsse (670 kcal/100 g) zählen zu den kalorienreichsten Nüssen.

Knabbermandeln mit Zimt

1 Portion, die Menge kann beliebig erweitert werden

50 g Mandeln
1 Msp. Zimt

> Welchen Zimt? <

Ziehen Sie den Ceylonzimt dem Cassiazimt vor. Dieser ist zwar teurer und nicht überall zu bekommen, aber geschmacksintensiver und gesünder, da er weniger Cumarin enthält. Cumarin kann in höheren Dosen z. B. zu Kopfschmerzen, Schwindel und Erbrechen führen.

Die Mandeln im Backrohr wie auf Seite 140 beschrieben rösten. Noch warm in eine Schüssel geben und mit Zimt bestreuen. Zugedeckt gut durchschütteln. Die Zimtmandeln auf ein Blech streuen und auskühlen lassen.

Gesamtmenge

kJ	kcal	Eiweiß (g)	Fett (g)	KH (g)	BE
1202.87	287.22	9.40	27.08	2.41	0.20

Müsli

Von der Mischung bis zur Zubereitung

Müsli stellt nicht nur eine köstliche Verbindung von Getreide, Milch und Obst dar, sondern zählt aufgrund dieser Zusammensetzung auch zu jenen Zwischenmahlzeiten, die alle wesentlichen Komponenten einer gesunden Jause vereinen. Ein Glas Wasser oder Tee dazu und die gesunde Jause ist perfekt. Damit Ihr Müsli zum Gaumenkitzler wird, finden Sie die wichtigsten Punkte zur Herstellung von Müsli, abgerundet mit einer Vielzahl von Rezeptvorschlägen.

Die perfekte Komposition

Lassen Sie Ihrer Kreativität freien Lauf und kreieren Sie Ihre ganz persönliche Müslimischung. Folgende Zutaten passen in ein Müsli: Getreide, Trockenfrüchte – ➤ für Diabetiker nicht empfehlenswert, Milchprodukte, Obst, eine Auswahl an Gemüsesorten, Nüsse, Samen und Gewürze.

> Tipp <

Sie können die Lebensmittel innerhalb einer Gruppe beliebig austauschen oder eine Mischung verwenden. Auch bei den in diesem Kapitel angegebenen fertigen Rezepturen lassen sich die Lebensmittel innerhalb einer Gruppe beliebig austauschen!

Getreide

- **Flocken:** Alle Sorten von Flocken, z. B. Weizen-, Dinkel-, Roggen-, Hirseflocken. ✗ **Achtung!** Reisflocken können, je nach Produkt, so hart sein, dass man sie nicht roh essen kann, sondern kochen muss.
- **Ganze Getreidekörner** oder **Getreideschrot** aus z. B. Weizen, Dinkel, Roggen, Einkorn, Emmer, Kamut, Hirse, Gerste, Buchweizen, Quinoa, Amaranth, Reis
- **Gekeimtes Getreide:** Um alle wertvollen Inhaltsstoffe zu erhalten, sollte das Getreidekorn so lange keimen, bis es weich genug ist, um es ohne Garen kauen zu können.

Cornflakes

- Cornflakes bestehen aus Mais, der gekocht, gewalzt und getrocknet wird. Es handelt sich im Prinzip um getrocknete Polenta.
- Verwenden Sie nur ungesüßte Cornflakes. Ob Cornflakes gesüßt oder ungesüßt sind, erkennen Sie an der Zutatenliste. Ungesüßte Cornflakes enthalten nur Mais und evtl. Salz. Sollten Sie keine ungesüßten Cornflakes bekommen,

dann achten Sie auf den Zuckergehalt und wählen Sie die Sorte mit dem geringsten Zuckergehalt.

- Geben Sie keine Cornflakes in Trocken-Müslimischungen, die Dörrobst enthalten. Die Cornflakes weichen auf und schmecken nicht mehr knusprig.
- Mischen Sie Cornflakes erst unmittelbar vor dem Servieren in das Müsli. Cornflakes quellen sehr stark auf und ergeben eine labbrige Konsistenz. Wenn Sie das Müsli portionieren und bei einem Schulbuffet verkaufen möchten, mengen Sie die Cornflakes nicht in das Müsli, sondern streuen Sie die Cornflakes unmittelbar vor dem Verkauf auf das Müsli.

> Verwendung von rohen Getreidekörnern und Schrot <

Ganze Getreidekörner und groben Getreideschrot immer garen! Rohes Getreide enthält Phytat, das die Kal ziumaufnahme im Körper blockieren und sich dadurch ungünstig auf die Knochenentwicklung auswirken kann. Durch mindestens 12 Stunden Kühlschrank-Quellzeit in einem gesäuerten Milchprodukt, z. B. Naturjoghurt, Garen oder Keimen baut sich Phytat zu unschädlichem myo-Inositoltetrakis- und -triphosphat ab.

Literatur: Belitz, Grosch, Schieberle: Lehrbuch der Lebensmittelchemie, Springer Verlag, 2008, S. 718

Das heißt, durch entsprechende Vorbereitung wird das knochenfeindliche Phytat unschädlich und das Kalzium, z. B. aus den Milchprodukten, kann wieder problemlos aufgenommen werden. Gekaufte Flocken sind meistens vorgedämpft und bedürfen keiner gesonderten Vorbehandlung.

Trockenfrüchte

- Z. B. getrocknete Feigen, Datteln, Pflaumen, Birnen, Rosinen, Äpfel, Marillen, Beeren, z. B. Cranberries, Gojibeeren, Himbeeren, Preiselbeeren, Ananas, Mango und Bananen

✗ **Hinweis für Diabetiker:** Trockenfrüchte enthalten den Zucker der Frucht in konzentrierter Form. Verwenden Sie anstatt der Trockenfrüchte frische Früchte.

Milchprodukte

Das natürliche Kalzium aus den tierischen Milchprodukten dient als wesentlicher Bestandteil des Knochenaufbaus. Insbesondere in der Wachstumsphase ist natürliches Kalzium für den Menschen unerlässlich. Folgende Milchprodukte eignen sich zur Zubereitung eines Müslis.

- **Milch von Tieren:** z. B. Kuh-, Ziegen-, Schaf- oder Stutenmilch
- Die gesäuerten Produkte daraus, wie z. B. Joghurt, Buttermilch, Sauermilch, Acidophilusmilch, Kefir
- **Molke:** ✗ **Hinweis!** Mit Molke zubereitetes Müsli wird „glasig", nicht milchig und bleibt eher flüssig.
- **Sauerrahm und Ricotta:** ✗ **Hinweis!** Fettgehalt von ca. 15 % absolut anstatt z. B. ca. 4 % absolut bei Milch.
- **Ungesalzener Frischkäse in der Magerstufe, Magertopfen, Frischkäse vom Bauernmarkt:** ✗ **Hinweis!** Diese Produkte enthalten deutlich weniger gut verfügbares Kalzium als Milch und flüssige Milchprodukte. Mischen Sie daher diese Produkte immer mit Milch oder einem gesäuerten Milchprodukt.

Fettreiche Milchprodukte?

- Prinzipiell wären auch deutlich fettreichere Milchprodukte geeignet, z. B. Schmand, ca. 20 % Fett absolut, Rahm, ab ca. 30 % Fett absolut oder Mascarpone, ca. 50 % Fett absolut. Aufgrund des hohen Fettgehalts sind diese Produkte aber nicht empfehlenswert.

Pflanzliche Milch?

- Milch von Pflanzen, z. B. Soja-, Reis-, Mandel-, Hafermilch, enthält kaum natürliches Kalzium, vgl. Seite 15.

Obst

- Kombinieren Sie nach Belieben, z. B. Apfel, Orange, Marille, Banane, Birne, Brombeeren, Erdbeeren, frische Feigen, Granatapfelkerne, Grapefruit, Heidelbeeren, Himbeeren, Honigmelone, Johannisbeeren, Kaki, Sharonfrucht, Kirschen süß und sauer, Litchi, Mandarine, Mango, Maracuja, Wassermelone, Nektarine, Pfirsich, Pflaumen, Preiselbeeren, Ringlo, Zwetschgen, Stachelbeeren oder Weintrauben.

> Tipp <

Anstatt frischem Obst können Sie Kompottobst, Marmelade mit einem Fruchtanteil von mindestens 70 %, Obstmus, z. B. Apfelmus, oder Tiefkühlobst verwenden!

Gemüse

- **Karotten:** roh fein raspeln
- **Rohnen:** schmecken ROH geraspelt besonders fein, können aber auch gegart verwendet werden
- **Fenchel:** SEHR fein gehobelt, harmoniert besonders gut mit Zitrusfrüchten, wie z. B. Grapefruit oder Orangen und Nüssen. Aber verwenden Sie nur max. 1 EL voll Fenchel pro Müslischüssel, sonst schmeckt das Müsli zu intensiv nach Fenchel.
- **Ingwer:** fein geraspelt, nur für Liebhaber des Ingwergeschmacks
- **Kürbis:** gegart oder Moschuskürbis roh, fein geraspelt
- **Rhabarber:** nur gegart

Nüsse, Samen, Knabberbohnen

Nüsse und Samen enthalten reichlich Fett, zwar ein sehr gesundes Fett, aber ein auf Dauer allzu tiefer Griff in die Nusspackung kann sich auf den Hüften bemerkbar machen.

✗ **Tipp**: Die nachfolgend mit * gekennzeichneten Nüsse und Samen können geröstet werden und schmecken dadurch deutlich besser, vgl. Seite 140. Nüsse und Samen hacken, vgl. Seite 141.

- Cashew-*, Erd-*, Hasel-*, Para-*, Pecan-*, Wal-*, Macadamianuss*
- Mandeln, Mandelsplitter, Mandelstifte, geschälte Mandeln*
- Pinienkerne*
- Pistazien*
- Kürbiskerne*, Leinsamen, Sesam, Sonnenblumenkerne*
- Kastanie, gegart oder als Tiefkühlware
- Kokosflocken, -chips oder Kokosfruchtstücke
- Mohn
- Knabber-Sojabohnen

Kräuter und Gewürze

Gewürze rutschen bei Trockenmischungen meist auf den Boden. Das heißt, der Großteil des Müslis schmeckt nicht nach Gewürz, dafür der Rest in der Dose zu intensiv. Mischen Sie daher die Gewürze immer frisch in das Müsli. Frische Kräuter, wie z. B. Zitronenmelisse, frisch hacken und kurz vor dem Verzehr untermischen.

✗ **Hinweis:** Trockene, grobe Gewürze sehr fein mahlen oder mörsern. Grobe Gewürze ergeben beim Verzehr ein unangenehmes Mundgefühl.

> Tipp <

Kräuter und Gewürze liefern wertvolle Mineralstoffe, z. B. Kalzium.

Gut geeignet sind folgende Gewürze

- Vanilleschote, Zimt, Ingwer, Zitronenmelisse, Kärntner Minze, Zitronengras, Schale von Bio-Zitrusfrüchten, z. B. Zitrone, Orange, Limette, Mandarine
- Sehr sparsam dosiert: Anis, Kardamom, Fenchel, Galgant (schmeckt ähnlich wie Ingwer), Nelkenpulver, Pfefferminze, Sternanis, Chili

- Kakaopulver: Sparsam verwenden, da Kakao aufgrund des Phosphor- und Oxalsäuregehalts Ihren Knochen nicht besonders schmeichelt. Verwenden Sie nur ungesüßtes Kakaopulver. Ist Ihnen der Geschmack des ungesüßten Kakaopulvers zu herb, dann erhitzen Sie das Kakaopulver, z. B. indem Sie es mit dem Getreide mitkochen oder das Kakaopulver in die Müslischüssel geben, mit kochend heißer Milch übergießen, umrühren und erst dann die restlichen Zutaten hinzufügen.

> Zitronenschalen <

Die Schale von Bio-Zitrusfrüchten, z. B. Orangen, Limetten, Zitronen oder Mandarinen, fein abreiben, auf Backpapier legen. Im Dörrapparat, auf der Heizung oder dem Kachelofen trocknen lassen. Eventuell in einer elektrischen Kaffeemühle fein mahlen. Luftdicht verschlossen, z. B. in einem Schraubverschlussglas, aufbewahren.

Süßungsmittel

- Genießen Sie Ihr Müsli am besten ungesüßt. Obst und/oder Trockenfrüchte verleihen bereits eine dezente, sehr angenehme Süße. Genauso wie sich Ihr Gaumen an sehr Süßes sehr rasch gewöhnt, gewöhnt er sich auch an das weniger Süße.
- Wenn Sie doch nicht ganz auf ein Süßungsmittel verzichten möchten, dann verwenden Sie pro angegebener Menge max. 15 g Süßungsmittel. Bedenken Sie, bereits in 15 g Süßungsmittel stecken durchschnittlich 50–60 Kalorien. Im Vergleich 60 kcal sind enthalten in ca. 60! Stück Himbeeren, 10 Stück mittelgroßen Erdbeeren, 1 kleinen Apfel, 1 Orange oder ⅓ Banane.
- Als Süßungsmittel eignen sich z. B. Honig, Vollrohrzucker, Ahornsirup, Apfeldicksaft, Birnendicksaft, Agavensirup ➤ für Diabetiker flüssiger Süßstoff.
- Marmelade mit einem Fruchtanteil von mindestens 70 % eignet sich als perfektes Süßungsmittel. ➤ Diabetiker nehmen am besten die Marmeladen in der Diabetikervariante von Seite 198 ff.

Zubereitung – viele Wege führen zum perfekten Müsli

Vorbereitung der einzelnen Zutaten

- Nüsse und Samen, rösten oder ungeröstet verwenden, ganz lassen, hacken oder mahlen.
- Dörrobst: Kleines Dörrobst ganz lassen, z. B. Rosinen, großes Dörrobst in kleine Stücke schneiden, z. B. Dörrpflaumen. ✗ **Achtung!** Dörrobst immer auf Kerne kontrollieren!
- Obst in mundgerechte Stücke schneiden oder raspeln.
- Gemüse fein raspeln, z. B. Karotten.

Zubereitung

Sie können Müsli sowohl kalt als auch warm zubereiten, alles gleich vermischen oder Zutaten wie Obst oder Nüsse erst kurz vor dem Servieren hinzufügen.

Gekochtes Müsli

Das Getreide, d. h. Körner, Schrot oder Flocken, mit Milch oder Wasser kochen. So zubereitet, bleiben die Wirkstoffe Ihres Müslis am besten erhalten!

- Dazu die Flüssigkeit aufkochen, nicht salzen, Salz verlängert die Garzeit.
- Getreide in die kochende Flüssigkeit schütten.
- Unter Rühren aufkochen.
- Bei Verwendung von Trockenfrüchten die Trockenfrüchte untermischen.
- Getreide und groben Schrot auf kleiner Flamme zugedeckt weich kochen, dabei immer wieder umrühren, da sonst der Getreidebrei anbrennt. Bei Flocken genügt ein einmaliges Aufkochen.
- Nach dem Kochen **zugedeckt** mindestens 5 Minuten ausquellen lassen.
- Gegartes Getreide entweder warm genießen oder vollständig auskühlen lassen und anschließend mit den restlichen Zutaten vermischen und über Nacht quellen lassen.

> Gardauer verkürzen <

Wenn Sie die Gardauer von in Milch gekochtem Getreide verkürzen wollen, garen Sie das Getreide in ungesalzenem Wasser halbweich vor. Verwenden Sie dazu ca. die halbe Menge an Flüssigkeit. Gießen Sie mit Milch auf und lassen Sie das Getreide auf kleiner Flamme zugedeckt fertig garen.

Rohes Müsli

- Alle Zutaten vermischen und entweder sofort genießen oder über Nacht im Kühlschrank quellen lassen. Gut durchmischen und nach Bedarf mit Milch oder prickelndem Mineralwasser verdünnen.
- Ist Ihnen das Müsli aus dem Kühlschrank zu kalt, rühren Sie es am Vortag mit etwas weniger Milch an und mischen Sie am nächsten Tag heiße Milch oder kochend heißes Wasser aus dem Wasserkocher in Ihr Müsli.
- ✗ **Achtung!** Ganze Getreidekörner und groben Getreideschrot am besten nur gekocht verwenden.

> **> Tipp <**
>
> Je länger das Müsli quellen kann, desto leichter verdaulich wird es. Lassen Sie Müsli aber max. einen Tag quellen, ansonsten kann es verderben und es bauen sich wertvolle Inhaltsstoffe ab.

Die optimale Konsistenz

- **Das Müsli ist nach der Quellzeit zu fest?**
  Mischen Sie Wasser, Milch oder ein flüssiges Milchprodukt, z. B. Joghurt oder Buttermilch, in das Müsli, bis die gewünschte Konsistenz erreicht ist. Wenn Sie das Müsli lauwarm mögen, verwenden Sie kochend heißes Wasser aus dem Wasserkocher oder heiße Milch.
- **Das Müsli ist nach der Quellzeit zu flüssig?**
  Löffeln oder trinken Sie die überschüssige Flüssigkeit oder mischen Sie Hafermark dazu. Bei Hafermark handelt es sich um gequetschten, sehr klein- und zartblättrigen geschliffenen Hafer, der sich ausgezeichnet zum Eindicken eignet. Im Vergleich dazu sind klassische Haferflocken deutlich gröber, benötigen eine wesentlich längere Quellzeit als Hafermark und eignen sich daher nicht zum schnellen Eindicken.

> **> Tipp <**
>
> Müsli für kleine Kinder und Kauschwache: Pürieren Sie das gut eingeweichte Müsli mit einem Pürierstab oder in einem Stand-Mixglas.

Obst im Müsli – Tipps und Tricks

- Das Obst mischen Sie entweder frisch – so bleiben die meisten Vitamine erhalten! – oder, wenn es schnell gehen muss, schon am Vortag unter. Mit Ausnahme von Tiefkühlobst, das sollten Sie immer am Vortag zum Müsli geben, damit es auftauen kann. Das Müsli gefriert zwar beim Untermischen von Tief-

kühlobst ein wenig, taut aber über Nacht wieder auf.

- Manche Obstsorten, z. B. Bananen, können sich braun verfärben. Wenn Sie diese Verfärbung stört, mischen Sie das Obst unmittelbar vor dem Verzehr in das Müsli.
- Vermischen Sie sehr säurereiches saftiges Obst, z. B. Zitrusfrüchte, nicht direkt mit der Getreide-Milch-Mischung, sonst flockt die Milch aus. Mischen Sie das Obst erst nach Zugabe von einem weiteren Milchprodukt mit dickflüssiger oder festerer Konsistenz, z. B. Joghurt oder Ricotta, unter.
- Kiwi, Ananas und Papaya immer erst unmittelbar vor dem Verzehr untermischen. Vgl. Seite 172.
- Gemüse verwenden Sie wie Obst.

> Vitaminbombe Obst <

Obst, das kurz vor dem Verzehr geschnitten und ins Müsli gemischt wird, spendet mehr Vitamine, als Obst, das über Nacht im Müsli quillt. In Bezug auf die Mineralstoffe und Ballaststoffe ergibt sich kein Unterschied.

Müsli für die schlanke Linie

Damit Ihr Müsli nicht zur Kalorienbombe wird, beachten Sie folgende Tipps:

- Verwenden Sie pro große Portion max. 1 gehäuften EL (= 15 g) **Nüsse oder Samen**. 100 g Nüsse oder Samen enthalten durchschnittlich zwischen knapp 400 bis über 700 kcal. Obwohl das Fett aus Nüssen und Samen zu den gesündesten Fetten zählt, schlägt sich ein Zuviel trotzdem auf den Hüften nieder.
- Seien Sie sehr sparsam mit **Süßungsmitteln**, egal ob mit Honig, Zucker, Sirup oder mit Dicksäften. In 100 g stecken bis zu 400 kcal, d. h. knapp 1 Tafel Schokolade, und in einem Teelöffel voll schon ca. 40 kcal.
- Mit Beerenobst, z. B. Himbeeren, Johannisbeeren, Heidelbeeren oder Erdbeeren, können Sie jedes Müsli **kalorienarm „strecken"**. 100 g Beeren enthalten um die 40 kcal, also deutlich weniger als alle anderen Müsli-Zutaten. Wenn es keine frischen Beeren gibt, verwenden Sie Tiefkühlbeeren.
- Verwenden Sie **keine fettreichen Milchprodukte** wie Rahm, Creme fraîche oder Mascarpone. Diese schlagen mit einem Kaloriengehalt von über 300–500 kcal/100 g zu Buche. Im Vergleich dazu enthalten vollfette Milch und vollfettes Naturjoghurt nur rund 70 kcal/100 g.
- Achten Sie beim Kauf von **Marmelade** auf einen Fruchtanteil von über 70 %. Diese ist am kalorienärmsten und wirkstoffreichsten. Vgl. Seite 28.

Müslirezepte

Die angegebenen Mengen reichen, wenn nicht anders gekennzeichnet, für

- 1 Frühstücks- oder Mittagsportion für einen Erwachsenen
- 2 Portionen als Büro- oder Schuljause für Jugendliche
- mindestens 4 Portionen als Kinder-Jause für Kinderkrippe, Kindergarten, Volksschule und Hort.

Für alle Müslis gilt

Bei Verwendung von glutenfreiem Getreide, glutenfreien Flocken und glutenfreiem Schrot sind alle Müslis glutenfrei

Ohne Quellen: kurze Zubereitungszeit

Mit Quellen: lange Zubereitungszeit

Müsli – Grundrezept und Variationen

2 gut gehäufte EL beliebige Flocken (30 g), 1 gehäufter EL beliebige Trockenfrüchte (20 g) ➤ für Diabetiker weglassen, **Gewürze nach Geschmack lt. Seite 148 f., 1 Becher von einem beliebigen flüssigen Milchprodukt, z. B. Milch, Mager-Naturjoghurt, Buttermilch (250 g), 1 gehäufter EL Marmelade mit einem Fruchtanteil von mindestens 70 % (30 g), z. B Beerige Marmelade von Seite 199** ➤ für Diabetiker die Diabetikervariante wählen, **1 Stück Obst in Größe eines durchschnittlichen Apfels oder 2 Handvoll Beerenobst (150 g), 1 gut gehäufter EL beliebige Nüsse oder Samen (15 g), evtl. 2 gehäufte EL Cornflakes (10 g), frisch über das Müsli streuen, weichen sonst zu sehr auf!**

Gesamtmenge inkl. Cornflakes

kJ	kcal	Eiweiß (g)	Fett (g)	KH (g)	BE
2393.86	571.38	15.63	21.55	77.14	6.43
2077.31	495.79	15.19	21.41	59.41	4.95

Zubereitung siehe S. 150 f.

Blitz-Müsli

3 Portionen

1 großer Becher Naturjoghurt (500 g), 1 kleine Pkg. Tiefkühl-Beerenmischung (ca. 500 g)
6 gut gehäufte EL Haferflocken (90 g), 2 gehäufte EL Sonnenblumen- oder Kürbiskerne (30 g)
Evtl. mit Honig oder Ahornsirup süßen.

Nussmüsli *(siehe Abb. Seite 155)*

2 gut gehäufte EL beliebige Flocken oder eine Flockenmischung (30 g), 1 Becher Mager-Naturjoghurt (250 g), 1½ Handvoll beliebiges Beerenobst (150 g), frisch oder gefroren, 2 EL beliebige ganze Nüsse (20 g), geröstet
1 gehäufter EL beliebige Samen (15 g), geröstet, beliebige Gewürze lt. Seite 148 f.

Beerenmüsli

2 gut gehäufte EL beliebige Flocken oder eine Flockenmischung (30 g), ½ Becher Mager-Naturjoghurt (125 g)
½ Becher oder 1 kleine Tasse Milch, vollfett (125 g), knapp 2 Handvoll beliebige Beeren (200 g), z. B. Erdbeeren, Himbeeren, Heidelbeeren, Stachelbeeren, Brombeeren oder Johannisbeeren, frisch oder gefroren
knapp 1 gehäufter EL beliebige Nüsse (15 g), beliebige Gewürze lt. Seite 148 f.

Orangen-Verdauungs-Müsli *(siehe Abb. Seite 155)*

2 gut gehäufte EL beliebige Flocken oder eine Flockenmischung (30 g), 1 Becher Mager-Naturjoghurt (250 g)
1 Bio-Orange (ca. 150 g mit Schale), Schale abreiben, Filets herauslösen, den verbleibenden Saft auspressen
1 Msp. Zimt, 1 EL Sonnenblumenkerne (10 g), 1 EL Leinsamen (10 g)

Wintermüsli

2 gut gehäufte EL Haferflocken (30 g), 2 Msp. Zimt, 1 große Tasse Milch, vollfett (250 g), ½ Banane (ca. 80 g), in Scheiben schneiden, ½ Apfel (ca. 70 g), grob raspeln oder klein schneiden, 1 EL geröstete Haselnüsse (15 g)

Bircher-Müsli

2 gehäufte EL Haferflocken (30 g), 1 Msp. Zimt, knapp 1 kleine Tasse Milch, vollfett (100 g)
½ Becher Mager-Naturjoghurt (125 g), 1 Apfel (150 g), grob raspeln, 1 gut gehäufter EL Haselnüsse (15 g)

Von links nach rechts: Zartbitter-Schoko-Kirsch-Müsli, Orangen-Verdauungs-Müsli, Nuss-Müsli

Dattel-Bananen-Müsli mit Cashewkernen

Für Diabetiker nicht ideal

¼ Becher Ricotta (60 g), knapp 1 große Tasse Milch, vollfett (200 g), 2 gut gehäufte EL beliebige Flocken oder eine Flockenmischung (30 g), 30 g getrocknete Datteln (ca. 6 kleine Datteln), klein schneiden, ½ Banane (ca. 80 g), in Scheiben schneiden, 1 gut gehäufter EL Cashewnüsse, geröstet (15 g), beliebige Gewürze lt. Seite 148 f.

Ricotta und Milch in eine Schüssel geben, glatt rühren, restliche Zutaten untermischen.

Zartbitter-Schoko-Kirsch-Müsli *(siehe Abb. oben)*

150 g Milch, vollfett, ⅕ Pkg. Magertopfen (50 g), ¼ Pkg. Ricotta (60 g), 2 gut gehäufte EL beliebige Flocken oder eine Flockenmischung (30 g), 1 gehäufter TL ungesüßtes Kakaopulver (4 g)
100 g entkernte Sauerkirschen, frisch, aus dem Glas oder Tiefkühl-Sauerkirschen
1 TL gehackte Zartbitterschokolade (4 g) ➤ auch für Diabetiker, beliebige Gewürze lt. Seite 148 f.

Milch, Topfen und Ricotta in eine Schüssel geben, glatt rühren, restliche Zutaten untermischen.

> Leinsamen – der pflanzliche Fischersatz <

Leinsamen enthält wie Fisch wertvolle Omega-3-Fettsäuren. Um diese aufnehmen zu können, schroten Sie den Leinsamen. Besonders bei Rheuma, MS und allen entzündlichen Erkrankungen empfehlenswert. Vorausgesetzt, es gibt keine medizinische Gegenindikation.

Stracciatella-Müsli

2 gut gehäufte EL beliebige Flocken oder eine Flockenmischung (30 g), 1 Becher Mager-Naturjoghurt (250 g)
1 EL gehackte Schokolade oder Schokoflocken (8 g) ➤ auch für Diabetiker, 1 gestrichener TL flüssiger Honig (10 g) ➤ für Diabetiker 1 g Süßstoff verwenden

Karotten-Apfel-Mandel-Müsli

2 gut gehäufte EL beliebige Flocken oder eine Flockenmischung (30 g), 2 Msp. Lebkuchengewürz, Saft und Schale von ½ Bio-Orange (ca. 30 g Saft), ½ Pkg. Acidophilusmilch oder Sauermilch (250 g), 1 Karotte (80 g), raspeln, 1 Apfel (150 g), raspeln, 1 gut gehäufter EL Mandeln (15 g), geröstet, grob gehackt

Sojamüsli mit Erdbeeren und Feigen

2 gut gehäufte EL beliebige Flocken oder eine Flockenmischung (30 g), 200 g Sojamilch, ungesüßt
3 Stück getrocknete Feigen (30 g), klein schneiden ➤ für Diabetiker 1 frische Feige (70 g), 150 g Erdbeeren, frisch oder tiefgekühlt, 10 g geröstete Sojabohnen (Knabbersojabohnen), beliebige Gewürze lt. Seite 148 f.
1 gehäufter EL ungesüßte Cornflakes (15 g)

Quitten-Lebkuchen-Müsli mit Haselnüssen

2 gut gehäufte EL beliebige Flocken oder eine Flockenmischung (30 g), 2 Msp. Lebkuchengewürz
½ Becher Mager-Naturjoghurt (125 g), ½ Becher Milch, vollfett (125 g)
2 gehäufte EL Quittenmarmelade (50 g) lt. Rezept auf Seite 198 ➤ für Diabetiker die Diabetikervariante verwenden, 1 Apfel oder ½ Apfel und ½ Birne (150 g), klein schneiden oder grob raspeln
1 EL geröstete, gehackte Haselnüsse (15 g), evtl. mit einem Stück Feige garnieren

Couscous-Honigmelonen-Müsli

30 g Couscous, 1 Msp. Zimt, knapp 1 EL Rosinen (15 g) ➤ für Diabetiker weg lassen, 2 Dörrpflaumen (20 g) ➤ für Diabetiker 1 frische Pflaume (60 g), klein schneiden, 100 g kochend heißes Wasser
⅕ Pkg. Magertopfen (50 g), knapp 1 kleine Tasse Milch, vollfett (100 g), 100 g Honigmelone, klein schneiden oder sehr grob raspeln, Schale und Fruchtfleisch von ½ Bio-Orange (70 g Fruchtfleisch)

Couscous, Zimt, Rosinen und Dörrpflaumen in eine große Schüssel geben. Die Schüssel soll so groß sein, dass die restlichen Zutaten noch Platz haben. Mit dem kochend! heißen Wasser übergießen. Gut zugedeckt 10 Minuten quellen lassen. Restliche Zutaten untermischen.

Mohn-Müsli mit Himbeeren *(siehe Abb. unten)*

2 gut gehäufte EL beliebige Flocken oder eine Flockenmischung (30 g), knapp 1 Becher Mager-Naturjoghurt (200 g), ¼ Becher Sauerrahm (60 g), 1 EL Mohn (10 g), 150 g Himbeeren, 1 EL Pinien- oder Cashewkerne (15 g), beliebige Gewürze lt. Seite 148 f.

Rohnen-Preiselbeer-Müsli mit Kürbiskernen

½ Becher Mager-Naturjoghurt (125 g), ¼ Becher Milch, vollfett (60 g), ¼ Becher Ricotta (60 g)
2 gut gehäufte EL beliebige Flocken oder eine Flockenmischung (30 g), 60 g rohe Rohnen, fein raspeln
60 g Preiselbeeren, frisch oder tiefgekühlt, ersatzweise Marmelade oder andere Beeren
1 EL Kürbiskerne, geröstet, gehackt (15 g), beliebige Gewürze lt. Seite 148 f.

Joghurt, Milch und Ricotta in eine Schüssel geben und glatt rühren. Mit den restlichen Zutaten vermischen.

Mango-Vanille-Müsli

½ Becher Mager-Naturjoghurt (120 g), ¼ Becher Milch, vollfett (60 g), ¼ Becher Ricotta (60 g)
2 gut gehäufte EL beliebige Flocken oder eine Flockenmischung (30 g), 150 g Mango, klein schneiden
Mark von ¼ Vanilleschote, 1 EL Pistazien oder gehackte Kürbiskerne (15 g)

Joghurt, Milch und Ricotta in eine Schüssel geben und glatt rühren. Mit den restlichen Zutaten vermischen.

Von links nach rechts: Quitten-Lebkuchen-Müsli mit Haselnüssen, Couscous-Honigmelonen-Müsli, Mohn-Müsli mit Himbeeren

Rahmiges Flocken-Obst-Müsli

2 gut gehäufte EL beliebige Flocken oder eine Flockenmischung (30 g), ½ Becher Mager-Naturjoghurt (120 g) ¼ Becher Milch, vollfett (60 g), ¼ Becher Sauerrahm (60 g), 150 g beliebiges gemischtes Obst, z. B. Beerenmischung, frisch oder tiefgekühlt, 1 EL beliebige Nüsse (15 g), geröstet, beliebige Gewürze lt. Seite 148 f.

Ingwer-Karotten-Müsli

2 gut gehäufte EL beliebige Flocken oder eine Flockenmischung (30 g), knapp 1 kleine Tasse Milch, vollfett (100 g), knapp ½ Becher Mager-Naturjoghurt (100 g), ¼ Becher Sauerrahm (60 g)
1 Karotte (80 g), fein raspeln, 2 Msp. frischer Ingwer (4 g), fein reiben, 1 EL Walnüsse (15 g), geröstet

Studentenmüsli

2 gut gehäufte EL beliebige Flocken oder eine Flockenmischung (30 g)
2 gut gehäufte EL Studentenfutter (30 g), 150 g Tiefkühlbeeren oder frische Beeren, ½ Becher Mager-Naturjoghurt (125 g), knapp 1 kleine Tasse Milch (100 g), beliebige Gewürze lt. Seite 148 f.

Buttermilch-Obstsalat-Müsli

2 gut gehäufte EL beliebige Flocken oder eine Flockenmischung (30 g), ½ Pkg. Buttermilch (250 g)
150 g beliebiges Obst, z. B. Waldfrüchte, 1 EL geröstete, gehackte Kürbiskerne oder beliebige Nüsse (15 g)
Beliebige Gewürze lt. Seite 148 f., 2 EL Cornflakes (10 g), erst unmittelbar vor dem Servieren untermengen

Pflaumen-Zimt-Müsli

2 gut gehäufte EL beliebige Flocken oder eine Flockenmischung (30 g), gut 1 Msp. Zimt
½ Becher Mager-Naturjoghurt (125 g), knapp 1 kleine Tasse Milch, vollfett (100 g), 1 gut gehäufter EL Ricotta (30 g), 150 g Pflaumen, frisch oder Tiefkühlware, klein schneiden, 1 EL geröstete Mandeln (15 g)

Kokos-Kirsch-Müsli mit Pinienkernen

½ Becher Mager-Naturjoghurt (125 g), 4 EL Kokosmilch (32 g), ¼ Becher Ricotta (60 g), 2 gut gehäufte EL Flocken oder eine Flockenmischung (30 g), 1 EL Kokosflocken (9 g), 20 g Fruchtstücke einer frischen Kokosnuss, klein hacken, 100 g Kirschen, frisch oder gefroren, Schale von ½ Bio-Zitrone, 1 EL Pinienkerne (10 g)

Joghurt, Kokosmilch und Ricotta in eine Schüssel geben und glatt rühren. Mit den restlichen Zutaten vermischen.

Kokosbusserl-Müsli

2 gut gehäufte EL Hafermark oder zarte Haferflocken (30 g), 1 Becher Mager-Naturjoghurt (250 g)
4 EL Kokosmilch (32 g), 2 EL Kokosflocken (18 g), Schale von ½ Bio-Zitrone, Mark einer ¼ Vanilleschote

Stachelbeer-Müsli

½ Becher Mager-Naturjoghurt (125 g), ¼ Becher Ricotta (60 g), knapp 1 kleine Tasse Milch, vollfett (100 g)
2 gut gehäufte EL beliebige Flocken oder eine Flockenmischung (30 g), 150 g Stachelbeeren
Beliebige Gewürze lt. Seite 148 f., 2 EL Cornflakes (10 g)

Joghurt, Ricotta und Milch in eine Schüssel geben und glatt rühren. Mit den restlichen Zutaten vermischen. Cornflakes erst kurz vor dem Servieren untermengen.

Marillen-Nektarinen-Pfirsich-Müsli

Knapp 1 Becher Mager-Naturjoghurt (200 g), ¼ Becher Ricotta (60 g), 2 gut gehäufte EL beliebige Flocken oder eine Flockenmischung (30 g), 150 g Obst, gemischt aus Marille, Nektarine und Pfirsich, klein schneiden
1 EL Sesam (10 g), knapp 1 EL geröstete Mandeln (10 g), beliebige Gewürze lt. Seite 148 f., Joghurt und Ricotta in eine Schüssel geben und glatt rühren. Mit den restlichen Zutaten vermischen.

Hüttenkäse-Vanille-Aprikosen-Bananen-Müsli

2 gut gehäufte EL beliebige Flocken oder eine Flockenmischung (30 g), ca. 2 getrocknete Aprikosen (30 g)
➤ für Diabetiker 1 Aprikose (70 g), frisch oder Tiefkühlware, klein schneiden, Mark einer ¼ Vanilleschote
½ Becher oder 1 kleine Tasse Milch, vollfett (125 g), ½ Pkg. Hüttenkäse Magerstufe, natur (100 g)
½ Banane (80 g), in Scheiben schneiden, 1 EL beliebige geröstete, gehackte Kürbiskerne (15 g)

Milchreis-Johannisbeer-Müsli mit Pflaumen

Reisverwertung

Ca. 60 g gegarter Naturreis oder Milchreisreste, 1 gehäufter EL Haferflocken (15 g), ½ Becher Mager-Naturjoghurt (125 g), 1 Msp. Zimt, 1 Prise Nelkenpulver, evtl. Schale einer ¼ Bio-Orange, 1 EL Sauerrahm (30 g)
3 Stück Dörrpflaumen (30 g) ➤ für Diabetiker 1 große Pflaume (70 g), frisch oder gefroren, klein schneiden
150 g rote Johannisbeeren, frisch oder gefroren, beliebige Gewürze lt. Seite 148 f., 2 EL Cornflakes (10 g), erst unmittelbar vor dem Servieren untermischen

Erfrischendes Wassermelonen-Müsli

2 gut gehäufte EL beliebige Flocken oder eine Flockenmischung (30 g), 1 Becher Mager-Naturjoghurt (250 g)
½ TL Zitronenmelissenblätter, gehackt, Schale und Saft von ½ Bio-Zitrone, 200 g Wassermelone, klein schneiden, 50 g prickelndes Mineralwasser

Alle Zutaten bis auf die Melone und das Mineralwasser vermengen. Zugedeckt über Nacht im Kühlschrank ziehen lassen. Die Melone kurz vor dem Servieren untermischen, Mineralwasser zum Schluss dazugeben. Nur 1 x sanft umrühren, sonst geht die Kohlensäure verloren und das Müsli schmeckt nicht mehr so erfrischend.

Physalis-Bananen-Müsli mit Walnüssen

2 gut gehäufte EL beliebige Flocken oder eine Flockenmischung (30 g), ½ EL Gojibeeren (10 g) oder andere Trockenfrüchte ➤ für Diabetiker weglassen, knapp 1 Becher Mager-Naturjoghurt (200 g)
¼ Becher Sauerrahm (60 g), ½ Banane (80 g), in Scheiben schneiden, ca. 50 g Physalis, vierteln
1 EL geröstete gehackte Walnüsse (15 g), beliebige Gewürze lt. Seite 148 f.

Apfelstrudel-Müsli

2 gut gehäufte EL beliebige Flocken oder eine Flockenmischung (30 g), 1 Becher Mager-Naturjoghurt (250 g)
1 EL Sauerrahm (30 g), ½ EL Rosinen (10 g) ➤ für Diabetiker weglassen, 2 Msp. Zimt
1 kleine Msp. Nelkenpulver, Schale von ¼ Bio-Zitrone, 1 Apfel (150 g), raspeln

Marmeladen-Blitz-Müsli

2 gut gehäufte EL beliebige Flocken oder eine Flockenmischung (30 g), ½ Pkg. Sauermilch (250 g)
50 g Marmelade, z. B. Beerige Marmelade von Seite 199 ➤ für Diabetiker die Diabetikervariante wählen
1 gehäufter EL beliebige Nüsse (15 g), 2 gehäufte EL ungesüßte Cornflakes (10 g)

Feigen-Erdbeer-Müsli mit Nudeln

Ca. 50 g gegarte Vollkornnudeln oder 20 g rohe Vollkornnudeln al dente garen, 1 gehäufter EL Haferflocken (15 g), 1 Becher Mager-Naturjoghurt (250 g), 100 g Erdbeeren, 1 frische Feige (ca. 60 g), klein schneiden, 1 EL geröstete, gehackte Haselnüsse oder andere beliebige Nüsse (15 g), beliebige Gewürze lt. Seite 148 f., 2 EL Cornflakes (10 g), erst unmittelbar vor dem Verzehr untermengen

Die Nudeln erst kurz vor dem Servieren untermischen, dann bleiben sie al dente.

Müslis aus dem Kochtopf

Weintrauben-Müsli mit Couscous

30 g Couscous, ½ Becher kochend heiße Milch, vollfett (125 g), 15 g beliebige Flocken oder eine Flockenmischung, 150 g rote und grüne Weintrauben, ½ Becher Mager-Naturjoghurt (125 g), beliebige Gewürze lt. Seite 148 f., 2 EL Cornflakes (10 g), unmittelbar vor dem Servieren untermischen

Couscous und Flocken in eine große Schüssel geben. Die Schüssel soll so groß sein, dass die restlichen Zutaten noch Platz haben. Mit der kochend! heißen Milch übergießen. Gut zugedeckt 10 Minuten quellen lassen. Restliche Zutaten untermischen.

Hirse-Pflaumen-Müsli

Ca. 100 g Wasser, 30 g Hirseflocken , 1 EL Leinsamen (10 g), 2 Dörrpflaumen (20 g), klein schneiden ➤ für Diabetiker weglassen, knapp 1 Becher Mager-Naturjoghurt (200 g), ¼ Becher Sauerrahm (60 g) 100 g frische Pflaumen ➤ für Diabetiker 150 g Pflaumen, klein schneiden, beliebige Gewürze lt. Seite 148 f.

Wasser aufkochen, Hirseflocken, Leinsamen und getrocknete Pflaumen hinzufügen. Zugedeckt 1 x aufkochen lassen. Vom Herd nehmen. Die restlichen Zutaten untermischen. Entweder über Nacht quellen lassen oder frisch genießen.

Buchweizen-Papaya-Müsli

Ca. 300 g Wasser, 30 g roher Buchweizen, 1 gehäufter EL beliebige Trockenfrüchte (20 g), klein schneiden ➤ für Diabetiker weglassen, 1 Becher Mager-Naturjoghurt (250 g), 50 g Papaya ➤ für Diabetiker 100 g Papaya, klein schneiden, 100 g Honigmelone, klein schneiden, 1 EL geröstete, gehackte Cashewnüsse oder andere beliebige Nüsse (15 g), Schale von ¼ Bio-Zitrone, Mark von ¼ einer Vanilleschote

Wasser aufkochen, Buchweizen und Trockenfrüchte hinzufügen. Zugedeckt weich garen. Dabei immer wieder umrühren, brennt leicht an. Nach Bedarf heißes Wasser hinzufügen. Vom Herd nehmen und die restlichen Zutaten untermischen. Entweder über Nacht quellen lassen oder frisch genießen.

Dinkel-Vanille-Heidelbeer-Müsli

300 g Wasser, 30 g Dinkelkörner oder Dinkelschrot, Mark von ¼ Vanilleschote, ⅕ Pkg. Magertopfen (50 g) ½ Becher Mager-Naturjoghurt (125 g), 150 g Wildheidelbeeren, frisch oder gefroren, 1 EL geröstete, gehackte Haselnüsse (10 g)

Wasser aufkochen, Dinkel hinzufügen. Zugedeckt weich garen. Dabei immer wieder umrühren, brennt leicht an. Nach Bedarf heißes Wasser hinzufügen. Vom Herd nehmen und die restlichen Zutaten untermischen. Entweder über Nacht quellen lassen oder frisch genießen.

> Tipp <

Kulturheidelbeeren enthalten deutlich mehr Zucker als Wildheidelbeeren. Der Zuckergehalt hängt von der jeweiligen Sorte ab.

Warmes Vanille-Schrot-Müsli

Ca. 1 große Tasse Wasser (250 g), 2 EL beliebiger Getreideschrot, z. B. Dinkelschrot (30 g) Mark von ¼ Vanilleschote, 1 Becher Mager-Naturjoghurt (250 g), 1 Birne (150 g), grob raspeln oder in Stücke schneiden, 1 gehäufter EL geröstete, gehackte Haselnüsse oder beliebige andere Nüsse (15 g)

Wasser aufkochen. Schrot hinzufügen. Zugedeckt auf kleiner Flamme weich garen. Immer wieder umrühren, da es sonst anbrennt. Bei Bedarf Wasser nachgießen. Vom Herd nehmen. Die restlichen Zutaten untermischen. Sofort genießen.

Verdauungsmüsli

Ca. 300 g Wasser, 2 EL beliebiger Getreideschrot, z. B. Weizen- und Roggenschrot (30 g) 2 Dörrpflaumen (20 g) ➤ für Diabetiker 1 frische Pflaumen (40 g), **klein schneiden, 2 Dörrfeigen (20 g)** ➤ für Diabetiker 1 frische Feige (60 g), **klein schneiden, 2 Msp. Ingwer oder Zimt, 1 gehäufter EL geschroteter Leinsamen (15 g), knapp 1 kleine Tasse Milch, vollfett (100 g), 150 g Beerenobst, frisch oder Tiefkühlware 1 EL geröstete, gehackte Haselnüsse (15 g)**

Wasser aufkochen. Schrot, Dörrobst, Gewürze und Leinsamen hinzufügen. Zugedeckt so lange garen, bis der Schrot weich ist. Dabei immer wieder umrühren. Brennt leicht an! Bei Bedarf Wasser nachgießen.
Vom Herd nehmen, restliche Zutaten untermischen. So viel Milch hinzufügen, dass die gewünschte Konsistenz erreicht wird. Noch warm genießen.

Hildegard-Müsli

Ca. 1 große Tasse Wasser (250 g), 2 EL Dinkelschrot (30 g), 1 Msp. Bertram, 1 Msp. Galgant, 2 Msp. Zimt 1 EL Hafermark (15 g), knapp 1 kleine Tasse Milch, vollfett (100 g), 1 Apfel (150 g), grob raspeln oder in Stücke schneiden

Wasser aufkochen. Schrot und Gewürze hinzufügen. Zugedeckt auf kleiner Flamme weich garen. Immer wieder umrühren, da es sonst anbrennt. Bei Bedarf Wasser nachgießen.
Vom Herd nehmen und die restlichen Zutaten untermischen. Sofort genießen.

Kokos-Ananas-Müsli mit Couscous

30 g roher Couscous, 1 Tasse kochend heiße Milch, vollfett (200 g), 4 EL Kokosmilch (32 g), 1 EL Kokosraspeln (9 g), 1 Scheibe Ananas (100 g), frisch oder aus der Dose, klein schneiden, 1 EL Ricotta (30 g) 2 EL Cornflakes (10 g), unmittelbar vor dem Servieren untermischen

Couscous in eine große Schüssel geben. Die Schüssel soll so groß sein, dass die restlichen Zutaten noch Platz haben. Mit der kochend! heißen Milch übergießen. Gut zugedeckt 10 Minuten quellen lassen. Restliche Zutaten untermischen.

Wärmendes Hafermüsli

Ca. 1 große Tasse Wasser (250 g), 2 EL Haferflocken oder Haferschrot (30 g), 1 Msp. Bertram, 2 Msp. Zimt 100 g Kürbis, z. B. Moschuskürbis, klein schneiden, 1 große Tasse Milch, vollfett (250 g) ½ Apfel (70 g), grob raspeln oder in Stücke schneiden

Wasser aufkochen. Flocken oder Schrot, Gewürze und Kürbis hinzufügen. Zugedeckt auf kleiner Flamme weich garen. Immer wieder umrühren, da es sonst anbrennt. Bei Bedarf Wasser nachgießen. Vom Herd nehmen und die restlichen Zutaten untermischen. Sofort genießen.

Kräftiges Roggenmüsli mit Zwetschgen

Ca. 1 große Tasse Wasser (250 g), 2 EL Roggenschrot (30 g), 1 Sternanis, ¼ Vanillestange
½ Tasse Milch, vollfett (125 g), ½ Becher Mager-Naturjoghurt (125 g), 150 g Zwetschgen, klein schneiden

Wasser aufkochen. Schrot und Gewürze hinzufügen. Zugedeckt auf kleiner Flamme weich garen. Immer wieder umrühren, da es sonst anbrennt. Bei Bedarf Wasser nachgießen. Vom Herd nehmen, die Gewürze entfernen und die restlichen Zutaten untermischen. Sofort genießen.

Müslicreme

Vermischen Sie alle Zutaten und lassen Sie das Müsli über Nacht quellen. Am nächsten Tag mit einem Pürierstab oder im Thermomix fein pürieren. Ist das Müsli zum Pürieren zu fest, geben Sie noch etwas Milch dazu.

Müsli – Gesamtmenge, ungesüßt	kJ	kcal	Eiweiß (g)	Fett (g)	KH (g)	BE
Blitz-Müsli	4919.70	1175.20	41.52	38.50	159.66	13.30
Nussmüsli	2042.20	488.40	22.70	24.00	43.34	3.65
Beerenmüsli	1705.65	407.45	17.37	17.16	43.63	3.66
Orangen-Verdauungs-Müsli	1556.30	372.30	21.94	11.04	43.64	3.67
Wintermüsli	2020.45	482.10	14.80	21.04	57.44	4.79
Bircher-Müsli	1695.90	405.45	15.45	16.09	48.58	4.06
Dattel-Bananen-Müsli	2463.20	588.60	18.87	24.61	71.41	5.95
Zartbitter-Schoko-Kirsch-Müsli	1786.26	427.44	21.55	17.55	43.61	3.64
Stracciatella-Müsli	1172.28	280.62	17.17	3.83	42.66	3.59
	1043.98	250.02	17.13	3.83	35.16	2.96
Karotten-Müsli	1957.85	469.25	16.66	19.79	53.28	4.42
Sojamüsli	2670.20	637.45	42.96	25.56	56.93	4.74
	2498.00	596.35	42.11	25.24	48.51	4.04
Quitten-Müsli	1941.00	463.96	16.47	17.15	59.34	4.96
	1845.02	441.07	16.49	17.17	53.59	4.48
Couscous-Müsli	1501.85	358.20	15.81	4.50	60.90	5.08
	1214.60	289.50	15.14	4.32	45.80	3.82
Mohn-Müsli	1989.60	477.45	23.13	23.58	39.62	3.33
Rohnen-Müsli	1790.35	428.75	21.25	19.50	40.31	3.38
Mango-Müsli	1990.35	476.10	19.84	20.72	50.94	4.27

Rahmiges Flocken-Obst-Müsli	1862.25	446.70	17.12	23.53	38.40	3.22
Ingwer-Karotten-Müsli	1826.24	438.05	16.66	24.78	36.31	3.03
Studentenmüsli	1777.05	424.65	19.82	16.12	46.32	3.88
Buttermilch-Müsli	1593.80	381.00	18.18	12.45	46.48	3.87
Pflaumen-Zimt-Müsli	1826.25	436.65	19.55	18.08	47.43	3.97
Kokos-Kirsch-Müsli	2376.42	568.35	19.79	34.26	43.92	3.68
Kokosbusserl-Müsli	1613.72	385.90	17.95	19.43	33.60	2.83
Stachelbeer-Müsli	1792.95	429.25	19.78	14.07	52.81	4.42
Marillen-Nektarinen-Pfirsich-Müsli	2005.20	480.50	23.43	20.84	47.79	4.00
Hüttenkäse-Müsli	2124.85	506.70	27.36	15.04	62.62	5.22
	1935.55	461.40	26.39	14.93	53.46	4.46
Milchreis-Müsli	1681.15	402.15	13.85	6.50	67.22	5.62
	1491.45	356.75	13.27	6.31	57.41	4.80
Wassermelonen-Müsli	1277.34	305.34	17.58	2.81	50.13	4.21
Physalis-Müsli	2244.00	538.05	19.84	21.93	62.74	5.25
	2119.30	508.25	19.59	21.87	56.12	4.70
Apfelstrudel-Müsli	1585.24	380.38	18.06	7.57	57.41	4.81
	1460.54	350.58	17.82	7.52	50.79	4.26
Marmeladen-Müsli	1903.80	455.84	15.05	20.87	49.31	4.10
	1779.56	426.18	15.14	20.90	41.71	3.47
Feigen-Erdbeer-Müsli	1804.35	431.60	20.99	12.32	56.70	4.76
Weintrauben-Müsli	1823.00	435.65	17.77	6.42	74.14	6.20
Hirse-Müsli	1768.90	424.60	18.46	13.88	54.04	4.53
	1649.00	395.90	18.09	13.76	47.85	4.02
Buchweizen-Müsli	1617.95	386.80	19.48	7.35	58.11	4.88
	1395.55	333.70	19.25	7.29	46.07	3.87
Dinkel-Vanille-Müsli	1328.05	317.35	18.71	8.38	39.56	3.72
Warmes-Vanille-Schrot-Müsli	1611.05	385.00	19.20	11.21	51.74	4.74
Verdauungsmüsli	1966.50	469.55	15.49	19.57	54.43	4.54
	1747.30	417.15	14.67	19.28	43.32	3.62
Hildegard-Müsli	1261.22	301.34	10.08	5.93	51.20	4.66
Kokos-Ananas-Müsli	2046.67	488.90	14.94	22.95	54.30	4.53
Hafermüsli	1400.80	334.40	13.65	11.33	43.48	3.63
Roggenmüsli	1224.80	292.45	13.97	5.31	45.41	3.80

Müslishakes – Müsli als Getränk

Bereiten Sie die halbe Menge an Müsli zu. Mischen Sie zusätzlich mindestens eine Tasse beliebige Milch, z. B. Vollmilch oder Buttermilch, unter. Entweder das Müsli über Nacht im Kühlschrank quellen lassen oder sofort nach dem Verrühren pürieren. Wenn Sie das Müsli quellen lassen, schmeckt der Shake cremig, ansonsten kernig.
Pürieren Sie die Müslimasse mit einem Pürierstab, im Standmixer oder im Thermomix. Wenn Sie den Shake flüssiger möchten, mischen Sie Milch oder prickelndes Mineralwasser unter, soll der Shake dickflüssiger werden, Hafermark.

Trockenmüsli-Mischungen auf Vorrat

Folgende Zutaten eignen sich hervorragend zur Kreation Ihrer ganz persönlichen Trockenmüsli-Mischung:

- **Flocken:** Hafer-, Weizen-, Roggen-, Dinkel-, Hirseflocken …
- **Trockenfrüchte:** Ananas, Apfel, Aprikosen, Bananen, Birnen, Beeren, Cranberries, Datteln, Feigen, Mango, Papaya, Rosinen, Sultaninen, Pflaumen, Preiselbeeren; Trockenfrüchte klein hacken bzw. kleine Trockenfrüchte, z. B. Rosinen, ganz lassen
  - Trockenfrüchte sind aufgrund des konzentrierten Zuckergehalts für Diabetiker weniger geeignet.
- **Nüsse:** Cashew-, Erd-, Hasel-, Macadamia-, Para-, Pecan-, Walnuss, Mandel, Pistazie, Pinienkerne, Mandelsplitter, Mandelstifte; geröstet schmecken die Nüsse noch besser, Nüsse rösten siehe Seite 140 f.
- **Kokos:** Kokosflocken, Kokoschips
- **Samen:** Sesam, Leinsamen, Sonnenblumenkerne, Kürbiskerne, Knabbersojabohnen, Mohn; Sonnenblumen- und Kürbiskerne schmecken geröstet noch besser. Dazu die Kerne im Backrohr bei 180 °C Heißluft rösten, vor Verwendung vollständig auskühlen lassen.
- **Schokolade:** Schokoflocken, Schokostreusel, gehackte Schokolade mit beliebigem Kakaoanteil, ungesüßtes Kakaopulver ➤ für Diabetiker nur kleine Mengen bzw. ungesüßtes Kakaopulver verwenden.
- **Cornflakes:** Ungesüßt, ✗ **Achtung!** Cornflakes weichen auf, wenn sie mit Trockenfrüchten in einer Dose gelagert werden.

Müslimischungen

Mischen Sie 100 g beliebige Flocken oder eine Flockenmischung mit einer der folgenden Kombinationen. Das fertig gemischte Müsli in einer gut verschließbaren Vorratsdose oder einem Schraubverschlussglas dunkel aufbewahren.

- **Ananas-Banane:** 3 EL getrocknete, gehackte Ananas, 3 EL gehackte Bananenchips, 3 EL Pinienkerne, 1 EL getrocknete Beeren, z. B. Erdbeeren
- **Apfelmüsli:** 100 g getrockneter Apfel, klein schneiden, 3 EL Cashewkerne, grob hacken, 1 EL Cranberries
- **Aprikose-Cranberries:** 4 EL getrocknete Aprikosen, gehackt, 1 EL Cranberries, 2 EL beliebige Samen
- **Bircher-Müsli:** 3 EL gehackte Haselnüsse, 3 EL Rosinen oder Sultaninen, 2 EL getrocknete Apfelstücke
- **Exotische Kokosfrucht:** 3 EL Kokosflocken oder Kokoschips, 3 EL exotische Trockenfrüchte
- **Früchtemüsli:** 5 EL beliebige Trockenfrüchte (100 g), gehackt
- **Kaisermüsli:** 5 EL beliebige Trockenfrüchte, gehackt, 3 EL beliebige Nüsse, gehackt oder ganz, 2 EL gehackte Bananenchips, 1 EL Schokoflocken, 2 EL beliebige Samen
- **Nuss-Frucht-Müsli:** 4 EL beliebige Trockenfrüchte, gehackt, 4 EL beliebige Nüsse
- **Schokobanane:** 3 EL Bananenchips, grob gehackt, zum Hacken die Chips in einen Gefrierbeutel geben und darüberklopfen, 2 EL Schokoflocken, ½ TL Kakaopulver, 4 EL Cornflakes
- **Schokonuss:** 2 EL Schokoflocken oder gehackte Schokolade, 3 EL gehackte beliebige Nüsse, 4 EL Cornflakes
- **Tiroler Müsli:** 2 EL getrocknete Preiselbeeren, 2 Dörrbirnen, klein schneiden, 1 Handvoll gedörrte Apfelspalten, vierteln, 3 EL Walnüsse, geröstet und sehr grob gehackt
- **Verdauungsmüsli:** je 4 Stück Dörrpflaumen, Datteln und Feigen fein hacken, 2 EL Leinsamen, 2 EL Sonnenblumenkerne
- Lassen Sie für die Diabetikervariante die Trockenfrüchte weg und ersetzen Sie diese durch Frischobst, das Sie kurz vor dem Servieren untermengen.

✗ **Tipp:** Die Trockenfrüchte können Sie laut Rezept von Seite 138 zubereiten.

Müslimischungen von links nach rechts: Ananas-Banane, Exotische Kokosfrucht, Schokobanane

Crunchy-Müsli

Menge pro 100 g Flocken, kann beliebig erweitert werden

Basis

100 g beliebige Flocken oder Flockenmischung
50 g Samen und/oder Nüsse, z. B. Sesam, Sonnenblumenkerne, Kürbiskerne, Leinsamen, gehackte Nüsse, z. B. Walnüsse, Haselnüsse, Macadamianüsse, Mandeln, Mandelstifte …
15 g flüssiger Honig
10 g Zucker

Die Flocken, Samen und Nüsse bei 160 °C im Backrohr vorrösten, bis sie zu duften beginnen. Dauert ein paar Minuten.
✗ **Achtung!** Zu Beginn tut sich nichts, sobald die Mischung aber heiß genug ist, geht der Röstvorgang sehr schnell. Am besten Sie bleiben vor dem Backrohr stehen und beobachten den Backvorgang.
Aus dem Backrohr nehmen und mit dem Honig und dem Zucker vermischen.
Die bröselige Masse auf dem Blech verteilen. Sehr dünn auftragen, da sonst das Crunchy nicht gleichmäßig knusprig wird.
Bei 160 °C Heißluft 15–30 Minuten backen. Das Crunchy soll eine braune Farbe annehmen. Je länger Sie das Crunchy backen, umso knuspriger wird es.
✗ **Achtung!** Verbrennt leicht!

Gesamtmenge

kJ	kcal	Eiweiß (g)	Fett (g)	KH (g)	BE
3241.15	774.40	18.57	37.80	89.80	7.48

> Knuspriges Crunchy <

Wie knusprig das Crunchy wird, hängt zum einen von der Backdauer (je länger, desto knuspriger) und zum anderen vom Zuckergehalt ab (je mehr desto knuspriger). Mit ca. 14 % Zuckeranteil liegt dieses Crunchy weit unter den klassischen Crunchy-Müslis, schmeckt aber trotzdem noch knusprig. Wer es knuspriger möchte, muss den Zuckeranteil erhöhen.

✗ **Hinweis für Diabetiker:** Mischen Sie max. eine kleine Menge Crunchy in Ihr Müsli. Ein Austausch des Zuckers ist nicht möglich, sonst entsteht kein Crunchy mehr.

Das Crunchy mindestens 1 Tag auskühlen lassen. Eventuell in Stücke brechen. Mit beliebigen weiteren Zutaten vermischen, z. B. mit einer der angegebenen Müslimischungen, mit Trockenfrüchten, Flocken oder Nüssen.
In einer gut verschließbaren Vorratsdose aufbewahren.

✗ **Achtung!** Trockenfrüchte, z. B. Rosinen und Gewürze, z. B. Zimt, verbrennen, wenn Sie diese mitbacken.

Müsli aus dem Supermarkt

Müslimischungen und Cerealien finden Sie in Lebensmittelmärkten wie Sand am Meer. Viele dieser Mischungen haben mit einem gesunden Müsli nichts zu tun. Es handelt sich eher um klassische Süßigkeiten, aufgepeppt durch geschickte Werbeslogans. Wie Sie die Spreu vom Weizen unterscheiden können, ist relativ einfach. Achten Sie auf die vier Hauptmerkmale:

- **Max. 10 % Zuckerzusatz.** Einen Zuckerzusatz erkennen Sie zum einen an der Zutatenliste und zum anderen an der Nährwertkennzeichnung. Auf der Zutatenliste finden Sie für Zucker die Bezeichnungen Honig, Ahornsirup, Dicksaft, Traubenzucker, Fruchtzucker, Traubenfruchtsüße bzw. die Wörter mit der Silbe „-ose", z. B. Glucose, Fructose oder Glucose-Fructose-Sirup. Auch Malz kann als Süßungsmittel dienen.
- **Vollkorngetreide** sollte **in Form von Flocken oder Schrot** enthalten sein. Jedes hoch verarbeitete Vollkorngetreide, z. B. als Puff- oder Poppgetreide, kann durch die Verarbeitung viele natürliche Wirkstoffe verlieren. Zudem erhöht gepufftes Getreide den Blutzuckerspiegel deutlich schneller als Flocken, da es viel schneller verdaut wird. Der Sättigungseffekt hält also nur kurzfristig an.

> Tipp <

In den kostengünstigsten Packungen stecken meistens die gesündesten Müslis! Achten Sie auf die Zutatenliste!

- **Kein Zusatz von Aromastoffen.** Künstliche Aromastoffe haben in einem hochwertigen Müsli nichts verloren. Vgl. Kapitel Aromen von Seite 33.
- **Kein Zusatz von Wirkstoffen wie Vitamine und Mineralstoffe.** Verzichten Sie auf künstliche Zusätze! Werten Sie Ihr Müsli lieber mit natürlichen Wirkstoffen auf, z. B. in Form von Obst oder Marmelade mit einem Fruchtanteil von über 70 %. Vgl. Seite 28.

Fruchtjoghurt, Eis und süße Cremen

Welcher Joghurt ist der Gesündeste?

Verwenden Sie am besten Naturjoghurt mit reduziertem bis normalem Fettgehalt, d. h. bis max. 4 % Fettanteil. Der Naturjoghurt soll nur aus Joghurt bestehen und keine weiteren Zusätze, wie z. B. Verdickungsmittel, enthalten.
Wenn möglich, achten Sie beim Kauf von Joghurt auf die Herkunft der Milch. Milch von freilaufenden und Gras bzw. im Winter Heu fressenden Tieren schmeichelt nicht nur dem Gewissen, sondern auch Ihrer Gesundheit, da diese Milch eine gesündere Zusammensetzung aufweist.

Joghurt mit Früchten

Naturjoghurt mit beliebigen frischen oder Tiefkühlfrüchten, aufgetaut oder gefroren, vermischen. Bei Verwendung von gefrorenen Früchten gefriert der Joghurt, dies verändert aber den Geschmack des Joghurts nicht, vorausgesetzt es handelt sich beim Joghurt um einen Naturjoghurt ohne Zusätze. Naturjoghurt mit Zusätzen kann beim Auftauen flüssig werden und ausflocken.

Vorsicht, bitter! – Kiwi, Ananas und Papaya richtig verwenden

Kiwi, Ananas und Papaya erst unmittelbar vor dem Verzehr untermischen, sonst kann der Joghurt bitter schmecken. Schuld daran sind die eiweißspaltenden Enzyme Actinidin in Kiwi, Bromelain in Ananas und Papain in Papayas. Diese Enzyme zersetzen Milch, Joghurt und flüssige Milchprodukte und können dadurch zu einem bitteren Geschmack führen. Da es sich bei Enzymen um Eiweiß handelt, werden diese durch Erhitzen inaktiviert. Das heißt, einmal aufgekochte Früchte, z. B. als Kompott, können problemlos untergemischt werden.

Joghurt mit hausgemachter Marmelade, Fruchtmus oder -ragout

Naturjoghurt mit hausgemachter Marmelade, Fruchtragout oder Fruchtmus lt. Rezepte auf Seite 198 f. vermischen.

> Tipp <

Ihre Familie isst nur gekauften Joghurt? Mischen Sie Marmelade mit Naturjoghurt und füllen Sie den hausgemachten Fruchtjoghurt in Joghurt- oder schöne Marmeladengläser. Im Kühlschrank hält dieser Joghurt so lange, wie es das Mindesthaltbarkeitsdatum auf dem Joghurtbecher angibt.

Zucker in den Joghurt?

Versuchen Sie Ihren hausgemachten Fruchtjoghurt ohne Süßungsmittel zu genießen. Bevorzugen Sie stattdessen gut ausgereifte Früchte. Ausgereifte Früchte schmecken nicht nur süßer als unreife, sondern enthalten auch mehr Wirkstoffe, z. B. Vitamine. Sie werden sehen, Ihr Gaumen gewöhnt sich an den zart süßen Geschmack. Mehr noch, ungesüßter Fruchtjoghurt ermöglicht Ihrem Gaumen, den Geschmack der Früchte optimal wahrzunehmen. Jeder Löffel stellt quasi eine „Geschmacksschulung" für Ihren Gaumen dar.

Wenn Sie doch einmal süßen möchten, dann bevorzugen Sie Süßungsmittel, die man für die kalte Küche verwendet, z. B. Honig, Ahornsirup oder Birnendicksaft. Diese Süßungsmittel sollte man deshalb nur kalt genießen, weil sie beim Erwärmen einen Teil der wertvollen Inhaltsstoffe und der Süßkraft verlieren. Das ist auch mit ein Grund, weshalb hochwertiger Honig unter 40 °C geschleudert wird.

Erdbeer-Vanille-Joghurt von Seite 174

Ihre Kinder verschmähen Ihre hausgemachten Kreationen?

Der Grund kann darin liegen, dass Ihre Kinder häufig aromatisierte Lebensmittel verspeisen und damit den Geschmack der natürlichen Lebensmittel, z. B. den von einem Erdbeerjoghurt aus frischen Erdbeeren anstatt mit Erdbeeraroma, erst wieder erlernen müssen. Geben Sie nicht auf, nach rund acht Versuchen wird es Ihren Kindern schmecken. Gehen Sie selbst als positives Beispiel voran!

Joghurt

Erdbeer-Vanille-Joghurt

1 große Portion

1 Becher Mager-Naturjoghurt (250 g), eine gute Handvoll aromatische Erdbeeren (150 g), frisch oder Tiefkühlware, Mark von ¼ Vanilleschote, max. 1 TL Zucker (8 g) oder ➤ für Diabetiker 1 g Süßstoff

Gesamtmenge mit 8 g Zucker bzw. 1 g Süßstoff berechnet

kJ	kcal	Eiweiß (g)	Fett (g)	KH (g)	BE
784.26	187.90	13.70	0.85	28.73	2.43
648.50	155.50	13.70	0.85	20.75	1.77

Schoko-, Vanille- oder Kaffeejoghurt

1 große Portion

1 Becher gerührter Naturjoghurt (250 g), Süßungsmittel nach Geschmack, z. B. Zucker, Honig, Ahornsirup, Apfeldicksaft, Agavensirup ➤ für Diabetiker 1 g Süßstoff
Schokojoghurt: 1 gehäufter TL ungesüßtes Kakaopulver
Vanillejoghurt: 2 Msp. gemahlene Vanilleschote oder Mark von ¼ Vanilleschote
Kaffeejoghurt: 1 gehäufter TL lösliches Kaffeepulver, durch ein Sieb streichen, sonst löst es sich nicht auf.
✗ **Hinweis:** Kaffeejoghurt ist für Kinder ungeeignet!

Alle Zutaten verrühren.

> Tipp <

Die Joghurtvariationen eignen sich wunderbar zum Eintunken von Obst, z. B. für Johannisbeertrauben, Apfel-, Orangenspalten oder Erdbeeren.

Eis

Eis – Grundrezept

Zubereitung in wattstarkem Standmixer oder im Thermomix
Die Früchte tiefkühlen. Dazu große Früchte, z. B. Birnen, Äpfel oder Bananen, in kleine Stücke schneiden, kleine Früchte, wie z. B. Beeren, ganz lassen. Die restlichen Zutaten mit den gefrorenen Früchten vermischen und pürieren. Nach der Zubereitung sofort verzehren. Nicht einfrieren! Sonst wird das Eis steinhart und schmeckt nicht mehr cremig.

Zubereitung in der Eismaschine
Alle Zutaten mit dem Pürierstab oder im Standmixer pürieren. In der Eismaschine gefrieren.

Himbeer-Marillen-Eis

Mindestens 4 Portionen

250 g Himbeeren
250 g Marillen, klein würfeln
½ Becher Mager-Naturjoghurt (125 g)
½ Becher Ricotta (125 g)
2 EL Honig oder Zucker (30 g) ➤ für Diabetiker 2 g Süßstoff
Mark von ¼ Vanilleschote

Zubereitung siehe oben, Grundrezept

Gesamtmenge mit Honig bzw. Süßstoff berechnet

kJ	kcal	Eiweiß (g)	Fett (g)	KH (g)	BE
2262.40	541.80	21.36	17.75	66.62	5.57
1877.50	450.00	21.25	17.75	44.10	3.69

Spaghetti-Eis

Das hausgemachte Eis so fein pürieren, dass keine Fruchtstücke mehr spürbar sind. Durch eine Kartoffelpresse drücken. Sofort servieren. Ist das Eis zu fest, lässt es sich nicht durch die Presse drücken. Zu festes Eis entweder antauen lassen oder Milch untermischen.

Kunterbunte Eiskreationen

Die angegebenen Mengen reichen für mindestens 2 Portionen

Diese Eissorten vereinen Obst mit gesunden Milchprodukten und liegen weit entfernt von klassischem Eis, das zumeist reichlich Fett, Zucker, Farb- und künstliche Aromastoffe enthält. Genießen Sie das Eis ungesüßt oder fügen Sie max. 2 EL von einem Süßungsmittel hinzu, z. B. Vollrohrzucker, Honig, Ahornsirup, Birnendicksaft ➤ für Diabetiker max. 2 g Süßstoff.

Zubereitung siehe Seite 175.

Für die besondere Geschmacksnote: Wenn Sie Ihrem Eis eine besondere Note verleihen möchten, mischen Sie eines der folgenden Gewürze unter: Zimt, Ingwer, Lebkuchengewürz, Nelkenpulver (max. 1 Msp.), Zitronenschale, Orangenschale, Minze oder Melisse.
Nuss-Tipp: Bei Verwendung von Nüssen können diese zuerst geröstet, vgl. Seite 140, und nach dem Pürieren hinzugefügt werden.

- **Apfel-Zimt-Eis:** 250 g Äpfel, in kleine Würfel schneiden, ¼ Becher Sauerrahm (60 g), ¼ Becher Naturjoghurt (60 g), 2 Msp. Zimt, Milch nach Bedarf
- **Bananen-Latte-Macchiato-Eis:** *Für Kinder nicht geeignet!* Ca. 300 g Bananenfruchtfleisch = ca. 2 Bananen, 50 g eiskalter Milchkaffee aus ungesüßtem Kaffee und Milch, 100 g Ricotta, Milch nach Bedarf
- **Birnen-Eis:** 250 g Birnen, in kleine Würfel schneiden, ¼ Becher Ricotta (60 g), ¼ Becher Naturjoghurt (60 g), Milch nach Bedarf
- **Erdbeer-Bananen-Eis:** 200 g Erdbeeren, ½ überreife braune Banane (ca. 80 g Fruchtfleisch), ¼ Becher Sauerrahm (60 g), ¼ Becher Naturjoghurt (60 g), Milch nach Bedarf
- **Erdbeer-Nuss-Eis:** 250 g Erdbeeren, ½ Becher Naturjoghurt (125 g), Milch nach Bedarf, 20 g geröstete und gehackte beliebige Nüsse. Nüsse erst nach dem Pürieren untermischen.

Erdbeer-Orangen-Eis

- **Erdbeer-Orangen-Eis:** 250 g Erdbeeren, ¼ Becher Ricotta (60 g), ¼ Becher Naturjoghurt (60 g), Saft und Schale von ½ Bio-Orange, Milch nach Bedarf
- **Heidelbeer-Feigen-Eis:** 250 g Heidelbeeren, 80–100 g frische Feigen, groben Stiel entfernen, ¼ Becher Sauerrahm (60 g), ¼ Becher Magertopfen (60 g), Milch nach Bedarf
- **Heidelbeer-Kokos-Eis:** 250 g Heidelbeeren, ¼ Becher Magertopfen (60 g), 60 g Kokosmilch, Saft und Schale von ½ Bio-Zitrone, 10 g Kokosflocken, Milch nach Bedarf
- **Himbeer-Marillen-Eis:** 125 g Himbeeren, 125 g Marillen, ¼ Becher Ricotta (60 g), ¼ Becher Naturjoghurt (60 g), Milch nach Bedarf
- **Himbeer-Mohn-Eis:** 250 g Himbeeren, ¼ Becher Naturjoghurt (60 g), ¼ Becher Sauerrahm (60 g), Milch nach Bedarf, 20 g Mohn. Mohn erst nach dem Pürieren untermischen.
- **Honigmelonen-Eis:** 250 g sehr reife Honigmelone (Fruchtfleisch gewogen), in kleine Stücke schneiden, ¼ Becher Sauerrahm (60 g), ¼ Becher Naturjoghurt (60 g), Milch nach Bedarf
- **Johannisbeer-Eis:** 250 g Tiefkühl-Johannisbeeren, rot, schwarz oder weiß, ¼ Becher Sauerrahm (60 g), ¼ Becher Magertopfen (60 g), Milch nach Bedarf
- **Mango-Eis:** 250 g sehr reife Mango (Fruchtfleisch gewogen), in kleine Stücke schneiden, Saft auffangen, ½ Becher Ricotta (120 g), Milch nach Bedarf
- **Marillen-Eis:** 250 g Marillen, in kleine Stücke schneiden, ¼ Becher Sauerrahm (60 g), ¼ Becher Magertopfen (60 g), Milch nach Bedarf
- **Preiselbeer-Eis:** 250 g Tiefkühl-Preiselbeeren, ¼ Becher Ricotta (60 g), ¼ Becher Naturjoghurt (60 g), Milch nach Bedarf
- **Schoko-Kirsch-Bananen-Eis:** 200 g Kirschen, entkernen, ½ überreife braune Banane (ca. 80 g Fruchtfleisch), ¼ Becher Ricotta (60 g), ¼ Becher Naturjoghurt (60 g), 1 TL ungesüßtes Kakaopulver (8 g), Milch nach Bedarf
- **Stachelbeer-Eis:** 250 g Tiefkühl-Stachelbeeren, ¼ Becher Sauerrahm (60 g), ¼ Becher Naturjoghurt (60 g), Milch nach Bedarf
- **Zwetschgen-Eis:** 250 g Zwetschgen, in kleine Stücke schneiden, ¼ Becher Sauerrahm (60 g), ¼ Becher Magertopfen (60 g), Milch nach Bedarf

Cremen

Birnen-Dattel-Topfencreme

1 Portion

1 EL Magertopfen (30 g)
Knapp ½ Becher Mager-Naturjoghurt (100 g)
1 EL Birnen-Dattel-Marmelade (25 g) lt. Rezept auf Seite 200 ➤ für Diabetiker die Diabetikervariante verwenden
1 aromatische Birne (150 g), entkernen, in Würfel schneiden
Milch nach Bedarf

Alle Zutaten pürieren oder die Milchprodukte mit der Marmelade pürieren und die Birnenwürfel untermischen.

Gesamtmenge

kJ	kcal	Eiweiß (g)	Fett (g)	KH (g)	BE
722.34	172.12	9.58	0.68	32.20	2.69
679.10	161.79	9.60	0.69	29.62	2.48

Kunterbunte Topfencreme-Kreationen

Mindestens 4 Portionen
Die Creme hält im Kühlschrank mehrere Tage

Auf Topfen-Joghurt-Basis

½ Becher Magertopfen (125 g)
1½ Becher Mager-Naturjoghurt (375 g)
Milch nach Bedarf

Auf Puddingbasis

250 g Pudding lt. einem Rezept von Seite 185
½ Becher Magertopfen (125 g)
½ Becher Naturjoghurt (125 g)
Milch nach Bedarf

Für die Basis alle Zutaten vermischen.
Verfeinern Sie die jeweilige Basis mit frischen oder aufgetauten Tiefkühlfrüchten, Marmeladen lt. Rezept auf Seite 198, Fruchtragouts lt. Rezept auf Seite 203, Fruchtmus lt. Rezept auf Seite 203 oder Kompottobst.
➤ Für die Diabetikervariante jeweils mit Süßstoff gesüßte Produkte verwenden.

Dessertcreme – Kühlschrankaufräumer

1 Portion

Ca. 1 Tasse Milchprodukt (250 g), am besten eine Mischung aus mehreren Milchprodukten
bis 1 EL Zucker ➤ für Diabetiker bis 2 g flüssiger Gewürzsüßstoff
Gewürze lt. Seite 176 nach Geschmack
1 Handvoll Obst, frisch oder aufgetautes Tiefkühlobst
Alternativ zum Frischobst können Sie Kompottobst oder 1–2 EL Marmelade verwenden ➤ für Diabetiker Diabetikerkompott oder -marmelade

Alle Milchprodukte verrühren. Kräftig würzen. Mit dem Obst vermengen. ✗ **Hinweis:** Nährwertangaben sind aufgrund der zahlreichen Variationsmöglichkeiten nicht sinnvoll.

Variation – Reiscreme

Mischen Sie gegarten Reis in die Creme.

> Welche Milchprodukte? <

Als Milchprodukte eignen sich alle flüssigen und cremigen Milchprodukte, z. B. Naturjoghurt, Fruchtjoghurt, Topfen, Sauerrahm, Buttermilch, Acidophilusmilch, Frischkäse natur, Kefir, Pudding und Grießbrei. Wenn die Creme zu fest ist, mischen Sie Milch oder prickelndes Mineralwasser unter. Ist die Creme zu flüssig, mischen Sie Topfen unter.

Von links nach rechts: Birnen-Dattel-Topfencreme, kunterbunte Topfencreme, Zebracreme

Zebracreme *(siehe Abb. Seite 179)*

4 Portionen

Creme

½ Becher Naturjoghurt (125 g)
1 Becher Magertopfen (250 g)
½ Becher Sauerrahm (125 g)
1 gut gehäufter EL Zucker (20 g)
Honig, Ahornsirup ➤ für Diabetiker 2 g Süßstoff

200 g Marmelade von Seite 193
➤ für Diabetiker die Diabetikervariante wählen

> Tipp <

Füllen Sie Creme und Marmelade in einen Spritzsack oder Tiefkühlsack, von dem Sie eine Ecke abschneiden, und dressieren Sie jeweils eine Lage Creme und eine Lage Marmelade in das Glas. In kleinen Gläsern mit Schraubverschluss hält die Creme im Kühlschrank mehrere Tage.

Creme

Alle Zutaten glatt rühren oder mit dem Pürierstab pürieren. Wer möchte, kann noch Gewürze hinzufügen, z. B. Zimtpulver, Zitronenschale, Orangensaft und -schale.
Die Creme abwechselnd mit Marmelade in ein Glas füllen, sodass weiße und marmeladenfarbene Streifen entstehen.

Beliebig garnieren, z. B. mit
- ➤ einem Fruchtspieß. Dazu die Früchte auf einem Zahnstocher aufspießen und über das Cremeglas legen.
- ➤ einer auf einer Seite eingeschnittenen Erdbeere, Orangen- oder Kiwischeibe, die Sie auf den Glasrand stecken.
- ➤ ein paar Beeren und einem Minzeblatt.

Pro Portion, berechnet mit Beeriger Marmelade von Seite 199

kJ	kcal	Eiweiß (g)	Fett (g)	KH (g)	BE
764.39	183.07	10.32	6.01	20.85	1.74
555.29	133.16	10.41	6.05	8.26	0.69

Pudding

Pudding – Grundrezept

4 Portionen

½ l Milch (500 g)
35–40 g Maisstärke
Geschmackszutat, z. B. Vanilleschotenmark, ungesüßtes Kakaopulver, Zimt, Nüsse, Mohn
2 EL Zucker (30 g) ➤ für Diabetiker 3 g Süßstoff

Pro Portion, berechnet mit 35 g Maisstärke, ohne Geschmackszutaten

kJ	kcal	Eiweiß (g)	Fett (g)	KH (g)	BE
592.06	141.09	4.16	4.38	20.94	1.75
464.79	110.71	4.16	4.38	13.46	1.13

> Tipp <

Pudding können Sie mehrere Tage im Kühlschrank aufbewahren.

Die angegebenen Mengen reichen, wenn nicht anders angegeben, für jeweils vier kleine Puddingförmchen oder Kompottschüsseln und entsprechen damit der Menge einer Packung herkömmlichen Puddingpulvers.

Zubereitung für alle Puddings

Zwei Drittel der Milch mit Vanille oder den ganzen Gewürzen, z. B. Kardamomsamen, Zimtstangen oder Nelken in einen Topf geben und aufkochen lassen. Die restliche Milch mit der Maisstärke, den gemahlenen Gewürzen und bei Verwendung von Kakaopulver mit dem Kakaopulver verrühren. Unter ständigem Rühren in die kochende Milch einkochen. So lange unter Rühren kochen, bis der Pudding kräftig sprudelt. Wird der Pudding zu kurz gekocht, schmeckt er nach Stärke.
Vom Herd nehmen, 5 Minuten zugedeckt überkühlen lassen, grobe Gewürze entfernen, z. B. die Zimtstange. Die restlichen Zutaten untermischen.

Warum erst nach dem Kochen süßen?

Zucker verliert beim Kochen einen Teil der Süßkraft. Wenn Sie den Pudding nach dem Kochen süßen, sparen Sie Zucker. Anstatt herkömmlichem Zucker können Sie, wenn der Pudding bereits ein wenig abgekühlt ist, auch Vollrohrzucker verwenden. Echter Bienenhonig eignet sich nicht, da Honig den Pudding verflüssigt.

Pudding ohne Haut

Wird der Pudding sofort nach dem Abfüllen zugedeckt, bildet sich keine Haut. Besonders empfehlenswert, wenn Sie den Pudding klumpenfrei in eine Creme einrühren möchten, z. B. von Seite 178.

Pudding zum Stürzen

Wenn Sie den Pudding nach dem Erkalten stürzen möchten, füllen Sie den heißen Pudding in kalt ausgespülte Förmchen.

Angebrannten Pudding retten

Sobald Sie beim Umrühren bemerken, dass der Pudding anbrennt, füllen Sie den Pudding sofort in einen anderen Topf. Damit können Sie meistens verhindern, dass der gesamte Pudding verbrannt schmeckt. ✗ **Tipp:** Töpfe, die innen und außen beschichtet sind, eignen sich hervorragend zur Herstellung von Pudding. Ein Anbrennen ist in diesen Töpfen kaum mehr möglich.

Pudding geliert nicht oder bildet eine milchige Schicht?

Bringen Sie keinen Speichel in den Pudding, d. h., kosten Sie niemals mit ein und demselben Löffel ein zweites Mal. Speichel enthält ein verdauendes Enzym, welches die Stärke im Pudding verflüssigt. Das heißt, der Pudding wird nicht fest oder es bildet sich eine milchige Schicht auf dem Pudding. Wenn Sie den Pudding kosten möchten, waschen Sie den Löffel vor jedem Kosten sauber ab oder kosten Sie wie die Profis mit der Zwei-Löffel-Methode, d. h., mit dem großen Löffel schöpfen Sie etwas Pudding auf den kleinen Löffel und kosten nur vom kleinen Löffel.

Milch-Variationsmöglichkeiten

Anstatt Kuhmilch eignen sich Ziegen-, Schaf-, Stuten, Reis-, Hafer-, Soja-, Mandelmilch oder verdünnte Kokosmilch. Hinweis: Nur tierische Milch enthält reichlich natürliches Kalzium. Vgl. Seite 15. ✗ **Achtung!** Pflanzliche Milch ist oft gesüßt, z. B. Sojamilch. Falls die Milch gesüßt ist, muss der Pudding nicht mehr gesüßt werden. Anstatt einer Milchsorte können Sie auch eine Mischung aus mehreren Milchsorten verwenden.

➤ Vorsicht bei der Zubereitung von Diabetikerpudding aus einer pflanzlichen Milch. Achten Sie auf den Kohlenhydratgehalt, der teilweise weit höher liegen kann als bei tierischer Milch, z. B. Kuhmilch.

> Tipp zur Kokosmilch <

Kokosmilch verliert beim Erhitzen einen großen Teil des Geschmacks. Kochen Sie daher nur eine kleine Menge der Kokosmilch mit der Maisstärke auf – es entsteht ein dicker Brei –, nehmen Sie den Brei vom Herd und fügen Sie die restliche Kokosmilch mithilfe eines Pürierstabs unter.

> Vitamintipp <

Servieren Sie den Pudding mit frischen Früchten, Obstsalat, Apfelmus, hausgemachter Marmelade, Fruchtragout oder einem Fruchtpüree. Rezepte lt. Seite 196. Der für Pudding gängige Fruchtsirup ist nicht ideal, da dieser einen sehr hohen Zuckeranteil aufweist. Billige Fruchtsirupe enthalten zudem kaum Frucht, sondern Aromastoffe und teilweise Farbstoffe.

Verwendung von Vanilleschote

Schneiden Sie die Schote in der Mitte mit einem Messer der Länge nach auf. Kratzen Sie das Mark am besten mit einem stumpfen Besteckmesser heraus. Verwenden Sie das Mark frisch für den Pudding. Die ausgekratzte Schote können Sie ebenfalls verwenden: Stecken Sie die ausgekratzte Schote in ein mit grobem Kristallzucker gefülltes Schraubverschlussglas. Ein paar Wochen luftdicht verschlossen im Küchenschrank ziehen lassen, bis die Schote hart ist. Die Schote in kleine Stücke schneiden und mitsamt dem Zucker fein mahlen.
Diabetiker stecken die Schote am besten in flüssigen Süßstoff. Vor Verwendung mindestens 3 Wochen ziehen lassen. Nicht abseihen. Die Vanilleschote im Süßstoffglas lassen, bis der Süßstoff aufgebraucht ist. Der hausgemachte Vanillezucker bzw. Vanillesüßstoff kann anstatt frischem Vanilleschotenmark und Zucker z. B. für Vanillepudding verwendet werden.

Pudding zum Mitnehmen, z. B. als Schuljause

Füllen Sie den Pudding in ein Schraubverschlussglas. Unter oder auf den Pudding können Sie z. B Marmelade oder ein Fruchtmus geben. Wenn Sie das Glas in einen Tiefkühlbeutel geben, kann nichts auslaufen.

Zebrapudding und in der Mitte Marmorpudding

Variationen

> **> Tipp <**
>
> Vanilleschoten günstig einkaufen: In vielen Supermärkten gibt es Vanilleschoten im Doppelpack, meist in einer Art Reagenzglas verpackt, zu einem sehr günstigen Preis. Oft stammen diese Schoten sogar aus Bio-Anbau.

Vanillepudding

½ l Milch (500 g), 35 g Maisstärke, Mark von 1 Vanilleschote
2 EL Zucker (30 g) ➤ für Diabetiker 3 g Süßstoff

Apfel-Vanille-Pudding

½ l Milch (500 g), 40 g Maisstärke, Mark von ½ Vanilleschote
2 EL Zucker (30 g) ➤ für Diabetiker 3 g Süßstoff, 1 Apfel (150 g), fein raspeln

Anstatt frischen Äpfeln können Sie auch Apfelmus verwenden.
➤ Für Diabetiker eignet sich ungesüßtes Apfelmus.

Kirsch-Vanille-Pudding

½ l Milch (500 g), 40 g Maisstärke, Mark von ½ Vanilleschote, 2 EL Zucker (30 g) ➤ für Diabetiker 3 g Süßstoff, 100 g Kirschen, frisch oder gefroren

Die Kirschen können frisch oder gefroren zum Pudding gemischt werden.

Heidelbeer-Vanille-Pudding

½ l Milch (500 g), 40 g Maisstärke, Mark von 1 Vanilleschote, 2 EL Zucker (30 g) ➤ für Diabetiker 3 g Süßstoff, 100 g Heidelbeeren

Schokopudding

½ l Milch (500 g), 35 g Maisstärke, 1 gut gehäufter EL ungesüßtes Kakaopulver (13 g), 2 EL Zucker (30 g)
➤ für Diabetiker 3 g Süßstoff

Je mehr Kakaopulver Sie verwenden, desto schokoladiger, aber auch zart-herber schmeckt der Pudding.

Orangen-Schoko-Kardamom-Pudding

450 g Milch, 40 g Maisstärke, 1 gut gehäufter EL ungesüßtes Kakaopulver (13 g), 2 Msp. Kardamom
2 EL Zucker (30 g) ➤ für Diabetiker 3 g Süßstoff, Saft und Schale von 1 Bio-Orange (ca. 60 g Saft)

Ameisenpudding

½ l Milch (500 g), 35 g Maisstärke, Mark von ½ Vanilleschote, 2 EL Zucker (30 g) ➤ für Diabetiker 3 g Süßstoff, 1 EL Schokostreusel oder Flocken (7 g)

✗ **Achtung!** Der Pudding darf beim Einrühren der Streusel nicht zu warm sein, sonst schmelzen die Streusel, aber auch nicht zu kalt, sonst lassen sich die Streusel nicht mehr unterrühren.

Paula-, Zebra- und Marmorpudding *(siehe Abb. Seite 184)*

8 Portionen!

Bereiten Sie je einen Vanille- und einen Schokopudding zu.
Paulapudding: Füllen Sie den Pudding mit einem Löffel abwechselnd in ein Glas, sodass helle und dunkle Flecken entstehen.
Zebrapudding: Füllen Sie den Pudding mit einem Löffel abwechselnd in die Förmchen. Das heißt, 1–2 Löffel Vanillepudding, 1–2 Löffel Schokopudding, bis die Masse aufgebraucht ist. Dabei immer wieder glatt streichen, sodass ein Streifenmuster entsteht.
Marmorpudding: Füllen Sie abwechselnd den Vanille- und Schokopudding in die Förmchen. Mit einem Spieß spiralförmig durch den heißen Pudding ziehen.

Minz-Schoko-Pudding

½ l Milch (500 g), 5 Minzeblätter, 35 g Maisstärke
1 gut gehäufter EL ungesüßtes Kakaopulver (13 g)
2 EL Zucker (30 g) ➤ für Diabetiker 3 g Süßstoff

Die Minzeblätter in die Milch geben und in einem luftdicht schließenden Glas, z. B. Honigglas, im Kühlschrank über Nacht ziehen lassen. Minzeblätter herausnehmen.

> Tipp <

Wenn es schnell gehen muss, mischen Sie ½ TL getrocknete, gemahlene Minze in den Pudding oder hängen Sie einen Pfefferminz-Teebeutel in die Milch. Vor Einrühren der Maisstärke den Teebeutel entfernen.

Schoko-Ingwer-Pudding

½ l Milch (500 g), 35 g Maisstärke, 1 gehäufter EL Kakaopulver (13 g), 2 EL Zucker (30 g) ➤ für Diabetiker 3 g Süßstoff, 1 haselnussgroßes Stück frischer Ingwer oder 1 Msp. Ingwerpulver

Pistazienpudding mit Ingwer

½ l Milch (500 g), 35 g Maisstärke, 2 EL Zucker (30 g) ➤ für Diabetiker 3 g Süßstoff, 1 EL geröstete, gehackte Pistazien (12 g), ersatzweise gehackte Kürbiskerne, 1 haselnussgroßes Stück frischer Ingwer oder 1 Msp. Ingwerpulver

Bananen-Limetten-Pudding

½ l Milch (500 g), 40 g Maisstärke, 1½ EL Zucker (20 g) ➤ für Diabetiker 2 g Süßstoff
Saft und Schale von 1 Bio-Limette (ca. 20 g Saft), 1 vollreife, braune Banane (ca. 150 g Fruchtfleisch), mit der Gabel zerdrücken

Anstatt Limetten können Sie auch Zitronen, Orangen oder Mandarinen verwenden.

Bananen-Kokos-Pudding

400 g Milch, 40 g Maisstärke, 1 ½ EL Zucker (20 g) ➤ für Diabetiker 2 g Süßstoff
1 ausgereifte, braune Banane (ca. 150 g Fruchtfleisch), mit der Gabel zerdrücken, 100 g Kokosmilch
1 gehäufter EL Kokosflocken, (9 g), Schale und Saft von 1 Bio-Zitrone (ca. 20 g Saft)

Walnuss-Lebkuchen-Pudding

½ l Milch (500 g), 35 g Maisstärke, 1 TL Lebkuchengewürz, 2 EL Zucker (30 g) ➤ für Diabetiker 3 g Süßstoff, 1 EL geröstete, gehackte Walnüsse (15 g)

Nuss-Erdbeer-Pudding

½ l Milch (500 g), 40 g Maisstärke, 2 EL Zucker (30 g) ➤ für Diabetiker 3 g Süßstoff, 1 EL gehackte beliebige Nüsse (15 g), 100 g Erdbeeren, frisch oder gefroren, in kleine Stücke schneiden

Raffaelopudding *(siehe Abb. Seite 188)*

400 g Milch, 35 g Maisstärke, Mark von ½ Vanilleschote, 2 EL Zucker (30 g) ➤ für Diabetiker 3 g Süßstoff, 100 g Kokosmilch, 1 gehäufter EL geröstete, gehackte Mandelblätter (10 g), 1 gehäufter EL Kokosflocken (9 g)

Anstatt Mandeln können Sie auch Cashewkerne oder Pinienkerne verwenden.

Von links nach rechts: Raffaelo-, Kastanien-, Mohn-Himbeer-Pudding

Kastanienpudding

½ l Milch (500 g), 40 g Maisstärke, Mark von ½ Vanilleschote, 2 EL Zucker (30 g) ➤ für Diabetiker 3 g Süßstoff, 100 g gegarte passierte Kastanien, frisch oder Tiefkühlware

Mohn-Himbeer-Pudding

½ l Milch (500 g), 40 g Maisstärke, 2 EL Zucker (30 g) ➤ für Diabetiker 3 g Süßstoff
1 gehäufter EL Mohn (10 g), gemahlen, 100 g Himbeeren

Orangenpudding

400 g Milch, 40 g Maisstärke, 2 EL Zucker (30 g) ➤ für Diabetiker 3 g Süßstoff, Schale von 2 Bio-Orangen
100 g frisch gepresster Orangensaft

Verwenden Sie Bio-Orangen und reiben Sie die Schale in den fertigen Pudding. Dabei das Weiße unter der Schale nicht mitreiben, sonst schmeckt der Pudding bitter. Sie können auch Mandarinen-, Limetten- oder Zitronenschale verwenden.

Puddingvariationen – pro Portion	kJ	kcal	Eiweiß (g)	Fett (g)	KH (g)	BE
Vanillepudding	594.91	141.77	4.17	4.39	21.08	1.76
	467.63	111.39	4.17	4.39	13.60	1.14
Apfel-Vanille-Pudding	694.64	165.65	4.30	4.54	26.44	2.21
	567.37	135.28	4.30	4.54	18.96	1.58
Kirsch-Vanille- Pudding	679.52	161.90	4.40	4.47	25.48	2.13
	552.24	131.53	4.40	4.47	18.00	1.50
Heidelbeer-Vanille-Pudding	657.27	156.65	4.32	4.54	24.01	2.01
	529.99	126.28	4.32	4.54	16.52	1.38
Schokopudding	638.64	152.20	4.80	5.18	21.30	1.78
	511.36	121.83	4.80	5.18	13.81	1.15
Orangen-Schoko-Kardamom-Pudding	655.09	156.18	4.56	4.78	23.24	1.94
	527.81	125.81	4.56	4.78	15.75	1.32
Ameisenpudding	627.30	149.50	4.28	4.74	22.12	1.85
	500.02	119.13	4.28	4.74	14.64	1.22
Paula-, Zebra-, Marmorpudding	616.77	146.99	4.49	4.79	21.19	1.77
	489.50	116.61	4.49	4.79	13.71	1.15
Minz-Schoko-Pudding	639.10	152.31	4.81	5.18	21.31	1.78
	511.82	121.94	4.81	5.18	13.82	1.163
Schoko-Ingwer-Pudding	640.74	152.70	4.82	5.19	21.39	1.79
	513.47	122.33	4.82	5.19	13.90	1.16
Pistazienpudding	672.89	160.40	4.71	6.06	21.51	1.80
	545.62	130.02	4.71	6.06	14.03	1.17
Bananen-Limetten-Pudding	738.20	175.98	4.62	4.47	28.54	2.38
	653.35	155.73	4.62	4.47	23.55	1.97
Bananen-Kokos-Pudding	917.44	218.70	4.39	9.47	28.24	2.36
	832.59	198.45	4.39	9.47	23.25	1.94
Walnuss-Lebkuchen-Pudding	713.53	170.12	4.74	6.89	22.05	1.84
	586.25	139.75	4.74	6.89	14.56	1.22
Nuss-Erdbeer-Pudding	749.83	178.79	4.86	6.95	23.75	1.98
	622.55	148.41	4.86	6.95	16.27	1.36
Raffaelopudding	833.72	198.72	4.40	10.74	20.88	1.74
	706.44	168.34	4.40	10.74	13.40	1.12
Kastanienpudding	794.27	189.40	4.79	4.87	31.15	2.60
	666.99	159.03	4.79	4.87	23.66	1.98
Mohn-Himbeer-Pudding	695.33	165.78	4.99	5.51	23.32	1.95
	568.05	135.40	4.99	5.51	15.84	1.32
Orangenpudding	590.18	140.73	3.57	3.55	23.03	1.92
	462.90	110.35	3.57	3.55	15.54	1.30

Nudelpudding *Kinder lieben ihn!*

4 Portionen

550 g Milch
40 g kleine Vollkornspaghetti, in ca. 2 cm lange Stücke brechen, Vollkorn-Suppennudeln oder kleine beliebige Vollkornnudeln
30 g Maisstärke
2 EL Zucker (30 g) ➤ für Diabetiker 3 g Süßstoff

> Tipp <

Den Nudelpudding können Sie beliebig würzen, z. B. mit Bio-Orangenschale oder Zimt und beliebige Zutaten untermischen, z. B. Himbeeren, zerdrückte Banane, Nüsse oder Kakaopulver.

Zwei Drittel der Milch in einem sehr großen Topf – geht sonst über – mit den Nudeln zugedeckt auf leichter Flamme so lange kochen, bis die Nudeln gar sind. Die restliche Milch mit der Maisstärke verrühren und unter Rühren in die kochende Milch einkochen. Unter Rühren sprudelnd kochen lassen. Vom Herd nehmen. Ist der Pudding zu dick, rühren Sie noch etwas kalte Milch unter. Zugedeckt 5 Minuten überkühlen. Zucker hinzufügen. Weitere Zubereitung lt. Grundrezept auf Seite 182 f.

Pro Portion

kJ	kcal	Eiweiß (g)	Fett (g)	KH (g)	BE
742.43	177.00	5.91	5.07	26.53	2.22
615.15	146.63	5.91	5.07	19.04	1.59

Links: Nudelpudding, rechts: Grießpudding

Milchreis-Pudding

4 Portionen

½ l Wasser (500 g)
Ca. ½ l Milch (500 g)
100 g Vollkorn-Rundkornreis
20 g Maisstärke

Wasser und ⅔ der Milch aufkochen. Reis hinzufügen und auf kleiner Flamme zugedeckt ca. 45 Minuten weich garen. Die restliche Milch mit der Maisstärke verrühren und unter Rühren in den Milchreis einkochen. Unter Rühren sprudelnd kochen lassen. Vom Herd nehmen, zugedeckt
5 Minuten überkühlen. Ist der Reispudding zu fest, rühren Sie noch etwas Milch unter. Beliebige Zutaten untermischen, z. B. Obst, Nüsse oder Gewürze. Weitere Zubereitung lt. Grundrezept auf Seite 182 f.

> Tipp <

Milchreis-, Grieß- und Polentapudding schmecken auch ungesüßt.

Pro Portion

kJ	kcal	Eiweiß (g)	Fett (g)	KH (g)	BE
775.45	184.80	5.95	4.93	28.76	2.40

Grießpudding

4 Portionen

500 g Milch
60 g Weizen-Vollkorngrieß
Evtl. Gewürze, z. B. Vanille
Bio-Zitronenschale, Zimt

Milch und Gewürze aufkochen. Grieß hinzufügen und auf sehr kleiner Flamme ca. 5 Minuten köcheln. Immer wieder umrühren. In kalt ausgespülte Puddingförmchen füllen. Erkalten lassen, stürzen und mit Obstsalat oder Fruchtmus servieren. Oder in einer Kompottschüssel anrichten.

Pro Portion

kJ	kcal	Eiweiß (g)	Fett (g)	KH (g)	BE
540.70	128.90	5.56	4.49	16.29	1.36

Polentapudding

4 Portionen

500 g Milch
80 g Polenta (= Maisgrieß)
Beliebige Gewürze

Zubereitung wie Grießpudding, allerdings 10–20 Minuten köcheln lassen.

Pro Portion

kJ	kcal	Eiweiß (g)	Fett (g)	KH (g)	BE
625.05	149.00	5.89	4.60	20.70	1.73

Blitzpudding

2 Portionen

1 große Tasse Milch (250 g), randvoll gefüllt
1 gehäufter EL Maisstärke (ca. 16 g)
½ EL ungesüßtes Kakaopulver (6 g)
1 EL Zucker (15 g) ➤ für Diabetiker 1 g Süßstoff

Alle Zutaten bis auf den Zucker in einen Kochtopf geben. Mit einem Schneebesen verrühren. Unter kräftigem Rühren aufkochen, bis der Pudding blubbert.

✗ **Achtung!** Ununterbrochen rühren, sonst brennt der Pudding an! Vom Herd nehmen und süßen.

Pro Portion

kJ	kcal	Eiweiß (g)	Fett (g)	KH (g)	BE
624.03	148.71	4.75	5.12	20.63	1.72
496.76	118.34	4.75	5.12	13.14	1.10

Marmelade

Von der Frucht zur Marmelade

Marmelade nur als Brotaufstrich? Weit gefehlt. Marmelade eignet sich z. B. zum gesunden Süßen, zur Herstellung von fruchtigen Joghurts oder für Cremen und Müslis.

Obst

- Verwenden Sie nur **gut ausgereifte Früchte**. Eine vitaminreiche und aromatische Marmelade erzielen Sie nur, wenn die Früchte ausreichend Vitamine und Aroma enthalten.
- Vermeiden Sie **verfaultes oder verschimmeltes Obst.** Selbst wenn Sie die verfaulten oder verschimmelten Stellen großzügig wegschneiden, bleiben in der restlichen Frucht Schimmelpilze und Fäulniserreger, die zu vorzeitigem Verderb der gesamten Marmelade führen.
- **Schälen** Sie nur Obstsorten, von denen die Schale ungenießbar ist, z. B. Bananen. Alle anderen Obstsorten auf keinen Fall schälen, z. B. Äpfel! Geschältes Obst enthält deutlich weniger Wirkstoffe und darmstärkende Ballaststoffe als ungeschältes. Wenn Sie die Schale in der fertigen Marmelade stört, pürieren Sie die Marmelade vor dem Abfüllen.
- **Entkernen** Sie das Obst entweder vor dem Kochen, z. B. Pflaumen, oder streichen Sie die Marmelade nach dem Kochen durch ein grobes Sieb oder eine Flotte Lotte. Kleine Kerne von z. B. Himbeeren nicht herauspassieren. Diese Kerne wirken darmreinigend.
- **Schneiden** Sie großes Obst, z. B. Äpfel, in Stücke, kleines Obst, z. B. Beeren, ganz lassen.

> Tiefkühlobst <

Frischobst können Sie durch Tiefkühlobst ersetzen. Verarbeiten Sie das Obst aufgetaut oder gefroren. Bei Verwendung von gefrorenem Obst verlängert sich die Garzeit. Zudem frieren Gelierpulver und Wasser nach Zugabe, die gelierende Wirkung bleibt aber trotzdem erhalten.

Süßungsmittel

- **Süßen** Sie mit herkömmlichem Haushaltszucker und für die ➤ Diabetikervariante mit Süßstoff.
- **Süßen Sie so wenig wie möglich!** Die auf den Gelierpulverpackungen angegebenen Mengen sind meistens zu viel.

- Fügen Sie den Zucker erst **kurz vor Garende** zur Marmelade. Das spart Zucker, da mehr vom Süßgeschmack erhalten bleibt.
- **Honig, Ahornsirup** oder **Dicksäfte** sind zur Herstellung von Marmelade nicht sinnvoll, da diese ab einer Temperatur von ca. 40 °C wertvolle Inhaltsstoffe verlieren. Zudem baut sich durch das Kochen ein Teil der Süßkraft ab. Das heißt, Sie benötigen mehr Süßungsmittel, um den gleichen Geschmack zu erzielen. Die Kalorien aus den Süßungsmitteln bauen sich aber nicht ab, lediglich der süße Geschmack.
- Fruchtzucker stellt keine gesunde Alternative zu herkömmlichem Haushaltszucker dar. Wussten Sie, dass es sich bei herkömmlichem Haushaltszucker um eine Mischung aus Fruchtzucker und Traubenzucker handelt?

Kalorienfalle Marmelade?

Je geringer der Zuckeranteil, desto kalorienärmer wird die Marmelade. Zum Vergleich: Eine Erdbeermarmelade mit einem Fruchtanteil von 70 % enthält rund 140 kcal/100 g, eine Erdbeermarmelade mit einem Fruchtanteil von 10 % ca. 360 kcal/100 g. Dazu kommt, je niedriger der Fruchtanteil, desto weniger gesunde Wirkstoffe stecken in der Marmelade.
Gelierzucker 3:1 entspricht einem Fruchtanteil von 74 %, Gelierzucker 2:1 von 67 % und Gelierzucker 1:1 von nur 50 %.

Geliermittel

- Marmelade wird üblicherweise mit dem pflanzlichen Geliermittel **Pektin** zum Gelieren gebracht. Pektin finden Sie in allen herkömmlichen Gelierpulvern, z. B. dem Gelierpulver 3:1. Wenn Sie Pektin ohne Zusätze verwenden, sollten Sie die fertig abgefüllte Marmelade im Dampfgarer noch einmal 30 Minuten pasteurisieren, sonst schimmelt die Marmelade.
- Eine Zubereitung mit dem aus Algen hergestellten **Agar Agar** ist ebenfalls möglich, erfordert aber sehr viel Erfahrung und eine genaue Waage, sonst wird die Marmelade steinhart.
- Gelierhilfen enthalten oft Zusätze, die aber bis auf Benzoesäure allesamt unbedenklich sind.
- Fett im Gelierpulver? Eine minimale Fettmenge verhindert das Aufschäumen der Marmelade.

Konservierungsmittel

- Verzichten Sie auf Einsiedehilfe. Die in **Einsiedehilfe** enthaltene Benzoesäure (E 210) kann zu allergischen Reaktionen führen.
- Das in Gelierhilfen enthaltene **Kaliumsorbat** ist nach heutigem Stand der Wissenschaft unbedenklich.

  Literatur: Bohacek Helmut: E-Nr. Liste AK Niederösterreich, Ausgabe 2011
- **Chemiefrei konservieren** Sie Marmelade im Dampfgarer. Dazu die fertig abgefüllte Marmelade auf den Kopf stellen und im Dampfgarer für ca. 30 Minuten pasteurisieren.

Gläser

- Schraubverschlussgläser für gut 1 kg Marmelade vorbereiten.
- Dazu die **Schraubverschlussgläser** mit kochend heißem Wasser **ausspülen**.
- Die Deckel am besten im Wasserkocher **auskochen**.
- ✗ **Achtung!** Wenn die Gläser und Deckel unsauber oder beschädigt sind, schimmelt die Marmelade!
- Meistens gibt es ausreichend Gläser, aber zu wenig Deckel. Wenn der Deckel nicht mehr schön, aber noch dicht ist, legen Sie ein quadratisches Stück Einsiedehaut – erhältlich im Haushaltswarengeschäft – auf das Glas, bevor Sie den Deckel aufsetzen. Die Folie soll rundherum mindestens 2 cm über den Glasrand ragen. Verschließen und auf dem Deckel stehend lagern.

> Tipp <

Verwenden Sie keine Gläser, die irgendeinen Fremdgeruch, z. B. nach Pfefferoni, Essiggurken oder Thunfisch aufweisen. Die Marmelade nimmt diesen Geschmack an. Am besten eignen sich Honig-, Kompott- oder Marmeladengläser.

Grundzubereitung

- In einen ca. 3-Liter-Topf gut ½ cm hoch kaltes Wasser einfüllen. Verwenden Sie einen beschichteten Topf, dann brennt die Marmelade nicht an.
- Das Gelierpulver mit einem Schneebesen unterrühren. Mischen Sie das Gelierpulver immer mit der kalten Flüssigkeit und den kalten Früchten. Ansonsten bilden sich Klumpen.

- Das vorbereitete Obst untermischen. Die Obst-Mengenangaben in den Rezepten beziehen sich auf das Fruchtfleisch, d. h. ohne Kerne und ungenießbare Schalen, z. B. Bananenschalen.
- Gut verrühren.
- Unter Rühren aufkochen lassen. Sorgen Sie für ein möglichst rasches Aufkochen, so bleiben deutlich mehr Wirkstoffe erhalten als bei langsamer Erwärmung. Bei Zubereitung in einem beschichteten Topf, zugedeckt unter gelegentlichem Rühren aufkochen.
- Die Marmelade so lange unter Rühren kochen, bis die Fruchtstücke weich sind. Vorsicht, brennt leicht an! Die Garzeit beträgt je nach Frucht 5–15 Minuten. Wenn möglich zwischen dem Umrühren zudecken, damit die Aromastoffe erhalten bleiben. Je kürzer die Garzeit, desto mehr Vitamine bleiben erhalten!
- Falls die Marmelade zu sehr eindickt, gießen Sie heißes Wasser dazu.
- Kurz vor Garende süßen.
- Wenn Sie keine Fruchtstücke in der Marmelade mögen, pürieren Sie die Marmelade nach dem Kochen. Enthält die Marmelade große Kerne, passieren Sie die Marmelade mithilfe der Flotten Lotte oder streichen Sie die Marmelade mit einem Schöpfer durch ein sehr grobes Sieb. Nach dem Pürieren noch einmal aufkochen, sonst ist die Marmelade zum Abfüllen zu kalt und es bildet sich am Deckel kein ausreichendes Vakuum mehr.
- Die kochend heiße Marmelade sofort randvoll in die vorbereiteten Gläser füllen. Verwenden Sie einen Marmeladen-Einfülltrichter, dieser ist deutlich breiter als ein herkömmlicher Trichter. Notfalls kann ein Schnabelbecher beim Einfüllen hilfreiche Dienste leisten. Vorsicht! Verbrennungsgefahr, Marmelade ist kochend heiß! Sofort mit dem Schraubverschlussdeckel verschließen.
- Gläser auf den Kopf stellen und auskühlen lassen. ✗ **Achtung!** Die heißen Gläser niemals auf eine kalte Platte, z. B. Steinplatte, stellen. Die Gläser oder die Platte können einen Sprung bekommen!

> Tipp <

Geht beim Einfüllen einmal ein Tropfen daneben, wischen Sie den Tropfen mit einem nassen, SEHR sauberen Küchentuch ab, ansonsten schließt der Deckel nicht optimal und die Marmelade schimmelt.

Marmelade – Grundrezept

Wasser
1 Pkg. Gelierpulver 3:1 (24 g)
1 kg beliebiges Obst (Fruchtfleisch ohne Kerne gewogen), entkernen, in kleine Stücke schneiden, wenn möglich etwas zerstampfen, damit Flüssigkeit austritt
Nach Geschmack 150–300 g Zucker ➤ für Diabetikermarmelade 15–25 g flüssiger Süßstoff
Zubereitung lt. Grundzubereitung von Seite 196.

Variationen

Bananenmarmelade

Inspiriert durch eine Idee von meinem Studenten Rene Wilding.

Wasser, 1 Pkg. Gelierpulver 3:1 (24 g), 1 kg Fruchtfleisch von überreifen! braunen Bananen (ca. 7 Bananen), pürieren oder mit einer Gabel zu Mus drücken, Saft von ca. 2 großen Zitronen oder 3 Limetten (70 g)

Keinen Zucker hinzufügen, die Bananen ergeben einen ausreichend süßen Geschmack. Diese Marmelade eignet sich hervorragend zur Herstellung von Bananenjoghurt! Bananenmarmelade verliert nach ca. 1 Monat an Aroma, daher rasch verbrauchen.

Zwetschgen-Quitten-Marmelade

Ca. 400 g Wasser, 1 Pkg. Gelierpulver 3:1 (24 g), 500 g Zwetschgen, entkernen, 500 g Quitten, entkernen, in Stücke schneiden, 200 g Zucker ➤ für Diabetiker 15 g flüssigen Süßstoff

Quitten enthalten sehr viel gelierendes Pektin. Daher benötigen Sie für Marmelade mit Quitten mehr Wasser als für herkömmliche Marmeladen, sonst wird die Marmelade zu fest.

Quittenmarmelade

Ca. 800 g Wasser, 1 Pkg. Gelierpulver 3:1 (24 g), 1 kg Quitten, entkernen, in Stücke schneiden, 200 g Zucker ➤ für Diabetiker 15 g flüssigen Süßstoff

Apfel-Erdbeer-Marmelade

Wasser, 1 Pkg. Gelierpulver 3:1 (24 g), 400 g säuerliche Äpfel, z. B. Boskop, entkernen, in Stücke schneiden 600 g aromatische Erdbeeren, Tiefkühlware, wenn außerhalb der Saison, 200 g Zucker ➤ für Diabetiker 15 g flüssigen Süßstoff

Beerige Marmelade

Wasser, 1 Pkg. Gelierpulver 3:1 (24 g), 1 kg gemischte Beeren, z. B. Him-, Brom-, Erd-, Stachel-, Johannis- oder Holunderbeeren, 200 g Zucker ➤ für Diabetiker 15 g flüssigen Süßstoff

Himbeer-Kirsch-Marmelade

Wasser, 1 Pkg. Gelierpulver 3:1 (24 g), 800 g Himbeeren, 200 g Süß- oder Sauerkirschen, entkernen oder nach dem Garen passieren, 200 g Zucker ➤ für Diabetiker 15 g flüssigen Süßstoff

Mango-Himbeer-Marmelade

Wasser, 1 Pkg. Gelierpulver 3:1 (24 g), 600 g vollreife aromatische weiche Mango, schälen, entkernen, pürieren, sonst bleiben störende Fasern in der Marmelade, 400 g Himbeeren, 200 g Zucker ➤ für Diabetiker 15 g flüssigen Süßstoff

> Marmeladen aufbewahren <

Marmelade auf dem Kopf stehend lagern, dadurch tritt (fast) keine Luft in die Marmelade und die Marmelade hält trotz reduziertem Zuckeranteil viele Monate, vorausgesetzt, die Gläser und Deckel sind unbeschädigt und sauber und die Marmelade wurde kochend heiß eingefüllt.

Angebrauchte zuckerarme Marmelade im Kühlschrank aufbewahren. Aufgrund des reduzierten Zuckergehalts würde die Marmelade bei Zimmertemperatur innerhalb weniger Tage verderben.

Heidelbeer-Marillen-Marmelade mit Zitronengras

Wasser, 1 Pkg. Gelierpulver 3:1 (24 g), 800 g Marillen, entkernen, halbieren, 200 g Heidelbeeren, 2 Stangen Zitronengras, ersatzweise Schale von 2 Bio-Zitronen, 200 g Zucker ➤ für Diabetiker 15 g flüssigen Süßstoff

Zitronengras etwas anquetschen oder der Länge nach aufschneiden und mit den Früchten mitkochen. Nach dem Kochen entfernen oder zur Marmelade in das Glas stecken.

Orangen-Preiselbeer-Marmelade

Ca. 2 kg beliebige Bio-Orangen, z. B. Blutorangen, 1 Pkg. Gelierpulver 3:1 (24 g), 200 g Preiselbeeren, 200 g Zucker ➤ für Diabetiker 15 g flüssigen Süßstoff

Orangenschalen abreiben. Von ca. 4 Orangen die Filets herauslösen, den Saft auffangen und mit verwenden. Die restlichen Orangen auspressen. Fruchtfleisch mit verwenden. Insgesamt soll 1 kg Gemisch aus Orangenschale, -filets, -fruchtfleisch und -saft entstehen.
Das Gemisch mit dem Gelierpulver vermengen. Preiselbeeren hinzufügen und aufkochen. Wie bei der Grundzubereitung von Seite 196 f. beschrieben weiterverarbeiten.

\> Tipp <

Die Orangen rundherum mit einem Messer schälen, sodass die komplette Schale inklusive dem Weißen unter der Schale weggeschnitten wird. Die Filets mit einem scharfen Messer keilförmig herausschneiden. Achtung! Es sollen keine weißen Stücke von der Schale oder Zellwände in die Marmelade gemischt werden, da sie sonst bitter schmeckt.
Wenn Sie die Orangen vor dem Auspressen rollen, lässt sich der Saft leichter ausdrücken.

Birnen-Dattel-Marmelade

Gut 250 g Wasser, 1 Pkg. Gelierpulver 3:1 (24 g), 900 g weiche aromatische Birnen, entkernen, in Stücke schneiden, 100 g getrocknete Datteln, entkernen, in kleine Stücke schneiden, 150 g Zucker ➤ für Diabetiker 12 g flüssigen Süßstoff

Brommelige Holunderbeer-Marmelade

Wasser, 1 Pkg. Gelierpulver 3:1 (24 g), 700 g Brombeeren, 300 g Holunderbeeren, 200 g Zucker ➤ für Diabetiker 15 g flüssigen Süßstoff

Erdbeer-Feigen-Marmelade

½ cm hoch Wasser, bei Verwendung von getrockneten Feigen mindestens eine Tasse Wasser zusätzlich hinzufügen, 1 Pkg. Gelierpulver 3:1 (24 g), 700 g aromatische Erdbeeren, 300 g frische oder 70 g getrocknete Feigen, groben Stielansatz entfernen, in kleine Stücke schneiden, 200 g Zucker ➤ für Diabetiker 15 g flüssigen Süßstoff

Honigmelonen-Himbeer-Marmelade

Wasser, 1 Pkg. Gelierpulver 3:1 (24 g), 600 g vollreife Honigmelone schälen, in Stücke schneiden, 400 g Himbeeren, 200 g Zucker ➤ für Diabetiker 15 g flüssigen Süßstoff

Pfirsich-Kirsch-Marmelade

Wasser, 1 Pkg. Gelierpulver 3:1 (24 g), 800 g vollreife Pfirsiche, entkernen, vierteln 200 g Süß- oder Sauerkirschen, entkernen oder nach dem Garen passieren, 200 g Zucker ➤ für Diabetiker 15 g flüssigen Süßstoff

Johannisbeer-Weintrauben-Marmelade mit Minze

Wasser, 1 Pkg. Gelierpulver 3:1 (24 g), 5 Blätter Minze (ca. 1 g), 600 g Rote Johannisbeeren, 400 g kernlose Weintrauben, 200 g Zucker ➤ für Diabetiker 15 g flüssigen Süßstoff

Pflaumen-Stachelbeer-Marmelade

Wasser, 1 Pkg. Gelierpulver 3:1 (24 g), 500 g Pflaumen, entkernen, 500 g Stachelbeeren 200 g Zucker ➤ für Diabetiker 15 g flüssigen Süßstoff

Erdbeer-Bananen-Marmelade

Wasser, 1 Pkg. Gelierpulver 3:1 (24 g), 850 g aromatische Erdbeeren, 1 überreife braune Banane (ca. 150 g Fruchtfleisch), mit einer Gabel zermusen, 180 g Zucker ➤ für Diabetiker 14 g flüssigen Süßstoff

Cassis-Bananen-Marmelade

Wasser, 1 Pkg. Gelierpulver 3:1 (24 g), 850 g Schwarze Johannisbeeren (= Cassis), 1 überreife braune Banane (ca. 150 g Fruchtfleisch), mit einer Gabel zermusen, 180 g Zucker ➤ für Diabetiker 14 g flüssigen Süßstoff

Gesamtmenge	kJ	kcal	Eiweiß (g)	Fett (g)	KH (g)	BE
Bananenmarmelade	4622.74	1102.08	11.89	2.15	246.27	20.50
Zwetschgen-Quitten-Marmelade	5458.44	1302.08	5.00	3.05	298.68	24.88
	2064.44	492.08	5.00	3.05	99.08	8.24
Quittenmarmelade	5363.44	1282.08	4.00	5.05	291.28	24.28
	1969.44	472.08	4.00	5.05	91.68	7.64
Apfel-Erdbeer-Marmelade	5415.44	1292.08	6.16	4.05	296.80	24.74
	2021.44	482.08	6.16	4.05	97.20	8.10
Beerige Marmelade	5198.44	1239.58	11.00	4.80	268.83	22.43
	1804.44	429.58	11.00	4.80	69.23	5.79
Himbeer-Kirsch-Marmelade	5409.44	1290.08	12.20	3.05	283.08	23.60
	2015.44	480.08	12.20	3.05	83.48	6.96
Mango-Himbeer- Marmelade	5823.44	1388.08	8.80	3.95	314.08	26.20
	2429.44	578.08	8.80	3.95	114.48	9.56
Heidelbeer-Marillen- Marmelade	5511.44	1312.08	8.40	2.05	301.20	25.10
	2117.44	502.08	8.40	2.05	101.60	8.46
Orangen-Preiselbeer-Marmelade	6037.44	1440.08	10.60	3.05	324.18	27.06
	2643.44	630.08	10.60	3.05	124.58	10.42
Birnen-Dattel-Marmelade	6059.94	1442.58	6.53	3.26	345.90	28.80
	3514.44	835.08	6.53	3.26	196.20	16.32
Brommelige Hollunderbeer-Marmelade	5215.44	1246.08	15.90	8.55	259.18	21.65
	1821.44	436.08	15.90	8.55	59.58	5.01
Erdbeer-Feigen-Marmelade*	5473.44	1305.08	9.50	4.35	295.28	24.64
	2079.44	495.08	9.50	4.35	95.68	8.00
Honigmelonen-Himbeer-Marmelade	4971.44	1184.08	10.48	1.84	269.08	22.42
	1577.44	374.08	10.48	1.84	69.48	5.78
Pfirsich-Kirsch-Marmelade	5633.44	1346.08	8.20	1.45	315.88	26.32
	2239.44	536.08	8.20	1.45	116.28	9.68
Johannisbeer-Weintrauben-Marmelade	6017.44	1434.08	9.40	2.45	324.28	27.04
	2623.44	624.08	9.40	2.45	124.68	10.40
Pflaumen-Stachelbeer-Marmelade	5648.44	1347.08	7.00	2.05	311.58	25.98
	2254.44	537.08	7.00	2.05	111.98	9.34
Erdbeer-Bananen-Marmelade	5140.04	1225.58	8.53	3.72	276.95	23.10
	2085.44	496.58	8.53	3.72	97.32	8.12
Cassis-Bananen-Marmelade	6032.54	1438.08	12.78	2.02	317.76	26.50
	2977.94	709.08	12.78	2.02	138.12	11.52

** berechnet mit frischen Feigen*

Variationen

Fruchtragout

Dickflüssige Marmelade

Besonders geeignet zur Herstellung von Fruchtjoghurts, als Fruchtragout über den Grießbrei oder Pudding und als schnelle süße Fruchtsauce.

Zubereitung und Rezepte wie Marmelade, allerdings fügen Sie anstatt ½ cm mindestens 1 cm Wasser in den Topf.
Die Nährwerte entsprechen denen der jeweiligen Marmelade, da nur mit Wasser verdünnt wurde.

Fruchtmus

Püriertes Fruchtragout

Verwendung und Zubereitung wie Fruchtragout.
Das Ragout nach dem Kochen pürieren, noch einmal aufkochen lassen und wie Marmelade abfüllen.
Die Nährwerte entsprechen denen der jeweiligen Marmelade, da nur mit Wasser verdünnt wurde.

Erdbeermus

Wasser
1 Pkg. Gelierpulver 3:1 (24 g)
1 kg gut ausgereifte sehr aromatische Erdbeeren
200 g Zucker ➤ für Diabetiker 14 g flüssigen Süßstoff

Fingerhoch kaltes Wasser in den Topf füllen. Die Erdbeeren und das Gelierpulver untermischen. Mit einem Kartoffelstampfer die Erdbeeren zerstampfen. Zugedeckt aufkochen und 5–10 Minuten köcheln lassen, dabei immer wieder umrühren, sonst brennt das Mus an. Mit dem Pürierstab pürieren, Zucker hinzufügen und noch einmal aufkochen lassen. Sofort in saubere Schraubverschlussgläser füllen. Auf dem Deckel stehend lagern.

Gesamtmenge

kJ	kcal	Eiweiß (g)	Fett (g)	KH (g)	BE
5083.44	1212.08	8.00	4.05	273.08	22.78
1689.44	402.08	8.00	4.05	73.48	6.14

Süße Blitzkuchen für Schule und Büro

Schnelle Rührkuchenteige

Ob als Schuljause, für Besprechungen, als Überraschung für Arbeitskollegen oder zum Geburtstag eines Schülers oder Kollegen: Gesundes Naschwerk verführt nicht nur den Gaumen, sondern schmeichelt auch Ihrer Gesundheit und schenkt Ihnen wohl dosierte Energie für den Arbeitstag. Positiver Nebeneffekt: Gesundes Blitzgebäck lässt sich ohne Rührgerät und damit schneller zubereiten als herkömmliche Kuchen.

✗ **Tipp:** Alle Rührkuchen lassen sich glutenfrei zubereiten, vgl. Seite 239.

Zubereitung für alle Rührkuchenteige

- Backrohr auf 170–180 °C Heißluft oder 200 °C Unter-/Oberhitze vorheizen. Wenn nicht anders angegeben, eine runde Kuchenform mit einem Durchmesser von 24 bis 28 cm vorbereiten.
- Ist ein Belag vorgesehen, diesen ebenfalls vorbereiten, z. B. das Obst in Spalten schneiden.
- Für den Teig die Zutaten der Reihe nach in eine Schüssel geben.
- Zum Schluss das Mehl und darüber das Backpulver streuen. Das Backpulver soll dabei nicht feucht werden.
- Das Backpulver mit einer Teigkarte unter das Mehl mischen. Ist das Backpulver klumpig, so muss es gesiebt werden, da sich die Klumpen im Teig nicht auflösen.
- Nun alle Zutaten in wenigen Sekunden mit der Teigkarte verrühren. Je kürzer Sie den Teig rühren, desto flaumiger der Kuchen!
- Den Teig rasch in die Form streichen und belegen.
- Den Kuchen auf die unterste Backrohrschiene einschieben. Je nach Kuchen und Backrohrfunktion 35–60 Minuten backen.

Ausmessen mit der Tasse

Halten Sie die Tasse zum Ausmessen über die Teigschüssel, dann fallen die Reste in die Schüssel. Ein paar Gramm mehr oder weniger im Teig lassen den Rührkuchen genauso gelingen. Sie können den Teig in Ruhe vorbereiten. Solange das Backpulver auf dem Mehl nicht feucht wird, kann der Teig stehen bleiben.

Verarbeitung von Backpulver

Das Backpulver immer auf das Mehl oder die trockenen Zutaten sieben. Niemals solo in den Teig einrühren. Das Backpulver lässt sich nachträglich nicht mehr gleichmäßig unterrühren, der Kuchen geht, wenn überhaupt, ungleichmäßig auf und kann an manchen Stellen salzig schmecken.
Der Teig soll ab dem Zeitpunkt des Zusammenrührens innerhalb von 3 Minuten im Backrohr sein, da sonst das Backpulver die Wirkung verliert und der Kuchen nicht mehr so schön aufgeht.

Warum ist das schnelle Arbeiten nötig?

Bei fett- und zuckerarmen Kuchen reagieren die Zutaten anders als bei herkömmlichen Kuchen. Um zu einem locker-flaumigen Ergebnis zu kommen, ist eine andere Zubereitungstechnik nötig.
Verwenden Sie zum Rühren keinen Mixer – der Teig wird zu zäh – und keinen Schneebesen – der Teig lässt sich schwer verrühren und ein Teil des Teiges bleibt im Schneebesen hängen –, sondern lediglich eine Teigkarte, einen Kochlöffel oder eine Gabel.

Wann ist der Kuchen fertig gebacken?

Der Kuchen ist fertig gebacken, wenn bei der Stäbchenprobe kein Teig mehr am Stäbchen klebt. Dazu das Stäbchen in die Mitte des Kuchens stechen. Öffnen Sie für die Stäbchenprobe das Backrohr frühestens nach 30 Minuten bzw. bei Tassenkuchen nach 15 Minuten. Am besten aber erst dann, wenn der Kuchen optisch fertig gebacken ist. Optisch erkennbar daran, dass der Kuchen überall gleichmäßig aufgeht, bräunt und sich leicht von der Form löst. Öffnen Sie das Backrohr zu früh, sackt der Teig zusammen und der Kuchen schmeckt speckig. Die Backofentür sofort nach dem Öffnen wieder schließen.

Backformen

Anstatt in der angegebenen Kuchenform können die Kuchen in Muffinsförmchen, ofenfesten Gläsern oder ofenfesten Tassen gebacken werden.

Gewürze

Kein Kuchen ohne Gewürze! Fett- und zuckerarme Kuchen leben von Gewürzen. Wenn Sie die Kuchen und Kekse nicht würzen, schmecken diese fad.

Anstatt der angegebenen Gewürze können Sie beliebige Gewürze hinzufügen, z. B. Zimt, Bio-Zitronen-, Orangen-, Limettenschale, Ingwer, Rosenblüten, Minze, Melisse, Vanille, Malve, Zitronengras, Zitronenkraut, und sparsam dosiert, d. h. max. 3 Msp. Gewürzpulver pro Kuchen von Fenchel, Anis, Sternanis, Kardamom, Nelken, Lavendel, und max. 1 Msp. von Pfeffer und Muskat.

Folgende Mischungen eignen sich besonders gut für Kuchen:

- Mark von 1 Vanilleschote, Schale von 1 Bio-Orange
- Mark von 1 Vanilleschote, Schale von 1 Bio-Zitrone, 1 TL Zimt
- 1 EL Lebkuchengewürz, Schale von 1 Bio-Orange
- Mark von 1 Vanilleschote, Schale von 1 Bio-Zitrone, 1 TL Zitronenmelisse
- Schale von 1 Bio-Orange, 1 TL Zimt, 1 Msp. Chilipulver
- Schale und Saft von 1 Bio-Limette, 1 Msp. Nelken, 1 Msp. Kardamom, 1 Msp. Anis
- 1 EL fein gehackte frische Minze oder ½ TL getrocknete, fein gemörserte Minze, Schale von 1 Bio-Zitrone
- Mark von 1 Vanilleschote, Schale von 1 Bio-Zitrone
- 2 Msp. Anis, 1 Msp. Fenchel, 1 Msp. Kardamom, 1 Msp. Pfeffer, 1 Msp. Muskat
- 1 haselnussgroßes Stück Ingwer, fein raspeln, 1 TL 5-Gewürze-Pulver

Grobe Gewürze ergeben ein unangenehmes Mundgefühl. Mischen Sie daher frische Kräuter, z. B. Zitronenmelisse, nur sehr fein gehackt in den Teig. Trockene Kräuter und Gewürze mahlen oder mörsern Sie sehr fein.

Achten Sie beim Kauf von Gewürzen auf intensiv schmeckende Gewürze. Oft entpuppen sich Billiggewürze als nach nichts schmeckende Pulver, die im Endeffekt teurer sind, weil Sie deutlich mehr davon benötigen.

> Kalorienspartipp <

Mischen Sie gemahlenes Müsli anstatt Nüsse in den Kuchen! Ersetzen Sie dazu die Nüsse durch 70 % einer Trocken-Müslimischung, die Sie fein mahlen. Anstatt 100 g Nüsse verwenden Sie z. B. 70 g Müslimischung. Diabetiker müssen den höheren Kohlenhydratanteil im Müsli als in den Nüssen beachten.

Schnelle süße Schnitten

1 Kastenkuchen, ca. 10 Stück

Rührteig

1 kleiner Apfel (100 g), mit Schale fein reiben

½ Packung Buttermilch, ersatzweise Sauermilch, Acidophilusmilch oder 1 Becher Naturjoghurt (250 g)

2 Eier

Beliebige Gewürze lt. Rezept auf Seite 207 f.

Knapp ½ Becher Zucker (90 g) ➤ für Diabetiker 50 g Zucker 4 g Süßstoff

1 Becher oder 1 große Tasse Weizenvollkornmehl (130 g)

½ Pkg. Weinsteinbackpulver (9 g)

Belag

2 Äpfel (ca. 300 g) oder anderes Obst, z. B. Birnenspalten, Aprikosenhälften, Pflaumenhälften, beliebige Beeren oder Kirschen

Zubereitung siehe Seite 206.

Tipp: Statt den Kuchen mit Obst zu belegen, können Sie das Obst auch in den Teig mischen.

Pro Stück, mit Apfelbelag berechnet

kJ	kcal	Eiweiß (g)	Fett (g)	KH (g)	BE
518.83	123.96	3.76	1.84	22.70	1.89
450.95	107.76	3.76	1.84	18.71	1.56

Von links nach rechts: Nuss-Kastenkuchen von Seite 215, Walnusskuchen vom Blech von Seite 215, Nuss-Kokos-Blechkuchen von Seite 211, Schnelle süße Schnitten von Seite 209, Lebkuchen-Ameisenmuffis ohne Ei von Seite 222.

Beerenkuchen

Sehr gut!

1 Kuchen à 12 Stück

Stachelbeer-Butterkuchen

70 g sehr weiche oder flüssige Butter
120 g Zucker ➤ für Diabetiker 50 g Zucker und 7 g Süßstoff
2 Eier
1 Apfel (150 g), mit Schale grob raspeln
Mark von ½ Vanilleschote
Schale von 1 Bio-Zitrone
1 Becher Sauerrahm (250 g)
50 g Haferflocken
160 g Weizenvollkornmehl
1 Pkg. Weinsteinbackpulver (16 g)

Zubereitung siehe Seite 206.
Zum Belegen 500 g Stachelbeeren, frisch oder gefroren, oder anderes Obst.

Pro Stück

kJ	kcal	Eiweiß (g)	Fett (g)	KH (g)	BE
893.21	213.92	4.18	9.66	26.89	2.24
794.22	190.29	4.18	9.66	21.07	1.76

Beerenkuchen ohne Ei *(Abb. Seite 211)*

1 Kuchen à 12 Stück

Rührteig

1 Apfel (150 g), mit Schale grob raspeln
70 g Öl
200 ml Milch
Beliebige Gewürze lt. Rezept auf Seite 207
130 g Zucker oder Honig ➤ für Diabetiker 70 g Zucker und 6 g Süßstoff
200 g Weizenvollkornmehl
1 Pkg. Weinsteinbackpulver (16 g)

Zubereitung siehe Seite 206.
Zum Belegen 100 g Beeren, frisch oder gefroren, z. B. Heidelbeeren oder Ribisel.

pro Stück

kJ	kcal	Eiweiß (g)	Fett (g)	KH (g)	BE
710.44	169.66	2.56	6.86	24.18	2.02
630.83	150.66	2.56	6.86	19.19	1.60

Nuss-Kokos-Blechkuchen mit Marillen

1 Kuchen à 12 Stück

1 Apfel (150 g), mit Schale grob raspeln
3 Eier
1 EL ungesüßtes Kakaopulver (15 g)
1 Becher Sauerrahm (250 g)
1 Becher geröstete, geriebene oder gehackte beliebige Nüsse (100 g), z. B. Haselnüsse
½ Becher Kokosflocken (40 g)
1 Becher Staubzucker (150 g)
➤ für Diabetiker 13 g Süßstoff
1 TL Zimt, 2 Msp. Nelkenpulver
1 TL Lebkuchengewürz
Mark von 1 Vanilleschote
Schale von 1 Bio-Orange
1¼ Becher Weizenvollkornmehl (180 g)
1 Pkg. Weinsteinbackpulver (16 g)

Zubereitung siehe Seite 206.
Zum Belegen 800 g Obst, z. B. Marillen

> Tipp <

Anstatt mit Obst können Sie die Kuchen auch mit Marmeladehäufchen belegen.

Pro Stück

kJ	kcal	Eiweiß (g)	Fett (g)	KH (g)	BE
1112.70	266.07	5.97	12.84	31.03	2.59
900.58	215.45	5.97	12.84	18.56	1.55

Von oben Mitte beginnend: Himbeer-Becherkuchen von Seite 217, Veganer Nuss-Orangen-Kuchen von Seite 212, Beerenkuchen von Seite 210, Grießkuchen mit Schokolade ohne Mehl von Seite 213, Kokoskuchen von Seite 214, Mandel-Orangen-Becherkuchen von Seite 217, Tyrolia-Kufstein-Kuchen von Seite 212, Grießkuchen ohne Ei von Seite 213, Schoko-Kokos-Nuss-Becherkuchen von Seite 218

Tyrolia-Kufstein-Kuchen

1 Kuchen à 12 Stück

Rührteig

1 Apfel mit Schale grob raspeln (ca. 150 g)
Schale von 1 Bio-Orange
1 Becher Sauerrahm (250 g)
4 Eier, 1 Msp. roter Pfeffer
1 EL Kakaopulver, ungesüßt (15 g)
50 g beliebige geröstete und gehackte Nüsse, z. B. Walnüsse
140 g Zucker ➤ für Diabetiker 70 g Zucker und 7 g Süßstoff
200 g Weizenvollkornmehl
1 Pkg. Weinsteinbackpulver (16 g)

Zubereitung siehe Seite 206.

Pro Stück

kJ	kcal	Eiweiß (g)	Fett (g)	KH (g)	BE
829.83	198.72	5.52	8.49	24.82	2.07
730.83	175.09	5.52	8.49	19.00	1.58

Veganer Nuss-Orangen-Kuchen

1 Kuchen à 12 Stück

½ Apfel (70 g), mit Schale grob raspeln
Schale von 2 Bio-Orangen
Mark von 1 Vanilleschote
Knapp 2 Becher Leitungswasser oder prickelndes Mineralwasser (460 g)
Knapp ½ Becher Öl (100 g)
1 Becher Staubzucker oder 150 g Kristallzucker ➤ für Diabetiker 70 g Zucker und 8 g Süßstoff
1 Becher geröstete und gemahlene oder gehackte beliebige Nüsse (100 g)
2,8 Becher Weizenvollkornmehl (390 g)
1½ Pkgen. Weinsteinbackpulver (24 g)

Zubereitung siehe Seite 206. Bei 175 °C Heißluft ca. 15–25 Minuten backen.

✗ **Hinweis:** Da Ei und Milch fehlen, wird der Kuchen etwas bröselig, schmeckt aber trotzdem ausgezeichnet!

Zum Belegen

Entweder beliebiges frisches oder gefrorenes Obst, Marmeladehäufchen, oder ohne Belag.

pro Stück

kJ	kcal	Eiweiß (g)	Fett (g)	KH (g)	BE
1194.98	285.44	4.66	14.47	34.14	2.85
1088.83	260.11	4.66	14.47	27.49	2.29

Grießkuchen ohne Ei

1 Kuchen à 12 Stück

1 Apfel (150 g), mit Schale grob raspeln
1 Becher Naturjoghurt (250 g)
½ Becher Wasser (120 g)
½ Becher Öl (100 g)
140 g Zucker ➤ für Diabetiker 14 g Süßstoff
4 Msp. Zimt, 1 Msp. Nelkenpulver
1 Prise Piment, 1 Prise Koriander
1 Becher Weizengrieß (210 g)
1 Becher Weizenvollkornmehl (140 g)
1 Pkg. Weinsteinbackpulver (16 g)

Zubereitung siehe Seite 206.
Zum Belegen 400 g beliebiges Obst, z. B. Heidelbeeren

Pro Stück

kJ	kcal	Eiweiß (g)	Fett (g)	KH (g)	BE
1044.20	249.46	4.10	9.59	36.02	3.00
858.43	205.13	4.10	9.59	24.38	2.03

Grießkuchen mit Schoko ohne Mehl

1 Kuchen à 12 Stück

1 Apfel (150 g), mit Schale grob raspeln
2 Eier
Schale von 1 Bio-Orange
1 gut gehäufter EL ungesüßtes Kakaopulver (20 g)
5 EL Öl (40 g) oder weiche Butter
100 g Milch
100 g Zucker ➤ für Diabetiker 10 g Süßstoff
100 g geröstete Nüsse, gemahlen oder gehackt
150 g Weizengrieß
1 Pkg. Weinsteinbackpulver (16 g)

Zubereitung siehe Seite 206.

Pro Stück

kJ	kcal	Eiweiß (g)	Fett (g)	KH (g)	BE
801.53	191.44	3.84	10.51	20.40	1.70
668.84	159.77	3.84	10.51	12.08	1.01

Kokos-Kranzkuchen

1 Kuchen à 12 Stück

1 Apfel (150 g), mit Schale grob raspeln
3 Eier
1 Becher Naturjoghurt (250 g)
100 g Öl
150 g Zucker ➤ für Diabetiker 50 g Zucker und 10 g Süßstoff
Beliebige Gewürze lt. Rezept auf Seite 207 f.
60 g Kokosflocken
200 g Weizenvollkornmehl
1 Pkg. Weinsteinbackpulver (16 g)

Zubereitung siehe Seite 206.

Pro Stück

kJ	kcal	Eiweiß (g)	Fett (g)	KH (g)	BE
1034.30	246.99	4.72	13.93	25.71	2.14
901.61	215.32	4.72	13.93	17.40	1.45

Nuss-Kastenkuchen

1 Kuchen à 12 Stück

½ Apfel (70 g), mit Schale grob raspeln
½ Becher Sauerrahm (125 g)
3 Eier, 70 g Öl
2 EL Wasser (16 g)
60 g geröstete, geriebene beliebige Nüsse, z. B. Haselnüsse
100 g Zucker ➤ für Diabetiker 40 g Zucker und 6 g Süßstoff
Schale 1 Bio-Orange, 1 Msp. Nelkenpulver, 1 Prise roter Pfeffer
150 g Weizenvollkornmehl
½ Pkg. Weinsteinbackpulver (8 g)

Zubereitung siehe Seite 206.
Zum Belegen 200 g Obst, z. B. Himbeeren
1 EL Mandelsplitter (15 g).

Pro Stück

kJ	kcal	Eiweiß (g)	Fett (g)	KH (g)	BE
877.32	209.80	4.40	13.04	18.56	1.55
792.47	189.55	4.40	13.04	13.57	1.13

Walnusskuchen vom Blech

1 Kuchen à 12 Stück

1 Apfel (150 g), mit Schale grob raspeln
5 Eier
2 EL Rum (16 g) oder für Kinder ein beliebiger Fruchtsaft
1 EL Zimt, Schale von 1 Bio-Orange
Mark 1 Vanilleschote
100 g flüssige Butter oder 80 g Öl
½ Becher Naturjoghurt (125 g)
➤ 140 g Zucker oder für Diabetiker 30 g Zucker und 10 g Süßstoff
100 g geröstete, gehackte oder gemahlene Walnüsse
150 g Weizenvollkornmehl
1 Pkg. Weinsteinbackpulver (16 g)

Zubereitung siehe Seite 206.
Eventuell Obst zum Belegen.

Pro Stück

kJ	kcal	Eiweiß (g)	Fett (g)	KH (g)	BE
1066.29	254.67	5.74	15.44	22.55	1.88
910.73	217.55	5.74	15.44	13.41	1.12

Becherkuchen

Birnen-Tassenkuchen

4 Tassen oder Gläser

Rührteig

½ Apfel (70 g), mit Schale grob raspeln
50 g Zucker ➤ für Diabetiker 30 g Zucker und 2 g Süßstoff
50 g Milch
40 g Öl
1 Ei
1 haselnussgroßes Stück Ingwer, fein raspeln
Schale von 1 Bio-Orange
1 TL Lebkuchengewürz
125 g Weizenvollkornmehl
¼ Pkg. Weinsteinbackpulver (ca. 4 g)

Zum Belegen

4 sehr kleine Birnen oder anderes Obst, z. B. Pflaumen (200 g)

Zubereitung

Backrohr auf 180 °C Heißluft vorheizen.
Vier Tassen oder Gläser und den Belag vorbereiten.
Weitere Zubereitung wie auf Seite 206 beschrieben. Backzeit 20–30 Minuten.

Pro Tasse

kJ	kcal	Eiweiß (g)	Fett (g)	KH (g)	BE
1257.21	300.11	5.94	12.71	40.64	3.39
1172.36	279.86	5.94	12.71	35.65	2.97

Himbeer-Becherkuchen

Sehr gut!

1 Kuchen à 12 Stück

1 Apfel (150 g), mit Schale grob raspeln
Schale 1 Bio-Limette oder Zitrone
Mark von 1 Vanilleschote
1 TL gehackte Zitronenmelissenblätter
¼ Becher Öl (50 g) oder 50 g flüssige Butter, 2 Eier
1 Becher Naturjoghurt (250 g)
½ Becher beliebige Nüsse oder Samen (50 g), geröstet, gemahlen oder gehackt
Knapp 1 Becher Staubzucker ➤ für Diabetiker 70 g Zucker und 7 g Süßstoff
1 gut gehäufter Becher Weizenvollkornmehl (180 g)
1 Pkg. Weinsteinbackpulver (16 g)

Zubereitung siehe Seite 206.
Zum Belegen 400 g Himbeeren, ersatzweise anderes Obst

✗ **Hinweis:** Statt einem Becher Staubzucker können Sie auch 140 g Kristallzucker verwenden.

Pro Stück

kJ	kcal	Eiweiß (g)	Fett (g)	KH (g)	BE
853.44	203.84	4.57	8.95	25.54	2.13
760.56	181.67	4.57	8.95	19.72	1.64

Mandel-Orangen-Becherkuchen

1 Kuchen à 12 Stück

1 Apfel (150 g), mit Schale grob raspeln
3 Eier, ¼ Becher Öl (50 g)
1 Becher Naturjoghurt (250 g)
1 TL Zimt, Schale von 2 Bio-Orangen
Mark von 1 Vanilleschote
¼ Becher frisch gepresster Orangensaft mit Fruchtfleisch (50 g)
1 Becher Staubzucker (150 g) ➤ für Diabetiker 40 g Zucker und 11 g Süßstoff
1 Becher geröstete, geriebene Mandeln (100 g)
1 Becher Weizenvollkornmehl (140 g)
1 Pkg. Weinsteinbackpulver (16 g)

Zubereitung siehe Seite 206.
Zum Belegen 300 g beliebiges Obst, z. B. Äpfel oder mit einem Löffel Häufchen von Orangenmarmelade auf den Teig geben.

Pro Stück

kJ	kcal	Eiweiß (g)	Fett (g)	KH (g)	BE
949.94	226.87	5.52	11.14	25.95	2.16
803.98	192.04	5.52	11.14	16.80	1.40

Schoko-Kokos-Nuss-Becherkuchen *Sehr gut!*

1 Kuchen à 12 Stück

1 Apfel (150 g), mit Schale grob raspeln
Schale und Saft von 1 Bio-Limette oder Bio-Zitrone
Mark von 1 Vanilleschote
Evtl. Kokoslikör
3 Eier
1 Becher Kokosmilch oder Sauerrahm (250 g)
1 Becher Staubzucker (150 g), ersatzweise 150 g Kristallzucker ➤ für Diabetiker 70 g Zucker und 8 g Süßstoff
1 Becher Nüsse (100 g)
½ Becher Kokosflocken (40 g)
1 EL ungesüßtes Kakaopulver (15 g)
1 gut gehäufter Becher Weizenvollkornmehl (180 g)
1 Pkg. Weinsteinbackpulver (16 g)

Zubereitung siehe Seite 206.

Pro Stück

kJ	kcal	Eiweiß (g)	Fett (g)	KH (g)	BE
800.48	191.07	4.60	7.63	25.81	2.15
694.33	165.74	4.60	7.63	19.16	1.60

Amaranth-Becherkuchen

Schmeckt hervorragend!

1 Kuchen à 12 Stück
Für Liebhaber des Amaranth-Geschmacks!

½ Apfel (70 g), mit Schale grob raspeln
Beliebige Gewürze lt. Rezept auf Seite 207 f.
2 Eier
1 Becher Naturjoghurt (250 g)
Knapp ½ Becher Öl (100 g)
1 Becher Staubzucker (150 g) ➤ für Diabetiker 40 g Zucker und 11 g Süßstoff
1 sehr gut gehäufter Becher Amaranth (180 g), gemahlen
1 sehr gut gehäufter Becher Weizenvollkornmehl (180 g)
1 Pkg. Weinsteinbackpulver (16 g)

Zum Belegen
400 g beliebiges Obst, z. B. Kirschen, frisch oder gefroren oder Marmelade

Zubereitung siehe Seite 206.

Variationsmöglichkeiten:

- Amaranth lässt sich durch jedes beliebige Getreide ersetzen, z. B. Quinoa, Grünkern, Dinkel, Buchweizen, Kamut …
- Zum Verfeinern des Teiges können Sie zusätzlich zur angegebenen Masse bis zu ¼ Becher Nüsse, Mohn, Kokosflocken oder 1 EL Kakaopulver untermischen.
- Für Kreative: Teilen Sie die Masse. Vermischen Sie eine Hälfte mit 2 EL Schokostreuseln und die zweite Hälfte mit 1 EL Kakaopulver. Zuerst die Kakaomasse einfüllen (= schwerer) und mit der Schokostreuselmasse abdecken.
- Rasch arbeiten, da sonst das Backpulver die Wirkung verliert und der Kuchen nicht mehr aufgeht.

Pro Stück

kJ	kcal	Eiweiß (g)	Fett (g)	KH (g)	BE
1163.85	277.96	6.33	11.65	36.56	3.09
1017.89	243.12	6.33	11.65	27.41	2.33

Muffins

Gewürzmuffins

12 Muffins

Rührteig

1 Apfel (150 g), mit Schale grob raspeln
Schale und Saft von 1 Bio-Zitrone (ca. 30 g Saft)
Mark von 1 Vanilleschote
1 leicht gehäufter EL Zimt
3 EL Wasser oder Rum (24 g)
3 Eier
70 g Öl
130 g Zucker ➤ für Diabetiker 70 g Zucker und 6 g Süßstoff
70 g Walnüsse, hacken
160 g Weizen- oder Dinkelvollkornmehl
½ Pkg. Weinsteinbackpulver (9 g)
Ca. 4 EL prickelndes Mineralwasser, ersatzweise Leitungswasser (ca. 30 g)

Zum Belegen

2 Handvoll Brombeeren (ca. 150 g), ersatzweise anderes Obst

Zubereitung

Die Muffinsformen und den Belag vorbereiten. Backrohr auf 170 °C Heißluft oder 190 °C Unter-/Oberhitze vorheizen.
Für den Teig die Zutaten der Reihe nach in eine Schüssel geben. Zum Schluss das Backpulver über das Mehl sieben und mit dem Mehl vermischen. Das Backpulver soll dabei nicht feucht werden.
Nun alle Zutaten in wenigen Sekunden mit einem Kochlöffel verrühren. Je kürzer Sie den Teig rühren, desto flaumiger die Muffins!
Den Teig in die vorbereiteten Muffinsförmchen streichen, rasch belegen.
Ca. 20–25 Minuten backen. Die Muffins sind fertig gebacken, wenn bei der Stäbchenprobe kein Teig mehr am Stäbchen klebt.

Pro Stück

kJ	kcal	Eiweiß (g)	Fett (g)	KH (g)	BE
875.71	209.32	4.13	11.56	21.70	1.82
790.86	189.07	4.13	11.56	16.71	1.40

Nuss-Mini-Muffins

3 kleine Muffins

30 g Apfel, mit Schale grob raspeln
Beliebige Gewürze lt. Rezept auf Seite 207 f.
10 g Milch
10 g Öl, z. B. Nussöl
1 Ei
25 g Zucker ➤ für Diabetiker 10 g Zucker und 1 g Süßstoff
10 g geröstete, gehackte Haselnüsse
50 g Weizenvollkornmehl
1 gut gehäufte Msp. Weinsteinbackpulver
20 g Beeren zum Untermischen, z. B. Rote Johannisbeeren

✗ **Tipp:** Wenn Sie das Obst mit dem Mehl vermischen, bleibt es besser im Kuchen verteilt und sinkt beim Backen weniger auf den Boden. Zubereitung wie Gewürzmuffins von Seite 220, allerdings nur 3 Förmchen vorbereiten.

Pro Stück

kJ	kcal	Eiweiß (g)	Fett (g)	KH (g)	BE
727.76	173.77	4.64	7.90	20.84	1.74
646.40	154.35	4.64	7.90	15.85	1.32

Lebkuchen-Ameisen-Muffins ohne Ei

12 Stück

½ Apfel (70 g), mit Schale grob raspeln
1 EL Lebkuchengewürze
Mark von 1 Vanilleschote
Schale von 1 Bio-Orange
100 g Leitungswasser oder prickelndes Mineralwasser, 70 g Milch, 70 g Öl
100 g beliebige Nüsse, geröstet und gehackt oder gemahlen
60 g Zucker ➤ für Diabetiker 6 g Süßstoff
130 g Weizenvollkornmehl
1 Pkg. Weinsteinbackpulver (16 g)

Zum Untermischen in den Teig
1 gehäufter EL Schokostreusel (15 g), auch für Diabetiker

Zubereitung siehe Seite 220. Bei 175 °C Heißluft ca. 15–25 Minuten backen.

✗ Tipps!
Falls der Teig zu fest ist, noch einen kleinen Schuss Wasser hinzufügen. Der Teig soll in der Konsistenz einem dickflüssigen Rührkuchen ähneln. Der Kuchen schmeckt ofenwarm am besten. Je länger Sie den Kuchen aufbewahren, desto bröseliger wird er.

Pro Stück

kJ	kcal	Eiweiß (g)	Fett (g)	KH (g)	BE
727.97	173.86	2.51	11.92	14.36	1.20
648.36	154.87	2.51	11.92	9.37	0.78

Couscous-Muffins

12 Muffins

Rührteig
100 g Milch
50 g Couscous – roh
2 gehäufte EL Haferkleie (30 g)
Knapp 5 gehäufte EL Zucker (70 g) ➤ für Diabetiker 7 g Süßstoff
3 EL Öl (24 g)
½ Packung Magertopfen (125 g)
½ Becher Ricotta (125 g)
2 Eier, Schale von 1 Bio-Zitrone
1 TL Minze oder Mark von 1 Vanilleschote

Alle Zutaten verrühren. Weitere Zubereitung wie Gewürzmuffins von Seite 220. Muffins ca. 40–50 Minuten backen, Stäbchenprobe!
Zum Belegen 1–2 Handvoll beliebiges Obst (ca. 150 g), frisch oder gefroren, z. B. Schwarze Johannisbeeren oder Weintrauben.

Pro Stück

kJ	kcal	Eiweiß (g)	Fett (g)	KH (g)	BE
461.73	110.23	4.38	4.89	11.88	0.99
362.74	86.60	4.38	4.89	6.05	0.50

Reismuffins mit Banane

12 Muffins

Reismasse

1 Apfel (150 g), mit Schale grob raspeln
1 Becher Ricotta (250 g)
1 Becher Magertopfen (250 g)
1 Becher Milch (250 g)
3 Eier
150 g Reisflocken
Gut ½ Becher Zucker (150 g) ➤ für Diabetiker 70 g Zucker und 8 g Süßstoff
1 große, sehr reife braune Banane (ca. 170 g), in Scheiben schneiden
Saft und Schale 1 Bio-Zitrone
Mark von 1 Vanilleschote

Zum Bestreuen

Gehackte Kürbiskerne (ca. 10 g)

Alle Zutaten verrühren. Weitere Zubereitung wie Gewürzmuffins von Seite 220.
Die Reismasse in die vorbereiteten Förmchen füllen. Mit den Kürbiskernen bestreuen.
Ca. 35–45 Minuten backen. Die Reistörtchen sind fertig gebacken, wenn bei der Stäbchenprobe kein Teig mehr am Stäbchen klebt.
Kerntemperatur 90 - 95 °C.

✗ **Tipp:** Füllen Sie lagenweise Obst, z. B. eine Beerenmischung und die Reismasse in die Förmchen.

Pro Stück

kJ	kcal	Eiweiß (g)	Fett (g)	KH (g)	BE
836.75	200.00	7.71	5.47	29.45	2.46
723.62	173.00	7.71	5.47	22.80	1.90

Strudel-Nudel-Kuchen

1 Kuchen à 12 Stück

Teig

1 Pkg. Strudelteig (120 g)
30 g flüssige, leicht gebräunte Butter oder 2 EL Öl

Fülle – Variante 1

2 Eier
1 Pkg. Magertopfen (250 g)
1 Becher Sauerrahm (250 g)
Schale und Saft 1 Bio-Zitrone
Mark 1 Vanilleschote
120 g Zucker ➤ für Diabetiker 12 g Süßstoff
230 g Wasser
170 g rohe Faden-Suppennudeln

Fülle-Variante 2

Schale und Saft von 2 Bio-Zitronen
Mark 1 Vanilleschote
4 EL Mandeln (40 g), hacken
120 g rohe Vollkorn-Suppennudeln, ersatzweise Bulgur oder Couscous
2 Becher Ricotta (500 g)
1½ Becher Milch (325 g)
Gut ½ Becher Zucker (150 g) ➤ für Diabetiker 12 g Süßstoff
2 Eier

Zum Belegen

200–600 g Obst, z. B. Beerenmischung, Apfel- oder Birnenwürfel, Marillen, Kirschen, frisch oder gefroren

Eine runde Kuchenform vorbereiten.
Backrohr auf 170 °C Heißluft vorheizen. Ein Strudelteigblatt mit etwas Butter oder Öl bestreichen, die restlichen Blätter über die Fettschicht ziehen.
Zwei Teigblätter übereinander in die Form geben, den Rand überstehen lassen.
Fülle einfüllen, Obst darauf verteilen.
Die restlichen Teigblätter und den überstehenden Rand darüber drapieren. Mit dem restlichen Fett bestreichen.
Ca. 1¼ Stunden backen. Kerntemperatur 95 °C. Falls der Teig zu rasch bräunt, mit Alufolie abdecken. Vor dem Anschneiden 10 Minuten rasten lassen.

✗ **Tipp!** Anstatt rohen Nudeln können Sie auch gekochte Nudeln, z. B. Reste von Beilagennudeln, verwenden. In diesem Fall das Wasser in der Fülle weg lassen.

Pro Stück – Variante 1

kJ	kcal	Eiweiß (g)	Fett (g)	KH (g)	BE
1004.96	246.23	7.40	7.02	34.79	2.90
845.73	208.23	7.40	7.02	24.81	2.07

Pro Stück – Variante 2

kJ	kcal	Eiweiß (g)	Fett (g)	KH (g)	BE
1068.54	261.38	8.31	11.37	27.97	2.34
856.41	210.75	8.31	11.37	15.49	1.30

Früchtebrot und Fruchtschnitten

Tiroler Früchtebrot – die einfache Variante

1 Brot

Teigmantel

½ Pkg. Strudelteig (60 g)

Früchte-Fülle

1 Apfel (150 g), mit Schale grob raspeln
1 gehäufter EL Zimt
½ TL Nelkenpulver, 2 Msp. Sternanis, ersatzweise 2 EL Zeltengewürz
300 g gemischtes Dörrobst
100 g lauwarmes Wasser
50 g Rum
100 g gemischte Nüsse, wenn möglich geröstet
100 g Weizen- oder Dinkelvollkornmehl
⅓ Würfel frische Hefe (14 g)

Zum Bestreichen

Milch oder Eiklar
Evtl. Zutaten zum Verzieren, z. B. Walnüsse oder Trockenfrüchte

Ein Backblech mit Backpapier auslegen. Backrohr auf 160 °C Heißluft vorheizen.
Für die Fruchtfülle alle Zutaten in eine Schüssel geben und mit der Hand gut vermischen.
Die Strudelteigblätter übereinander auf das Backblech legen. Nicht bestreichen.
Mit der Fruchtfülle einen Brotlaib auf die Strudelteigblätter formen.
Die Strudelteigblätter rundherum sehr locker einschlagen. Es soll noch etwas Luft bleiben, damit das Brot aufgehen kann, ohne dass der Teig allzu sehr reißt. Umdrehen, sodass die Nahtstelle unten ist. Mit Milch oder Eiklar bestreichen.
Mit Keksausstechern oder einem Spieß Löcher einstechen. Eventuell mit beliebigen Zutaten verzieren.
Ca. 1 Stunde backen. Kerntemperatur 90 °C. Falls die Hülle schon bräunt, die Fülle aber noch nicht gar ist, mit Alufolie abdecken und bei 150 °C fertig backen.

➤ Backwaren mit einem hohen Trockenfrüchteanteil sind aufgrund des hohen fruchteigenen Zuckergehalts für Diabetiker nicht empfehlenswert.

Gesamtmenge

kJ	kcal	Eiweiß (g)	Fett (g)	KH (g)	BE
9366.98	2271.72	39.94	70.40	317.91	26.52

> Tipp <

Früchtebrote und Fruchtschnitten sind ideal bei Prüfungen, Bergtouren und für alle Situationen, bei denen Sie über längere Zeit Energie benötigen.

Fruchtschnitten mit Honig

Beliebige Gewürze, z. B. Zimt
Bio-Zitronenschale oder Zeltengewürz
2 Eier
20 g Wasser
100 g beliebige Trockenfrüchte, klein hacken
100 g Flockenmischung oder Haferflocken
50 g sehr weicher oder flüssiger Honig
50 g sehr weiche Butter
50 g gemischte Samen, z. B. Kürbiskerne, Sesam, Leinsamen und Sonnenblumenkerne
50 g Weizenvollkornmehl
½ Pkg. Weinsteinbackpulver (8 g)

Backrohr auf 170 °C Heißluft vorheizen. Ein Backblech mit Backpapier auslegen.
Alle Zutaten der Reihe nach in eine Schüssel geben. Zum Schluss das Backpulver über das Mehl streuen und mit dem Mehl vermischen.
Mit einer Gabel oder Teigkarte KURZ zu einem weichen Teig verrühren.
Die Masse mit einer befeuchteten Teigkarte auf dem Backpapier dünn aufstreichen. Es soll fast das gesamte Blech ausgefüllt sein.
15 Minuten bei 170 °C backen und weitere 15 Minuten bei 90 °C trocknen.
Noch warm mit einem scharfen Messer mit glattem Schliff schneiden. Am einfachsten geht das Schneiden, wenn Sie das Messer hinunterdrücken, also nicht sägen.

Gesamtmenge

kJ	kcal	Eiweiß (g)	Fett (g)	KH (g)	BE
7457.18	1781.10	45.90	84.11	208.56	17.38

> Tipp <

So geht's Trockenfrüchte schneiden schneller: Vermischen Sie alle Zutaten bis auf die Nüsse und mixen Sie die Mischung im Standmixer oder Thermomix so lange, bis die Trockenfrüchte in etwa Rosinengröße angenommen haben. ✗ **Achtung!** Entkernen Sie die Trockenfrüchte, z. B. Datteln, vor dem Mixen, und untersuchen Sie entkernte Trockenfrüchte, z. B. Pflaumen, auf Kernstücke.

Fruchtschnitten – ungesüßt

1 EL Zimt
Schale von 1 Bio-Zitrone
1 Apfel (150 g), mit Schale grob raspeln
250 g beliebige Trockenfrüchte, klein hacken
200 g Wasser
50 g geröstete Nüsse
100 g Weizenvollkornmehl
½ Pkg. Weinsteinbackpulver (8 g)

Zubereitung wie Fruchtschnitten, allerdings bei 170 °C ca. 50 Minuten backen.

Gesamtmenge

kJ	kcal	Eiweiß (g)	Fett (g)	KH (g)	BE
6026.58	1439.90	24.16	35.80	249.59	20.80

Tipps und Tricks zum Aufbewahren von Lebensmitteln

Singlehaushalten und Kleinhaushalten ist es nicht fremd: Zu viel eingekauft, nicht alles aufgegessen oder man möchte ein neues Rezept ausprobieren, benötigt aber nur die halbe Packung einer Zutat. Also was tun mit den übrigen Lebensmitteln? Die folgenden Tipps helfen Ihnen dabei, Lebensmittel lange frisch zu halten. Ganz nebenbei sparen Sie Geld und schonen die Umwelt, da weniger Abfall anfällt.

Aufbewahrung im Kühlschrank

Wohin gehört im Kühlschrank was?

- Am Wärmsten ist es im obersten Fach und in der Tür, da die warme Luft aufsteigt. Es herrschen ideale Bedingungen für **Butter, Eier, Marmelade, Getränke, Senf, Ketchup, Mayonnaise und Hartkäse**. Benötigen Sie nur selten ein Ei, stellen Sie die Packung in eine kalte Zone.
- Die kältesten Temperaturen finden Sie in der 0-°C-Zone, dort bleiben alle Lebensmittel am längsten frisch. Kalte Temperaturen finden Sie auch im untersten Fach direkt über der Glasplatte. Die kalten Zonen eignen sich perfekt für leicht Verderbliches, z. B. **Fleisch, Wurst, Fisch,** aber auch für **Obst** und **Gemüse**.

  ✗ **Tipps!** Lagern Sie Äpfel immer getrennt von den anderen Obst- und Gemüsesorten, z. B. in einer Kühlschrankbox, da die Reifegase aus den Äpfeln den Verderb der restlichen Obst- und Gemüsesorten beschleunigen. Wenn Sie ein Produkt schneller reifen lassen wollen, z. B. Avocado, so legen Sie dieses mit ein paar Äpfeln für mindestens 12 Stunden in eine Germteigschüssel. In der Küche an einen warmen Ort stellen.
- Eine Durchschnittstemperatur finden Sie in der Mitte des Kühlschranks. Hier lagern Sie am besten alle übrigen **Milchprodukte**, wie z. B. Joghurt.
- Leicht gekühlt werden die Lebensmittel im Gemüsefach. Geben Sie nur kälteempfindliche Gemüsesorten in dieses Fach, z. B. **Auberginen** oder **Tomaten**. Das restliche Gemüse verdirbt bei der geringen Kühlung zu rasch.
- Verwenden Sie **Kühlschrankboxen**. In diesen Boxen halten die Lebensmittel länger frisch.
- Bewahren Sie frische **Hefe** in einem Schraubverschlussglas im Kühlschrank auf. So verpackt hält sich die Hefe für mehrere Wochen. Unverpackt schimmelt Hefe sehr schnell oder trocknet aus. Hefe ist verdorben, wenn sie schimmelt oder dunkle harte Stellen aufweist.

- Bewahren Sie **Senf** im Kühlschrank auf. Vor Verwendung schütteln, da sich die Flüssigkeit oben absetzt.
- **Angebrochene Milchprodukte**, wie z. B. Sauerrahm, verderben nicht so schnell, wenn Sie die geöffneten Becher in eine gut verschließbare Dose oder ein Schraubverschlussglas, z. B. Honigglas, stellen. Im Kühlschrank, am besten in der 0-°C-Zone aufbewahren.

> Tipp <

Zu viel Obst eingekauft? Verwenden Sie das Obst für Müslis, Smoothies, Obstsalate, Kuchenbelag, Fruchtjoghurt, Eis, Cremen, Marmelade, Obstmus, Kompott oder frieren Sie es ein, um es später für Marmelade, Müsli etc. zu verwenden.

> Tipp <

Im Kühlschrank muss die Luft, um ausreichend kühlen zu können, zirkulieren. Packen Sie den Kühlschrank daher nicht zu voll. Im Gegensatz zum Gefrierschrank. Je voll gefüllter der Gefrierschrank, desto energieeffizienter.

- **Angeschnittenes Obst und Gemüse**, z. B. ½ Apfel oder ½ Karotte, bewahren Sie am besten in einer Kühlschrankbox oder einem Schraubverschlussglas, vorzugsweise in der 0-°C-Zone, auf. Lagern Sie angeschnittenes Obst und Gemüse immer mit der Schnittfläche nach unten, das reduziert das Bräunen, Austrocknen und den Wirkstoffverlust.
- **Angebrochene Marmelade** mit hohem Fruchtanteil bewahren Sie am besten im Kühlschrank auf, da zuckerarme Marmelade bei warmen Temperaturen schnell zu schimmeln beginnt!

Aufbewahrung im Tiefkühlschrank

Das können Sie tiefkühlen

- **Milchprodukte:** Alle Milchprodukte bis auf Sauerrahm und Milchprodukte, die ein Verdickungsmittel enthalten, z. B. Fruchtjoghurt mit Verdickungsmittel oder Pudding. Eingedickte Produkte flocken beim Auftauen aus.
- **Joghurt:** Nur ganz wenige Sorten eignen sich zum Tiefkühlen, viele flocken beim Auftauen aus.
- **Käse:** Alle Sorten können Sie tiefkühlen, allerdings bröseln Hartkäse nach dem Auftauen und es reduziert sich das Aroma. Aufgetauter Hartkäse eignet sich zum Kochen, Backen und zum Untermischen in Aufstriche.

- **Obst:** Viele Obstsorten lassen sich tiefkühlen. Dazu das Obst je nach Größe ganz lassen oder in mundgerechte Stücke schneiden. Tiefkühlobst eignet sich hervorragend für hausgemachtes Fruchteis, als schnelle Obsteinlage für Müslis und Fruchtjoghurts und natürlich für Marmeladen, Kompott, Obstmus etc. ✗ **Tipp!** Bereiten Sie einen Obstteller aus Tiefkühl- und Frischobst vor. Kinder lieben das etwas an-, aber noch nicht ganz aufgetaute Obst. Zum Tiefkühlen eignen sich alle Arten von Beeren, Äpfel und Birnen, z. B. in Spalten schneiden und als Kuchenbelag verwenden, Ananasstücke, Filets von Zitrusfrüchten, z. B. Orangen, Mandarinen, Zitronen und Grapefruits, Marillen, z. B. ideal für Marillenknödel, Bananenstücke, z. B. ideal für Bananen-Eis, Feigen, Granatapfelkerne, Honigmelonenstücke, z. B. ideal für Honigmelonen-Eis, Kirschen, Mango, z. B. püriert oder in Stücke geschnitten, ideal als Fruchteinlage für Müslis oder in pürierter Form als Fruchtsauce, Nektarinenstücke, Pfirsichstücke, Pflaumen, Zwetschgen, Weintrauben und Quitten, z. B. ideal für Quittenmarmelade oder frisches Quittenkompott.
- **Honig, Marmelade:** Tiefkühlen problemlos möglich.
- **Nüsse, Samen, z. B. Mohn oder Kokosflocken:** Ideal, wenn Sie nur selten etwas davon benötigen. Kann gefroren verwendet werden.
- **Fleisch, Fisch, Wurst, Speck:** Alle Arten lassen sich problemlos tiefkühlen, egal ob frisch, gegart oder aus der Dose, z. B. Thunfisch aus der Dose. Lebensmittel aus der Dose füllen Sie in Tiefkühlboxen oder Beutel um.
- **Gegarte Speisen:** z. B. Suppe, Eintopf, Überbackenes, Lasagne, Strudel, Serviettenschnitte, Knödel, Pizza, Aufläufe, Gratins, Laibchen, Eis, alle gegarten Beilagen.
- **Gemüse:** Alle Sorten bis auf sehr wasserreiche, z. B. Gurken, eignen sich zum Tiefkühlen.
- **Pilze:** Alle Sorten eignen sich zum Tiefkühlen.
- **Frische Kräuter, Pesto:** Zum Tiefkühlen geeignet.
- **Hülsenfrüchte:** Gegart oder frisch und roh, z. B. Kichererbsen, rote Bohnen, Linsen.
- **Eier:** Pasteurisierte Eier, frische Eier, aber nur getrennt in Dotter und Eiklar.
- **Kuchen, Gebäck, Brot:** Zum Auftauen das Brot/Gebäck mit Wasser benetzen, aufbacken.
- **Frische Hefe:** Wird nach dem Auftauen weich, die Backeigenschaft bleibt aber im Wesentlichen erhalten.

Achten Sie beim Tiefkühlen auf eine luftdichte Verpackung, ansonsten entsteht Gefrierbrand. Dabei handelt es sich um zwar ungefährliche, aber nicht mehr genießbare ausgetrocknete weiße Stellen.

Das sollten Sie nicht tiefkühlen

- **Salat** wird matschig.
- **Rohe Kartoffeln** werden süß.
- **Zwiebeln** bekommen eine unangenehme Konsistenz.
- **Frische Eier,** wenn dann nur getrennt in Dotter und Eiklar, flocken sonst aus, Schale platzt auf.
- **Öl** gefriert nicht.
- **Sauerrahm** flockt aus.
- **Produkte, die mit einem Verdickungsmittel versetzt sind,** erkennbar an den E-Nummern E 400–E405, können sich beim Auftauen verflüssigen.
- **Produkte, die mit Stärke oder Puddingpulver gebunden sind,** verflüssigen sich beim Auftauen.
- **Pudding** verflüssigt sich beim Auftauen.

Aufbewahrung von Trocken-Lebensmitteln

Trockenlebensmittel, z. B. Getreidekörner wie Weizen, Dinkel, Reis und Hirse, Stärkemehl, z. B. Maisstärke, Teigwaren, Trockenfrüchte, Gelatine oder Backpulver: Luftdicht verschlossen, am besten in einer gut schließenden Vorratsdose im Küchenschrank oder in einem kühlen Raum. Hausgemachte Trockenfrüchte vgl. S. 138.

Flocken, z. B. Haferflocken, Mehl, z. B. Vollkornmehl, Trocken-Müslimischungen, Brösel, Nüsse, z. B. Walnüsse, Samen, z. B. Sesam, Mohn, Kokosflocken: Wie Trockenlebensmittel, auch ein Tiefkühlen ist möglich.

Brot: Tagfrisches Brot im Brotkorb, altbackenes Brot lassen Sie am besten trocknen und verwenden es für Knödel, Brotsuppe oder Scheiterhaufen.

> Tipp <

Ein luftdichter Verschluss ist wichtig, da sich ansonsten Schädlinge, die sich manchmal im Getreide befinden, in der gesamten Küche ausbreiten können. Zudem verhindert ein luftdichter Verschluss den vorzeitigen Verderb. Sollten Sie eine größere Menge Getreide lagern wollen, bevorraten Sie dieses dunkel und kühl, aber nicht im Kühlschrank, am besten in einem kühlen, trockenen Kellerraum.

Vollkorn-Toastbrot: Aufbewahrung: Gut verschlossen, kühl und trocken oder im Tiefkühler. ✗ **Achtung!** Frisches Toastbrot schimmelt nach dem Öffnen der Packung sehr rasch, daher am besten tiefkühlen und Scheibe für Scheibe auftauen. In Plastikbeuteln oder luftdicht verschließbaren Dosen wird Brot sehr schnell altbacken, im Kühlschrank trocken und zäh.
Cornflakes, Knäckebrot: Wie Trockenlebensmittel. Sollten die Lebensmittel aufweichen, können Sie diese bei 80 °C im Backrohr trocknen.
Trockengewürze: Lagern Sie getrocknete Kräuter und Gewürze in einer luftdicht schließenden Gewürzdose, am besten dunkel im Küchenschrank oder in der Küchenschublade. Ist der Deckel nicht luftdicht, können ätherische Öle und damit der Geschmack verloren gehen.

Aufbewahrung von frischen Kräutern

Frische Kräuter verwenden Sie am besten ganz frisch. Zum Aufbewahren können Sie die Kräuter entweder im Ganzen tiefkühlen und nach Bedarf Stück für Stück etwas abbrechen und fein hacken. Oder Sie bewahren die Kräuter in einem Schraubverschlussglas im Kühlschrank, am besten in der 0-°C-Zone, auf. Ein „Einwässern" wie einen Blumenstrauß ist nicht ideal, da dadurch viele Wirkstoffe vom Kraut in das hypotone, also im Vergleich zu den Kräutern mineralienärmere Wasser gezogen werden.

Was tun mit den Resten von Brot, Obst und Gemüse?

Brotreste: Verwendung für z. B. Brotsuppe, Brezensuppe, Knödel, Scheiterhaufen, Brotkuchen usw.
Obstreste: Verwendung für z. B. Obstsalat, Scheiterhaufen, Marmelade, Fruchtsauce, Aufläufe, Smoothie, als Kuchenbelag für Kuchen.
Gemüsereste: Verwendung für z. B. Gemüsesuppe, Eintopf, Nudelsalat.

Anhang

Wissenswertes zu den Rezepten aus diesem Buch

Alle Rezepte in diesem Buch sind so zusammengestellt, dass jeweils das Maximum an Gesundheit herausgeholt wird, ohne dass der Geschmack zu kurz kommt. Anstatt Weizenvollkornmehl können Sie bei allen Rezepten Dinkel-, Einkorn-, Emmer- oder Kamutvollkornmehl verwenden.

Zubereitungszeit

Die Angabe einer minutengenauen Zubereitungszeit ist nicht möglich. Während ein ungeübter Koch oft 15 Minuten benötigt, um die Zutaten in der Küche zu finden, zaubert ein geübter Koch in dieser Zeit ein fertiges Gericht. Auch die Herde und Backöfen heizen unterschiedlich, sodass die Zubereitungszeit variiert. Die Angaben stellen also nur Richtwerte dar. Es wurde jeweils die längere Zubereitungszeit gewählt.

Zubereitungszeit bis 30 Minuten
Dieses Gericht steht innerhalb von einer halben Stunde inklusive Zubereitungs- und Koch- oder Backdauer auf dem Tisch.

Zubereitungszeit bis 60 Minuten
Dieses Gericht lässt sich zumeist einfach zubereiten, benötigt aber eine längere Koch-, Back- oder Rastdauer.

Zubereitungszeit über 60 Minuten
Dieses Gericht lässt sich zumeist einfach zubereiten, benötigt aber eine besonders lange Gar-, Rast- oder Backzeit.

Nährwertangaben

Die Berechnung erfolgte mit dem Programm Diät 2000, basierend auf den Nährwert-Datenbanken BLS, GU, SFK und Herstellerangaben, Version 5.0, S&H

✗ **Achtung!** Es handelt sich bei den Nährwertdaten um berechnete Werte. Die tatsächlichen Werte können aufgrund von unterschiedlichem Anbau, Fütterung, Fettgehalt etc. davon abweichen. Besonders Diabetiker müssen das berücksichtigen. Vgl. ab Seite 237. Bedenken Sie, dass bei diversen Erkrankungen, z. B. erhöhtem Cholesterinspiegel oder Rheuma, sowohl die Dosis als auch die Kombination und die Herkunft der Lebensmittel viel bedeutender sind als z. B. der Cholesteringehalt der Speise. So enthält fettreicher Käse von z. B. einer Almkuh-Milch we-

sentlich weniger ungesunde Bestandteile als ein Käse aus Massentierhaltungs-Milch. Lebensmittel mit der Bezeichnung „evtl.", z. B. evtl. Obst zum Belegen, und Lebensmittel, die zur Verzierung verwendet werden und bei denen keine Mengenangabe möglich ist, sowie Variationsmöglichkeiten flossen nicht in die Berechnung mit ein.

Bei Rezepten, bei denen aufgrund der vielen Variationsmöglichkeiten keine Berechnung vorgenommen werden konnte, fehlt die Berechnung!

Abkürzungen

kcal	Kilokalorie (Kalorie)
kJ	Kilojoule
EW	Eiweiß
F	Fett
KH	Kohlenhydrate
BE	Broteinheit (12 g verwertbare Kohlenhydrate)
EL	Esslöffel
TL	Teelöffel
Pkg./Pkgen	Packung/Packungen
Port.	Portion
Msp.	Messerspitze

Diabetes mellitus

Nach dem Aus für spezielle Diabetikerlebensmittel ist es endgültig besiegelt: Als Diabetiker benötigen Sie keine Speziallebensmittel, sondern eine gesunde Ernährung! Alle Rezepte in diesem Buch entsprechen den Kriterien einer gesunden Ernährung. Einzig im Bereich der Süßungsmittel ist eine weitere Adaption sinnvoll. Das heißt, ersetzen Sie Zucker und mit Zucker gesüßte Lebensmittel teilweise oder zur Gänze – je nach Rezept – durch **flüssigen** Süßstoff oder durch hausgemachte Produkte daraus. Wenn Sie die Adaption wie unten angeführt vornehmen, sind die Rezepte für Sie perfekt!

Und so geht's: Ersetzen Sie die Zutat, die vor der pink markierten Zutat steht, durch die pink markierte Zutat. Die Zubereitung bleibt, wenn nicht anders angegeben, gleich.

➤ für Diabetiker 30 g Zucker und 6 g Süßstoff

Die Berechnung der Kohlenhydrate, also BE bzw. KHE

Um die Einschätzung des Kohlenhydratgehalts und damit z. B. die Dosierung des Insulins zu erleichtern, berechnen viele Diabetiker die Kohlenhydrate mittels BE oder KHE. BE steht für Berechnungseinheit oder Broteinheit und entspricht einer Menge von 12 g Kohlenhydraten. KHE steht für Kohlenhydrateinheit, diese ist die neuere, aber weniger gebräuchliche Einheit und steht für 10 g Kohlenhydrate. Die Berechnungen in diesem Buch basieren auf BE, also 12 g Kohlenhydrate pro BE. ✗ **Achtung!** Es handelt sich bei den BE-Berechnungen um mit einem Nährwertberechnungsprogramm berechnete Werte. Der BE-Gehalt wurde anhand der Kohlenhydrate ermittelt. Das heißt Division der Gesamtkohlenhydrate durch zwölf. Der tatsächliche BE-Gehalt einer Speise liegt etwas niedriger, da die Kohlenhydrate unterschiedlich verstoffwechselt werden und Sie damit zur Verwertung mancher Kohlenhydrate weniger Insulin benötigen. Eine exakte und für alle gültige BE-Berechnung ist leider mit den heute verfügbaren Methoden nicht möglich. Die tatsächlichen Werte können auch aufgrund von z. B. unterschiedlichem Anbau und Reifegrad eines Lebensmittels von den berechneten Werten abweichen. Falls Sie insulinpflichtig sind, verwenden Sie bitte Ihre gewohnte Berechnungsmethode als Berechnungsgrundlage und kontrollieren Sie Ihren Blutzucker.

> Tipp <

Verwenden Sie für die Rezepte aus diesem Buch, wenn Süßstoff angegeben ist, nur flüssigen Gewürzsüßstoff. Legen Sie dazu Kaffeebohnen, Vanilleschoten, Zimtstangen etc. in das Süßstoffglas und lassen Sie den Süßstoff mindestens 3 Wochen ziehen. Nicht abseihen. Der Süßstoff schmeckt umso besser, je länger die Gewürze ziehen können.

✗ **Achtung!** Obst variiert im Zuckergehalt. Das heißt, ein Apfel der süß schmeckenden Sorte Kaiser Alexander enthält z. B. wesentlich weniger Zucker als ein Apfel der sauer schmeckenden Sorte Boskop. Um den Zuckergehalt im Obst besser abschätzen zu können, empfehle ich Ihnen die Verwendung eines Refraktometers, ein Messgerät, das ursprünglich aus dem Weinbau stammt und mit dem Sie den Zuckergehalt von Obst und Gemüse messen können.

➤ Die Diabetikervariante ist jeweils pinkfarben unterlegt.

Pro Brötchen

kJ	kcal	Eiweiß (g)	Fett (g)	KH (g)	BE
261.03	62.33	1.88	1.91	9.33	0.78
223.32	53.33	1.88	1.91	7.11	0.59

Fehlt bei den Berechnungen die Angabe der Diabetikervariante, so entspricht die Normalvariante der Diabetikervariante.

Süßstoff, ist das nicht schädlich?

Diese häufig gestellte Frage lässt sich nicht eindeutig beantworten. Ob Süßstoff „schädlich" wirkt oder nicht, hängt von der Dosis ab. Genauso wie bei Zucker gilt auch bei Süßstoff der Grundsatz: „Die Dosis macht das Gift." Je weniger Sie verwenden, desto besser. Ihr Gaumen gewöhnt sich an einen weniger süßen Geschmack. Für Gesunde bringt Süßstoff keinen Vorteil, auch nicht zur Gewichtsreduktion. Für Diabetiker gilt Süßstoff zurzeit als das Süßungsmittel der ersten Wahl. Zuckeraustauschstoffe wie Fruchtzucker und Sorbit bewirken kaum ein besseres Blutzuckerprofil und werden daher nicht mehr empfohlen. Abzuraten ist von mit Süßstoff gesüßten Getränken und Light-Lebensmittel aus dem Handel. Diese enthalten oft sehr hohe Mengen an Süßstoff. Auch Tee und Kaffee sollten Sie besser ungesüßt genießen. Süßkraut aus dem Garten schmeckt im Nachgeschmack metallisch. Der Süßkrautauszug, in verschiedenen Formen erhältlich, entspricht dem Süßstoff und kann 1:1 verwendet werden.

Zöliakie, glutenfreie Ernährung und Weizenallerige

Gluten- und weizenfreie Gerichte sind in diesem Buch mit diesem Symbol gekennzeichnet.

✗ **Achtung!** Auch Lebensmittel, die von Haus aus gluten- oder weizenfrei sind, z. B. Nüsse, können durch z. B. Abfüllung in einer Anlage, in der auch Weizen abgefüllt wird, mit Gluten kontaminiert werden. In diesem Fall finden Sie die Bezeichnung „Kann Spuren von Gluten enthalten" auf der Lebensmittel-Packung. Fehlt jeglicher Hinweis, so fragen Sie im Zweifelsfall beim Hersteller nach.
✗ **Tipp!** Zöliakievereine bieten eine Auflistung glutenfreier Produkte.

Tipps zur Umwandlung der Rezepte aus diesem Buch in glutenfreie Rezepte

- Nudelsalate: Verwenden Sie glutenfreie Nudeln. Die Nudeln nur locker untermischen, glutenfreie Nudeln können leichter zerfallen.
- Getreidesalate und Müslis: Verwenden Sie nur glutenfreies Getreide und glutenfreie Getreideflocken, z. B. Hirse, Buchweizen, Quinoa, Amaranth, Reis und Mais.

- Belegte und überbackene Brote: Ersetzen Sie Weizenbrote durch glutenfreie Brote.
- Rührteige: Sie können bei allen Rührteigen aus diesem Buch das Weizenvollkornmehl durch folgende glutenfreie Mehle 1:1 ersetzen:
  - Schär: „Brotmix Dunkel“
  - Seitz: „Bio dunkle Mehlmischung“
  - Schneekoppe: „Dunkle Brotmischung“, ✗ **Achtung!** Das Gebäck schmeckt nur frisch aus dem Ofen. Gebäck aus dieser Mehlmischung trocknet im Vergleich zu Gebäck aus den anderen genannten Mehlmischungen schneller aus.

Backtipps

- Verrühren Sie glutenfreie Teige sofort nach Zugabe der Mehl-Backpulvermischung. Glutenfreies Mehl nimmt rasch Flüssigkeit auf und lässt sich nach einer Stehzeit nicht mehr so leicht verrühren.
- Die Konsistenz eines glutenfreien Teiges unterscheidet sich wesentlich von der eines herkömmlichen Teiges. Glutenfreie Teige sind deutlich kompakter und klebriger. Am einfachsten verarbeiten Sie glutenfreie Teige mit einer nassen Teigkarte. Glutenfreie Keksteige portionieren Sie am besten mit einem nassen Löffel. Möglichst kurz backen, nach dem Backen zugedeckt auskühlen lassen und sofort in eine Dose geben, sonst trocknen die Kekse sehr schnell aus.
- Backen in der Form: Streichen Sie den Teig mit einer Teigkarte in die Form. Stechen Sie mit einem nassen langen Holzspieß mehrere Löcher in den Teig, damit beim Backen keine Luftlöcher entstehen. Streichen Sie den Teig anschließend mit einer nassen Teigkarte noch einmal glatt.
- Glutenfreies Gebäck trocknet rasch aus. Am besten backen Sie das Gebäck bei Unter-/Oberhitze 180 °C. Decken Sie das Gebäck zum Auskühlen mit einem Geschirrtuch ab, dann trocknet es nicht so schnell aus. Geben Sie das Gebäck sofort nach dem Auskühlen in einen luftdicht verschließbaren Kuchenbehälter. Als Ersatz kann eine umgedreht verwendete Germteigschüssel dienen. Wenn Sie das Gebäck länger als zwei Tage aufbewahren wollen, portionieren Sie das Gebäck und frieren Sie es luftdicht verschlossen ein.

Rezeptverzeichnis